"四川省社会科学后期资助项目SC17H013"

四川新媒体发展研究

SICHUAN XINMEITI
FAZHAN YANJIU

主　编　田大菊　石　磊

副主编　陈　实　王　飞

西南财经大学出版社

中国·成都

图书在版编目(CIP)数据

四川新媒体发展研究/田大菊,石磊主编.—成都:西南财经大学出版社,2019.11

ISBN 978-7-5504-4162-0

Ⅰ.①四… Ⅱ.①田…②石… Ⅲ.①传播媒介—发展—研究—四川 Ⅳ.①G219.277.1

中国版本图书馆 CIP 数据核字(2019)第 233100 号

四川新媒体发展研究

主　编　田大菊　石　磊

副主编　陈　实　王　飞

责任编辑:陆苏川

助理编辑:张春韵

封面设计:张姗姗

责任印制:朱曼丽

出版发行	西南财经大学出版社(四川省成都市光华村街 55 号)
网　　址	http://www.bookcj.com
电子邮件	bookcj@foxmail.com
邮政编码	610074
电　　话	028-87353785
照　　排	四川胜翔数码印务设计有限公司
印　　刷	郫县犀浦印刷厂
成品尺寸	170mm×240mm
印　　张	12.75
字　　数	227 千字
版　　次	2019 年 11 月第 1 版
印　　次	2019 年 11 月第 1 次印刷
书　　号	ISBN 978-7-5504-4162-0
定　　价	78.00 元

目 录

下篇　新媒体经济

总　论

全媒体联动共振：
走向四川新媒体发展的新时代

2019 年 1 月 25 日，中央政治局在人民日报社就全媒体时代与媒体融合发展开展集体学习，习近平总书记在主持学习时强调，推动媒体融合发展、建设全媒体成为我们面临的一项紧迫课题。人类传播媒介的发展历程分为口语传播时期、印刷传播时期、电子传播时期以及网络传播时期，历经了四次传播革命，出现了"全程媒体""全息媒体""全员媒体""全效媒体"。经历了从媒介形态的变化到媒体格局的转变、从线性化到全网状的传播方式的急变，迎来了"万物皆媒"的全媒体时代。互联网创新模式实现了"线上+线下"的融合服务，积极拓展的线上公共服务成为助推网民规模的重要因素。2018 年 11 月发布的《中国互联网发展报告 2018》指出，四川省在全国各省（自治区、直辖市）2018 年互联网发展指数排名中位居第八名。[1] 同年 6 月，《2017 年四川省互联网行业发展报告》指出：2013—2017 年，四川省网民总体规模保持增长，从 2013 年的 2 835 万人增长到了 2017 年的 3 815 万人，移动电话用户规模达 7 693.6 万户，较上年增长 4.1%。[2] 截至 2017 年 12 月，成都市网民规模达 1 081 万人，互联网普及率达 67.4%。[3]

近年来，四川省新媒体发展围绕"互联网+"的基础理念，积极实现全媒体联动共振，在互联网基础设施、互联网创新、数字经济发展、互联网应用、网络安全、政府政务服务、电子商务等重点领域取得了丰硕的成果，谱写了四川新媒体发展的新篇章。

---

[1] 何苑菁. 2018 年互联网发展报告在乌镇发布 四川互联网发展位列全国前十 [EB/OL]. [2018-11-08]. http://scnews.newssc.org/system/20181108/000921022.html.

[2] 李秀江. 四川互联网发展报告：四川网民人均 2 台手机 [EB/OL]. [2018-6-30]. http://sc.people.com.cn/n2/2018/0630/c345167-31761229.html.

[3] 章华维，高红霞. 网民规模达 1 081.0 万人 2017 年成都市互联网络发展状况报告发布 [EB/OL]. [2018-12-1]. http://sc.people.com.cn/n2/2018/1217/c379469-32420522.html.

一、构建全媒体格局：四川新媒体发展的理念引领

党的十九大以来，以习近平同志为核心的党中央做出推动传统媒体和新兴媒体融合发展的战略部署，2014 年 8 月 18 日，中央全面深化改革领导小组第四次会议审议通过《关于推动传统媒体和新兴媒体融合发展的指导意见》①，"媒体融合"第一次上升为国家战略并得到大力推进。5 年以来，媒体融合工作取得了较大的进展。随着信息技术的飞速提升，传播手段层出不穷，传统媒体与新媒体之间日益融汇互通。媒体融合标志着新媒体发展机遇的到来，也标志着全媒体时代的到来。

（一）新理念：促进四川新媒体发展的新蓝图

构建全媒体格局是四川新媒体发展的理念引领，主要体现为：推动实现"数字四川"，促进传统媒体与新媒体的媒介融合，促进新媒体产业的发展。

一是"数字四川"布新局，实现智慧生活。党的十九大报告强调，加强基础应用研究，为建设网络强国、数字中国、智慧社会提供有力支撑。② 2016年 5 月，四川发布"网络强省"行动计划以来，在光网宽带、物联网、移动网络、视讯网络等领域持续深耕，建成全国首个"智能生活精品网"，实现全省千兆到户的全面普及，全域覆盖 LTE 800M 网络，建成全球最大的 IPTV 视讯网，为"数字四川"建设奠定了坚实的基础。2017 年，四川省数字经济突破万亿大关，达 10 872 亿元，位列全国第 10，领先西部地区；增速为 25.4%，位列全国第 4；数字经济占全省 GDP 总量的 29.4%，同比提高 4 个百分点。③ 2018 年 4 月 22 日，习近平总书记在致首届数字中国建设峰会的贺信中提到，加快数字中国建设，以信息化培育新动能，用新动能推动新发展，以新发展创造新辉煌。2018 年 5 月，《助力数字四川创新发展行动计划》由中国电信四川公司、四川省大数据产业联合会、四川通信学会共同发布，提出：计划聚焦"网络智能化、数字产业化、产业数字化、社会智慧化"，围绕泛智能产业、物联网产业、大视频产业、云和大数据产业，构建连接管理平台和应用使能平台，实现规模化发展。力争到 2020 年，助推四川成为"网络强省"。④

---

① 《学术前沿》编者. 媒体融合发展的未来 [J]. 人民论坛·学术前沿，2019 (3)：4-5.

② 唐绪军，黄楚新，王丹. 智能互联与数字中国：中国新媒体发展现状、展望 [J]. 新闻与写作，2018 (8)：23.

③ 中国信息通信研究院. 解读《中国数字经济发展与就业白皮书 (2018)》[EB/OL]. [2018-04-25]. http://www.clii.com.cn/lhrh/hyxx/201804/t20180423_3921060.html.

④ 佚名. "数字四川"布新局，"网络强省"谋作为 [EB/OL]. [2018-06-11]. http://www.sc.gov.cn/10462/12771/2018/6/11/10452808.shtml.

二是大力支持并基本实现媒体融合新格局。继《关于推动传统媒体和新兴媒体融合发展的指导意见》后，四川省委省政府高度重视媒体融合发展工作，先后出台《四川省推动传统媒体与新兴媒体融合发展专项方案》《四川省建设"高清四川智慧广电"专项改革方案》，确定了到 2020 年媒体融合发展取得重大突破的目标。5 年来，规划了包括"四川日报全媒体集群新闻产品矩阵""川报全媒体采编发平台""成都传媒集团用户大数据中心""攀枝花新闻中央厨房集成系统""德阳日报全媒体数字化平台""广元日报全媒体新闻业务综合系统升级改造"等一系列媒体融合发展的重点项目，在战略层面对推动融合发展进行了科学设计。同时，四川省新闻出版广电局也按照省委省政府的决策部署，制定了《四川省广播影视十三五发展规划》，规划了 57 个媒体融合发展重点项目，部分项目如封面新闻已取得良好成果。

三是推动新媒体产业自身的良好发展。针对新媒体广告产业，政策上，2013 年 10 月，国家工商总局与四川省人民政府签订了《关于推进四川省广告业发展的战略合作协议》。2014 年 8 月，四川省政府出台了《四川省人民政府办公厅印发推进文化创意和设计服务与相关产业融合发展专项行动计划（2014—2020 年）的通知》。2016 年，四川省进一步加大对广告业的支持力度，出台了《四川省广告产业十三五期间发展规划》，明确指出，以创新推动为导向，全面推进创新和创意在产业发展中的关键性作用；以"互联网+"为路径，加大广告业的市场融合开放力度，优化产业结构，提高产业质量，提高产业规模总量；以协同发展为目标，提高产业附加值，积极推进广告产业与科技、金融、贸易、新一代信息技术、智能产业等领域的融合发展。当下，内容平台、传统媒体、垂直化媒体、自媒体正在重构新媒体内容产业版图。其中，内容平台是决定新媒体内容产业的关键因素，也是新媒体内容产业重构的主导力量，包括门户网站和以新闻客户端、视频客户端为代表的平台类新媒体；传统媒体仍然是新媒体内容产业的核心力量，传统媒体必备的内容专业性成为其数字平台获取话语权的基础，传统媒体正在通过数字化转型以重新延续专业性力量。

（二）战略地位：四川新媒体发展的经济、文化影响

构建全媒体格局，在四川新媒体发展中具有战略地位，对经济、文化等方面具有重要影响。

一是经济影响。"全媒体"体现的不仅仅是"跨媒体"时代媒体间的简单连接，还有全方位融合——网络媒体与传统媒体乃至通讯的全面互动、网络媒体之间的全面互补、网络媒体自身的全面互融。因此，全媒体格局的构建并不

是一个空泛的概念，而是各项发展有适合自身的目标体系及权重比例。构建全媒体格局，有利于促进新媒体产业的发展，其基础是打通并完善互联网基础设施建设，发展以互联网为基础的产业经济，通过完善新媒体产业的生态、内容，搭建新媒体产业的发展平台等手段，实现新媒体产业赋能实体经济发展。2017年，四川省"互联网+"数字经济指数呈现出"总指数领先中西部、分指数超全国均值"的鲜明特点，领先于众多中西部省份。① 全省的"互联网+"数字经济基础指数、产业指数、创新创业指数、智慧民生指数均取得长足、均衡发展，以成都为核心的成都平原地区已成为数字经济发展的核心地带，带动四川全省实现消费升级。

二是文化影响。党的十九大以来，文化建设被提升到国家全局战略层面，媒体作为文化传播的重要渠道，应自觉担负起"扎实推进社会主义文化强国建设"的重要责任。一方面，媒体自身是构建省际形象，推动文化建设的重要力量。尤其是在网络空间中，各种新兴媒体的影响力和重要性逐步提升，成为解构现有文化、重构新型文化生态的重要因素。从四川来看，构建全媒体格局，有助于实现省际形象的线上线下联动传播。另一方面，构建全媒体格局，有利于正确引导社会舆论，传播社会主义先进文化。数字技术的革新引发了信息传播方式的深刻变革，也促使了数字空间舆论的生成，并形成结构性变化。当前，网络平台充斥着多元文化和价值观的冲突，构建全媒体格局有利于推进四川新媒体空间发展，增强舆论引导能力，稳定网络空间。

（三）路径分析：四川新媒体发展的突破

目前，四川省信息通信仍然存在着诸多的矛盾和问题，如区域之间的发展出现严重的不平衡状态，特别是农村地区的通信设施较为落后等。构建全媒体格局，是四川新媒体发展的理念引领，实现全媒体联动共振，则是实现新媒体发展的必由路径。这不仅仅指概念上媒介之间的相互融汇，也指在技术层面上，打通互联网基础设施建设，实现空间上的全媒体联动。当前的四川新媒体已经走过了依附于传统媒体资源的报网结合、台网结合或者依靠原生数字媒体的发展阶段。5年来，在"互联网+"的推动下，在构建全媒体格局上，四川新媒体发展实现了以下突破：

一是新媒体呈现矩阵式发展。2014年，媒体融合的概念第一次上升到国家战略层面。省内传统主流媒体贯彻落实中央和省委的要求和部署，做到加快

① 佚名. 四川智慧民生用户规模全国第二 [EB/OL]. [2018-09-03]. https://news.youth.cn/jsxw/201709/t20170906_10656884.htm.

推动传统媒体与新兴媒体融合发展，提出建立"全媒体集群"概念，整合部分媒体的优秀资源，推出新媒体产品矩阵。四川日报集团始终坚持"构建立体传播格局，建设现代传媒集团"的发展方向，在报纸和门户网站互动结合的初期阶段的基础上，重新对川报集团的媒体布局进行调整，积极拓展数字化平台建设，全力打造川报全媒体集群。2014年，省内媒体开始注重打造新闻类产品、信息服务类产品、移动增值类产品，新媒体产品依托传统媒体的数字化平台发展，开始呈现矩阵式发展。2015年9月，6款新媒体产品成功实现迭代升级，使产品定位更清晰，优势更聚焦，能更好地发挥引导舆论的主体作用和创造价值的服务功能。初期的新媒体矩阵创新了传播方式，以川报集团传统媒体品牌影响力为基础，积极利用新媒体技术拓展了内容传播渠道，全媒体集群传播效果开始显现。传统媒体和新媒体的相互融合发展，在数字空间上进一步发挥了引导舆论和发展媒介产业的主力军作用。

二是新媒体实现移动化和社交化。2013年，4G牌照正式发布，中国自身推出4G标准。2016年，四川省基本实现4G的城镇化普及，标志着移动互联网时代的到来。移动互联网使得传播的底层架构发生巨大改变，移动传播成为媒体传播的主要手段，呈现出移动化、社交化的特点。首先是移动化。移动互联网具有随时、随地、随性的特征，人们开始利用碎片化的时间获取碎片化的信息。最典型的新媒体产品代表是基于各类内容生成的移动客户端的出现，如新闻客户端、音乐类客户端和视频类客户端等，满足了人们在任何场景中的信息需求。从四川来看，传统主流媒体纷纷推出新闻客户端，如川报观察、封面新闻、红星新闻；也有以原创娱乐、趣味、潮流话题为主要内容的新生代智趣内容供应商，如成都商报的谈资手机软件；成都一站式吃喝玩乐购深度测评与攻略分享平台，华西都市报、华西都市网旗下的成都范儿手机软件。其次是社交化。移动互联网时代，社交化是新媒体产品呈现出的另一个重要属性。以微博、微信为代表的社交媒体，实现了内容的社交化传播。四川用户使用的社交手机软件中，用户月活动量最高的依次是微信、QQ和陌陌。全四川每天人均使用微信时长为63.7分钟。微信以绝对优势成为在四川用户中使用率最高的社交手机软件。①

三是基于人工智能技术的智能化新媒体出现。2015年以来，大数据、人工智能、云计算等高端技术在媒体建设中的应用愈加成熟，奠定了媒体智能化

---

① 马兰，邓思璐. 全川每天人均使用微信63.7分钟［EB/OL］.［2018-09-20］. http://sc.cnr.cn/sc/2014fz/20180920/t20180920_524365328.shtml.

的主要基调。2016 年 5 月 4 日，四川日报报业集团与阿里巴巴集团共同打造了由华西都市报负责具体实施的封面新闻，其围绕人工智能做产品，成为四川省首个以技术支撑来推送"算法"信息的新闻客户端。封面新闻利用数据挖掘、深度学习、算法推荐等新兴技术，实现了用户自主选择跟踪新闻动态、添加兴趣标签等，最终形成用户个人专属、以时间为轴线的全球资讯新闻流。① 通过人工编辑的干预，纠正算法偏差，为技术引擎赋予价值观，既让用户实现"因人而异"，又让用户实现价值链接，自主开发小封机器人，实现机器人发稿等。至今，封面新闻坚定朝着"AI+智媒体"进军，不遗余力地加强"智媒体"建设。

二、迈向全媒体时代：四川新媒体发展成就

党的十九大以来，国家在推动互联网、大数据、人工智能、共享经济发展，建设网络强国、数字中国、智慧社会等方面做出了重大的战略部署，为我国互联网发展提供了行动指南，也为四川互联网发展指明了道路。近年来，四川通过加强互联网基础设施建设、推动数字经济发展、推进互联网应用率的持续增高、创新电子政务方式、提升网络安全保障能力，四川互联网实现了在全国 31 个省市自治区中发展能力排名第 7 的好成绩②，也为四川新媒体的全媒体发展格局奠定了坚实基础。

（一）信息基础设施普及提升

信息基础设施发展水平与地方基础设施发展水平呈正相关关系。近 5 年来，全省网络强省基础进一步夯实，光纤宽带和 4G 网络覆盖更加完善，主要指标位列西部第一，在全国领先。2017 年，四川省提速降费成效初显，宽带和移动流量资费持续降低，宽带用户加速向高速率迁移；脱贫攻坚稳步推进，电信普遍服务取得阶段性成果；融合渗透不断深入，传统行业数字化转型不断加速。

一是行业规模逐步扩大。截至 2018 年 6 月，四川省信息通信业行业规模逐步扩大，信息通信基础设施累计投资 401.2 亿元，到 2020 年，争取实现累计投资 800 亿元。基础电信企业电信主营业务累计收入 345.8 亿元，基础电信企业非话音业务累计收入 296.7 亿元，基础电信企业非话音业务累计收入占比 85.8%，相比 2015 年的基数上涨了 15.8%。③

---

① 新生代客户端"封面新闻"上线 ［J］. 新闻与写作，2016（6）：28.
② 中国互联网发展报告 2017·总论 ［R］北京：中国网络空间研究院，2017.
③ 数据来源于四川省通信管理局，网址：http://www.scca.gov.cn/index.html.

二是服务能力飞速提升。截至 2018 年 6 月，成都国家级互联网骨干直联点网间互联带宽达到 350 吉比特每秒（Gbps）；互联网省际出口带宽达 22.7 太比特每秒（Tbps），较 2015 年上涨了 13.2 太比特每秒（Tbps）。2015 年，互联网宽带接入端口是 2 414 万个，2018 年 6 月，已达到 5 158.1 万个；基站数 32.6 万个，月户均移动互联网接入流量 3 806 兆比特每秒（Mbps），远高于 2015 年的 285Mbps。①

三是发展水平持续提高。截至 2018 年 6 月，电话用户总数达到 10 193.2 万个，其中移动电话用户有 8 496.5 万户，移动电话普及率达到 102.3%；（固定）互联网宽带接入用户有 2 493.6 万户，其中家庭宽带接入用户有 2 104.9 万户，家庭普及率达 77.5%；3G/4G 移动宽带用户有 7 012.1 万户，普及率 84.5%；物联网终端用户有 2 019.6 万户；交互式网络电话（IPTV）用户有 1 363 万户。②

（二）以数字经济为代表的新经济蓬勃发展

互联网已成为四川发展的新基因，数字经济已成为四川发展的新动能。近年来，四川省大力推进新一代人工智能与实体经济的深度融合，积极抢占数字经济高地。数据显示，2017 年，四川省数字经济总量为 10 872 亿元、居全国第 10 位，占 GDP 的比重为 29.4%，居全国第 12 位，增速为 25.4%，居全国第 4 位。电子信息产业规模居全国第 7、中西部第 1，信息消费产业规模达 3 050 亿元，同比增长 18%，为四川省数字经济的发展提供了有力支撑。

数字经济的发展体现在以下三个方面：

一是构建具有四川特色的"5+1"现代产业体系。其中，"5"就是电子信息、装备制造、食品饮料、先进材料、能源化工 5 个万亿级支柱产业，这是四川现代产业体系的主体支撑；"1"就是数字经济。③下一步将建立全省数字经济发展推进机制，打造全国数字经济示范区。

二是积极发展以新兴数字技术为基础的新业态、新模式。大力发展基于新兴数字技术的信息技术产业，着力建设具有代表性的大数据产业园区。

三是加快数字经济的相关基础设施建设。2018 年 8 月 23 日，四川省政府常务会议审议通过了《四川省新一代人工智能发展实施方案》，提出力争到 2020 年，在人工智能基础研究、关键技术、重点产品、行业示范应用和产业发展等方面取得重要进展，人工智能核心产业规模超 500 亿元，带动相关产业

---

① 数据来源于四川省通信管理局，网址：http://www.scca.gov.cn/index.html.

② 同上。

③ 佚名. 四川：抢占数字经济发展制高点［N］. 经济参考报，2018-08-27（1）.

规模 3 000 亿元以上，促进四川人工智能产业进入全国先进行列。[①]

（三）新媒体应用创新蓬勃发展

新媒体应用创新的蓬勃发展表现在以下四个方面：

一是新媒体应用创新空前活跃。近 5 年来，四川省围绕"互联网+"的模式，着力打造地方新媒体，如"互联网+教育""互联网+养老"等。移动即时通信、网络游戏、手机视频、O2O、手机支付等成为互联网创新最活跃的领域。以川报观察、封面新闻、红星新闻为代表的本地新闻客户端下载量、用户量及流量持续增高。

二是互联网促进分享经济快速发展。基于移动互联网、大数据的新媒体应用创新促进了资源和供需重构，提高了公众对闲置资源的利用效率，使分享经济规模占 GDP 的比重不断提高。

三是网络娱乐类应用发展多元化。截至 2015 年年底，各类网络娱乐应用的手机端使用率均超过 70%。四川省网络文学的网民使用率为 40.1%。由于游戏、视频的强代入感和低使用门槛等优势，随着以智能手机为代表的移动网络娱乐设备价格越来越低，未来网络文学用户规模将持续受到手机视频、手机游戏等娱乐方式的冲击。此外，84.1% 的网络文学用户曾使用手机收看网络文学作品，占比在四类网络娱乐类应用中最高。受益于移动流媒体音乐的迅速普及，四川省网络音乐发展势头良好。截至 2015 年年底，四川省网络音乐的用户使用率为 75.2%，比全国平均水平高出 2.4 个百分点。四川省 83.8% 的网络音乐用户曾使用手机收听网络音乐，这一比例高于除网络文学之外的其他网络娱乐类应用。

四是多数互联网应用使用率高于全国平均水平。以成都为例，成都多数互联网应用使用率高于全国平均水平，在基础应用、电子商务、网络金融、网络娱乐四大类应用的使用上，成都市网民的用户使用率大部分高于全国平均水平。网络社交、网络购物、旅行预订、网上支付、互联网理财、网络游戏等细分互联网应用的成都网民使用率高出全国平均水平 5 个百分点以上。其中，成都网民对网络游戏的使用率高出全国平均水平 10 个百分点。同时，成都市民对即时通信、搜索引擎、网络新闻、网络视频等互联网应用的使用率也居前列。

（四）政务新媒体矩阵发展态势良好

新时代政务新媒体，是政务和互联网的结合体，是网络治理体系的重要组成部分，改变和影响着舆论格局、社会治理结构，并且已经成为区域影响力的

---

① 佚名. 四川：抢占数字经济发展制高点［N］. 经济参考报，2018-08-27（1）.

重要组成元素。近5年来，在四川省政府新闻办、省政府信息公开办的大力推动下，四川政务新媒体矩阵建设明显提速，并取得了政务传播实效。四川政务新媒体总榜前100名榜单里，县（区、市）级的政务新媒体数量最多，占35%；第二、三名是市（州）级政务新媒体账号和公安系统账号，占比均为16%；其次是共青团系统账号，占12%。四川政务新媒体发展呈以下态势：

1. 政务微博、微信整体实力较强

截至2016年年底，四川地区政务微博账号已开通13 000多个，遍布于四川21个市、州，政务微信账号有近2 300个①。四川政务微博整体实力较强。在《人民日报》发布的2018年第三季度微博影响力报告中，四川在全国省份政务微博竞争中排名第一，成都在全国城市政务微博竞争中排名第一。此外，四川省有11个城市跻身城市政务微博竞争力排行榜"TOP100"。2018年，四川省拥有100万名以上"粉丝"的政务微博达到6个，即成都发布、成都共青团、成都人社局、新都资讯、四川司法、四川旅游的政务微博。这些头部账号大多具有开通时间较早、全年平均发稿量大、重视互动沟通等特点。微信账号方面，四川省经认证的政务微信账号数量也呈增长趋势。综合来看，全省1 124个政务微信样本，在监测周期内共发布微信稿件44.39万篇，比上年增加了20.66%；总阅读量达到4.05亿次，比上年增加了0.89亿次。2018年，共有49个政务微信账号发布了129篇阅读量超过10万的文章。这些文章的共同特点是：准确定位、权威发布；关注民生、强化服务；把握节点、引导舆论。

2. 四川政务新媒体的四大显著特点

一是矩阵联动"重策划"。四川各级政务新媒体平台在全国联动上独具匠心，在重要时点上巧妙构思，在内容设置上精心策划。二是内容呈现"重技术"。直播、短视频、无人机、人工智能（AI）、H5、漫画、MG动画等多种表现形式，逐渐被政务新媒体运用在运营实践中。三是政务服务"重实效"。"成都税务"推出一键查询涉税信息、一键办理发票业务。"平安泸州"开通全省首家"微信报警"功能。四是账号建设"重基层"。目前，全省183个县党政宣传系统的政务微博和政务微信的开通率，已经分别达到79.78%和91.80%。

3. 新时代政务新媒体的一体化发展

2018年11月30日，四川发布客户端3.0并宣布正式启动"发布系"。

———————————

① 佚名. "2016微政四川政务新媒体年会"今日在蓉举行［EB/OL］.［2016-11-11］. http://www.sc.gov.cn/10462/10464/10797/2016/11/11/10403576.shtml.

"发布系"的上线，标志着四川政务新媒体开始呈现一体式发展态势。一是通过提供"政务+资讯""信息+智能化推荐""大数据+政务公开"的管理平台、"省级+全国"的互通渠道、"定制+培训"的立体服务、"软件+硬件"的全产业链产品，整合全省各级各部门政务新媒体优势资源，强强联手，打造政务新媒体一体化解决方案。二是搭建全省首家政务新媒体掌上矩阵大厅，激活全省各级政务新媒体平台，实现"信息、服务、响应、数据、机制"深度融合的"四位共振"体系，探索四川不同层级、不同系统、不同属地、不同事件政务新媒体的四向联动。

（五）积极提升网络安全保障能力，坚持安全与发展并重

一是网络与信息安全管理有效加强。四川省成立了国家计算机网络应急技术处理协调中心四川省分中心——甘孜、阿坝应急保障中心，完善 IDC/ISP 信息安全管理系统、移动互联网恶意程序监测处置平台等建设，加大对网络信息安全的监管，有效提升了网络与信息的安全防护水平。

二是深入推进核心技术研发攻关。依托在川龙头企业、科研院所，围绕信息安全芯片、网络空间信息安全、自主可控安全、物联网安全等 9 个技术方向，组织产学研联盟集中攻关。已建成成都国家信息安全产业基地、中国科学城·绵阳信息安全产业基地两大国家级园区，由中国网安、川大、电子科大、中国电信等单位牵头发起了大数据安全产学研联合体，针对大数据安全基础、技术、管理等相关标准体系进行科研项目研究。

三是大力推进网信事业高质量发展，积极夯实网络安全工作基础。抓住成都承办 2018 年国家网络安全宣传周主要活动的契机，加大网络安全知识技能宣传普及，积极开展网络安全进社区、进农村、进企业、进机关、进校园、进军营、进家庭等宣传普及活动，进一步提升广大人民群众的网络安全意识和防护技能。

（六）新媒体行业管理持续完善

一是管理机制不断健全。新媒体市场准入、互联互通、资源管理、服务质量等管理制度不断健全，分工协作、齐抓共管的协调机制持续完善。

二是行业市场规范有序。互联网基础资源管理不断加强，市场准入管理持续优化，域名注册实名制、网站登记实名制有效落实，用户权益保护力度不断增强，这些都为行业健康发展提供了有力保障。

三是网络空间日渐清朗。政府持续开展针对淫秽色情信息、网络传销、网络诈骗、违规手机软件等的治理行动，强化舆论引导和社会监督，广大网民文明上网、参与监督的意识不断提高。

三、转型升级：四川新媒体发展趋势与建议

当前，互联网进入全面渗透、跨界融合、加速创新、引领发展的新阶段。

未来5年，要充分发挥四川互联网的规模优势和应用优势，加快释放新媒体发展的巨大潜能，推动数字经济发展壮大，促进传统产业转型升级，培育壮大新兴业态，增强公共服务能力，加快经济提质增效升级。这些目标为四川新媒体发展开启了新的征程。在新的历史起点上，四川新媒体发展必须加快实施网络强省战略，大力推动"数字四川"建设，努力实现以互联网发展为基础的新媒体更全面、更平衡、更高质量的可持续发展，让互联网特别是新媒体更好地造福人民。

（一）数字经济引领"数字四川"，促进新媒体与经济社会深度融合

一是促进优势产业与新媒体的深度融合。第一，促进"四川工业"提质增效。加快制造业集聚区光纤宽带网、移动通信网和无线局域网的部署和建设，积极支持工业云、工业大数据、工业互联网、工业物联网建设，以四川省优势特色产业和五大高端成长型产业为先导，推动互联网与制造业深度融合，提升制造业数字化、网络化、智能化水平，助力四川建设先进制造强省。第二，推进"四川旅游"智慧服务。完善大成都、大九寨、大峨眉等旅游目的地，以及藏区、彝区、红色旅游全域和乡村旅游景点的光纤和无线宽带网络覆盖，提供广覆盖、高速率的互联网、新媒体接入服务。支持开展旅游信息化资源整合，推动移动互联网、大数据、物联网、人工智能、虚拟现实等信息技术在旅游业的广泛应用，提升旅游业营销、服务和公共安全管理能力，助力四川建设旅游经济强省和世界重要旅游目的地。第三，促进"四川农业"现代化发展。支持农业物联网、农业大数据平台、农产品质量安全追溯平台建设，推进互联网在农业生产、经营管理、市场流通、资源环境等领域广泛应用，提高农业生产智能化、经营网络化水平。加快发展涉农电子商务，鼓励川茶、川酒等特色产品入驻天虎云商、和聚蜀商、沃易购等电子商务平台，推动手机电子商务平台、手机在线支付等向农村地区延伸，让农产品通过互联网走出乡村，帮助广大农民增收致富。

二是促进公共服务与新媒体的融合。围绕人民群众最关心、最直接、最现实的利益问题，推动新媒体在公共服务领域的深度应用。支持"三通两平台"建设，积极推动信息技术与教育的有机结合，深度推动远程教育；支持建设覆盖全省的人口健康信息平台，提供健康指导、医疗资源预约等服务；支持公共数字文化建设，建立多网络、跨平台、多终端的文化信息资源共享云服务平台，提供不受时间、地域限制的文化服务。

三是促进政务服务与新媒体的智慧融合。推动电子政务基础设施整合、信息资源共享和业务协同，支持建设省市（州）两级架构、分域管理、安全可靠的政务云平台，推进政府部门机房集中汇聚、系统集中部署、数据集中存

储，解决信息碎片化、应用条块化、服务割裂化等问题。推动移动互联网在政务服务中的广泛应用，通过手机应用程序、微信、微博等方式支持政务新媒体建设，完善一体化在线政务服务体系，提升政务服务水平，促进政务服务便利化、社会治理精准化、安全保障高效化。督促互联网企业和电信企业保障用户隐私和公共数据安全。

（二）人工智能成为新媒体技术发展的新"蓝海"

截至 2017 年年底，全国 82.8% 的人工智能创业公司分布在北京、上海、广州、深圳，四川人工智能企业占全国总量的 2.72%，约有 100 家。四川在人工智能领域缺少"独角兽"企业和"名片级"典型人工智能应用，在基础理论、核心算法以及关键设备、重大应用系统等方面与上述四个城市差距较大。因此，应集中力量夯实互联网基础设施，构筑开放的大数据平台，研发人工智能发展的重要关键技术，如智能机器人、高数据计算与大规模处理技术、智能跨媒体系统等。具体措施如下：

一是打造高效集约的云计算中心。统筹协调部署云计算数据中心和云服务平台资源，形成以成都为中心、辐射全省、服务全国的格局。推进中国移动西部数据中心等重点项目建设，支撑四川"12+N"云计算示范应用建设，为行业、企业和公众提供高效的云计算服务。鼓励涉及大数据业务的相关企业加快向规模化、绿色化、智能化方向演进。

二是构筑共享开放的大数据平台。将大数据作为基础性战略资源，推动建立大数据相关管理制度，加强对重要数据资源的备份及维护，提升数据资源整合和挖掘能力，全面深化互联网数据资源利用，培育基于数据资源的新媒体应用新市场。支持各地与基础电信企业、大型互联网企业联合构建统一的大数据服务平台，加强对金融、交通、医疗、旅游、食品安全和公共安全等重点领域的数据集聚、共享开放和新媒体应用开发。

三是将重心从"互联网+"逐步向"人工智能+"转移，推进跨媒体大数据融合与管理、自然语言分析、视频内容识别、智能摄像、机器写稿与编片等技术在智能跨媒体平台中的应用，提升跨媒体协同处理能力。培育音视频内容结构化转换、内容智能编目、视觉局部特征识别处理、跨媒体感知等产品，研发智能跨媒体平台，并推广应用。推出一批满足多应用场景和智能服务需求的现象级媒体产品，带动新媒体服务模式和商业模式的创新。

（三）全面提升人民群众的新媒体获得感

一是提升农村及偏远地区的新媒体服务水平。落实中央关于完善农村及偏远地区宽带电信普遍服务补偿机制的要求，以秦巴山区、乌蒙山区、大小凉山彝区和高原藏区为重点，加大政策扶持和资源倾斜力度，提高互联网宽带接入网络、基础类新媒体应用在农村及偏远地区的有效覆盖和接入速率。统筹完善公共服务机构的互联网覆盖，加快推进教育、医疗、社保、人口等新媒体公共服务平台向农村及偏远地区延伸，促进基本公共服务均等化，切实改善人民群众的生产生活条件。

二是运用新媒体助推精准扶贫、精准脱贫。发挥互联网、新媒体应用在助推脱贫攻坚中的作用，支持以互联网管理平台为载体、大数据为支撑的扶贫工作机制和模式创新，实现扶贫工作对象精准、措施精准、管理精准和组织精准。鼓励基础电信企业、互联网企业提供扶贫大数据分析和挖掘服务，支撑当地政府合理选择产业培育扶持方向和就业帮助力度，发展贫困人口参与度高的区域特色产业。支持通过双创孵化服务平台、电商平台以及孵化基金，对有劳动能力、可以通过生产和务工实现脱贫的贫困人口，开展转移就业培训和就业对接服务，实现稳定脱贫。

（四）创新媒体融合方式，实现向"智媒体"飞跃

一是践行"互联网+人工智能"新模式，推动全媒体建设。以互联网为基础，建立智能媒体控制平台，利用大数据和云计算等技术实现媒体平台、媒体云、用户与移动终端之间的联动，完成媒体信息自动采编、智能推送、数据深入挖掘分析以及多样化传播等，改造媒体生产、传播流程。智能互联时代，智媒体成为继传统媒体、新媒体、融媒体后的又一媒体形态，丰富了媒体的发展历程，成为媒体演化版图中的一大亮点，让人民群众感受全新的媒体触达形态，是建设全程媒体的伟大尝试；智能互联改变了媒体内容形态，用户可以从多种渠道多维角度地接受媒体内容，感受全媒体；智媒体建设改变了传统的传播方式，用户兼具内容消费者、生产者和传播者三重身份，进入全员媒体时代。

二是推进媒体内容及渠道深度融合。积极推动互联网企业及电信企业的大数据中心、全媒体云平台、家庭媒体数据平台等数据平台建设，切实做好数据服务基础工作；利用先进算法技术推送优质新闻服务类内容，实现全方位立体传播；加快发展移动互联网，各地区布局移动互联网相关业务，发展移动客户端应用，注重新闻服务类内容质量，重视用户互动和交流等传播体验；建立健全传统媒体数字化平台，建立全媒体联动机制，形成全面的、多渠道的传播体系。

三是吸纳技术类人才，建立新闻生产和信息技术类专业化人才队伍，完善人才管理机制。智媒体不仅需要技术研发人才、运营管理人才，也需要兼备采、写、编、评技能于一身的跨媒体型人才。一方面需要优化人才结构，借鉴互联网公司的职能部门设置，完善媒体行业人才结构，建立人才引进机制；另

一方面，注重培养和管理新闻传播专业人才，确定两大人才培养方向，即培养精通各类数字媒体技术且综合能力强的高级管理人员和集素材采集、新闻编写、多媒体制作、新闻评论等技能于一身的复合人才，培养跨专业、跨学科的"复合型+专业化"的新闻类人才。

（五）内容付费成为盈利增长点，搭建"内容+产品"共享经济平台

一是内容付费模式应用广泛。互联网时代，"共享经济"成为经济发展新模式。随着网络空间版权意识的增强，内容付费订阅模式逐渐升温。在新闻、视频、文学、社交等新媒体内容的各个领域，付费模式的普及使得原创内容、优质内容变现更便利、更高效，促进了原创内容及优质内容生产、服务、消费链条的形成，以及新媒体内容经济市场的繁荣。

二是搭建"内容+产品"的新媒体共享经济平台。借助线下文化资源优势，通过"内容+产品"的共享经济平台，促进在线文娱产品的大力发展。

三是深耕内容，优化用户体验，增强用户黏性，提升内容溢价。利用算法及大数据技术，关注用户体验效果，针对用户群体分类深耕内容，细分新媒体内容市场，做到推送内容精细化、个性化、定制化，增强用户黏性。新媒体内容抢占独家资源，提升内容价值。

（六）多措并举保障网络与信息安全

一是科学实施网络空间治理。推进文明办网、文明上网，注重利用大数据分析网络舆情，做好舆论引导工作，形成积极向上的网络文化。围绕网络空间治理新要求和反恐维稳新形势，推动建立网络有害信息、网络诈骗、网络侵权、违法广告等治理工作的长效机制，深入推进针对移动互联网恶意程序、互联网金融风险、互联网诈骗、互联网淫秽信息等的专项治理活动，督促相关企业落实责任，畅通用户举报渠道，营造风清气正的网络空间。

二是强化网络安全应急管理。完善互联网应急管理体系，推进互联网应急机制、应急制度、应急标准建设，健全互联网安全突发事件的响应制度，做到处置规范化、程序化。推动建立公共互联网与信息安全应急预案，组织开展互联网安全事件应急预案演练，加强跨行业的互联网安全应急演练，维护社会稳定。

三是加强对新技术、新业务的安全监管。加强防御移动互联网、物联网、云计算、大数据等新兴技术可能对社会造成的安全威胁，持续完善新技术、新业务安全评估管理体系。对日常网络安全事件进行制度化巡查并通报，针对恶意病毒、程序漏洞等推出数据库建设服务，提升网络安全保障。强化互联网企业的网络安全感知能力，建立网络安全数据库，推动多行业的力量联动共同监测数据安全，维护互联网全局的环境安全。

上篇　传统媒体的数字化平台

第一章　报业数字化平台

一、四川报业数字化平台的发展现状

信息技术的不断发展致使新媒介诞生。新媒介的兴起使传统媒体受到前所未有的挑战，改变了传媒业的格局，不断分流传统媒体的受众和广告收入，影响传统媒体的盈利。近年来，报业主业收入逐年下降，报业整体收入也受到影响。

自 2008 年起，我国报纸总印量首次呈下降趋势，此后，报纸的用纸量和印刷量逐年递减。2015—2016 年，许多报纸被迫停刊或转向新媒体发展。根据央视市场研究中国城市居民调研（CTR-CNRS）的调查数据，报纸的日到达率由 2012 年的 53.9% 下滑至 2016 年的 32.8%，报纸的日均阅读时长也由 2012 年的 25 分钟下滑至 2016 年的 17 分钟。[①] 照此看来，下滑趋势仍将继续。

2017 年 5 月 31 日，中国记协发布《中国新闻事业发展报告（2016 年）》。报告显示，2015 年，43 家报业集团主营业务收入降低 6.9%，利润总额降低 45.1%，其中 31 家报业集团出现亏损状况。[②] 广告收入一直是报业的主收入，据央视市场研究（CTR）发布的《2016—2017 年中国广告市场回顾与展望》报告显示，2015 年和 2016 年报纸广告刊例花费呈现负增长，报纸广告收入不容乐观。总体看来，传统报业盈利状况堪忧，需尽快找准定位，加快转型，摆脱下滑趋势。

2014 年是媒体融合元年。2014 年 4 月，国家新闻出版广电总局、财政部联合发布《关于推动新闻出版业数字化转型升级的指导意见》；2014 年 8 月，中央全面深化改革领导小组通过了《关于推动传统媒体和新兴媒体融合发展的指导意见》，加快推进媒体融合进程。紧跟中央指示，四川省报业媒体也加

---

① 2016 年传统媒体趋势盘点 [EB/OL]. [2017 - 04 - 19]. https://chuansongme.com/n/1778627551718.

② 管云林. 媒体深度融合的资本路径选择 [J]. 传媒观察，2017（9）：50-52.

快了转型脚步，走向了传统媒体与新兴媒体融合之路。尤其是四川日报报业集团，面对新媒体所带来的挑战，主动转型，步入全国报业转型发展的先锋队伍中。

从 20 世纪 90 年代开始，国内报业开始创办电子版。1993 年，《杭州日报》创办了我国最早的电子版报纸。1998 年 1 月 22 日，《四川日报》电子版上线，是四川省内最早的电子版报纸。随后，《华西都市报》《成都商报》等也开始创办电子版。

21 世纪初是报网互动时期，报纸转型主要以两种方式为主，第一种是报业自建网站，比如，四川日报报业集团于 2001 年开办"四川在线"，该网站是四川省内最早由报业开办的新闻网站。第二种是报业与商业媒体合作开办新闻网站，如 2007 年，腾讯公司与四川区域性媒体合作开办"大成网"。同时期，报纸开始向移动端进行探索，初期是向手机报转型。从全国情况来看，2004年，《中国妇女报》是国内率先上线的手机报。从四川省内情况看来，2005年，由《华西都市报》开办的华西手机报上线，这不仅是四川省内第一张手机报，也是西部第一张手机报。

从 2008 年起，国内传统报业运用新媒体技术向全媒体转型，推进全媒体战略。从四川省来看，四川日报报业集团于 2011 年率先成立"全媒体中心"。从 2011 年起，国内传统报业开始向"两微一端"的立体传播模式转变。《华西都市报》于 2009 年 10 月开通新浪微博官方账号，2011 年创建移动客户端（APP），成为四川省最早开设微博账号、移动端的报业媒体。

综上所述，四川报业媒体跟随互联网的浪潮朝数字化方向发展，利用新媒体加快转型，在媒体融合道路上不断尝试，先后推出报纸电子版、报纸网站、手机报、报纸微博、报纸微信、移动新闻客户端等一系列数字化产品。一些报业媒体在转型过程中取得了傲人的成绩。

2014 年中国媒体移动传播排行榜中，有 5 家四川报业媒体上榜。其中，《每日经济新闻》排名第 6 位，《华西都市报》排名第 38 位，《成都商报》排名第 40 位，《成都晚报》排名第 83 位，《四川日报》排名第 90 位。2015 微博 V 影响力峰会上，人民日报、央视新闻、新华视点、解放军报、中国之声、人民网、成都商报、中国日报、华西都市报以及环球时报微博获评"2015 最具影响力十大媒体微博"，四川省的《成都商报》和《华西都市报》都榜上有名。在 2016 年中国报业新媒体影响力排行榜中，省级以上党报三十强中，《四川日报》上榜，排第 26 位；副省级地级党报百强有《成都日报》，排名第 7位，《广元日报》排名第 32 位，《攀枝花日报》排名第 59 位，《广安日报》排名第62位,《遂宁日报》排名第91位;都市报五十强《成都商报》《每日经济新闻》《华西都市报》上榜,分别排名第6位、第10位和第16位。

四川省一共有18个地级市、3个自治州。每个地方都拥有自己的报业,传统媒体在式微的窘境下,纷纷进行数字化转型,推出数字化产品。四川日报报业集团作为西部地区最具代表性的省级传媒集团,面对新媒体的冲击,主动转型,致力于打造一流的新型主流媒体集团。

二、四川日报报业集团融合转型历程

四川日报报业集团于2000年正式挂牌成立,是我国西部拥有最多报刊的报业集团,其综合实力和品牌价值在西部地区位列第一。到目前为止,四川日报报业集团旗下媒体平台主要包括《四川日报》《华西都市报》《四川农村日报》《廉政瞭望》《天府早报》《金融投资报》《人力资源报》《消费质量报》《四川法制报》《华西手机报》《华西生活》《川商》《新闻界》等。

2000年,综合性门户网站"四川在线"正式上线。"四川在线"是四川最全面的本地信息综合站点,该网站及时发布四川省21个市州的热点新闻,以多样化的报道方式全面报道四川各个地区发生的新闻事件。其中,"航拍四川"频道于2015年7月18日正式上线,设立省内最大、国内领先的无人机航拍影像内容分享平台,集航拍作品展示、网友航拍上传、航拍资讯以及互动论坛于一体。

2004年1月,《华西都市报》数字版上线。2005年,《华西都市报》与四川移动合作推出《华西手机报》,较早地步入我国早期发展的手机报行列中,同时这也是西部地区第一份手机报。《华西手机报》是四川日报报业集团重点打造的手机报。目前,《华西手机报》与中国移动、中国联通和中国电信都有合作。但是,与不同的运营商合作,订阅的信息有所不同:中国移动手机用户能订阅新闻类信息——精华版,活力类信息——动静版,新闻类信息——城市版,便民类信息——便民短信;中国联通手机用户能订阅华西精华版和便民短信;中国电信手机用户能订阅华西精华版、西川新闻快报和便民快讯。

2009年3月30日,由《天府早报》独立打造的"朝闻网"上线,打造四川省内第一批能够独立完成文字采写、摄影、视频制作这三项工作的"全能记者"。

2011年1月11日,四川日报报业集团成立"全媒体中心"。"全媒体中心"聚集了四川在线、《天府早报》《华西手机报》,融合了网络、报纸、手机三大传播平台,致力于打造立体化信息传播平台,实施全媒体战略。

2011 年 5 月 18 日，华西都市网正式上线运营，这是华西都市报由平面媒体向平台型媒体的转变。截至 2016 年，华西都市网拥有近 310 万注册用户。华西都市网拥有强大的技术团队，自主开发了"魔码""成都范儿""爱哟"等手机客户端。

2011 年 6 月，四川日报网开通上线。四川日报网以政经新闻为主，主要发布四川省级和市州县各党政部门的政务活动、经济建设、社会文化建设新闻，同时推动报业集团内采编人员全面转型。

进入移动互联网高速发展时期，四川日报报业集团紧跟时代步伐，基于自身特色进行媒体融合战略。2016 年 7 月 14 日，人民日报全媒体平台与四川日报报业集团开启了全面战略合作。两者在媒体的平台建构、新闻服务等内容生产、媒介的技术创新、智库建设等方面开展深度合作。四川日报集团延续平面媒体时代的特点，设立"双集群"发展战略，重点依托《四川日报》在党政中打造"川报全媒体集群"，内容以时政新闻为主，依托《华西都市报》在市民中打造"华西传媒集群"，内容偏向市民化、娱乐化。

川报全媒体集群包括《四川日报》、"四川在线"、四川日报网，以及 2014 年 9 月 18 日推出的 6 个新媒体产品，即川报观察客户端、四川新闻客户端、《四川日报》官方微博和微信公众号、问政四川、天府问计、四川党政信息库。川报观察客户端是川报全媒体集群内重点打造的新媒体产品，主要面向四川政商学界人群，重点依托四川日报政经资源优势，提供具有四川地域特色的独家政治经济分析和深度思想类产品。

华西传媒集群集纸质媒体、网络媒体、移动媒体、视听媒体、社区户外媒体、城市公众服务平台于一体，致力于打造全国领先的新型都市主流媒体集群。华西传媒集群包括《华西都市报》《华西城市读本》《华西社区报》、华西都市网、8 小时购物网、华西都市报两微一端、掌上四川两微一端、爱哟客户端、成都红娘微信公众号、成都范儿两微一端、FM90.0 广播频率天府旅游电视栏目、社区文化墙、LED 户外视频、华西传媒呼叫中心 96111 等。

四川日报报业集团在转型中立足于自身特色，细分市场，分别满足不同目标群体的需求。

三、《华西都市报》数字化平台项目发展状况

《华西都市报》创刊于 1995 年 1 月 1 日，是中国第一张都市报，提出以"市民生活"为重点的办报定位。

2004 年，《华西都市报》数字版上线。2005 年，《华西手机报》成为西部

首份手机报。2009年10月27日,《华西都市报》开通官方微博,目前有1 343万"粉丝"。2010年,设立"1+N全媒体报道联盟",开始向全媒体融合转型。开设"成都新闻""今日飞花令""吃在成都""玩在成都""早间分享""萌宠大本营"等栏目。

2011年3月,华西都市网正式上线。截至2016年,已有310万注册用户。2011年9月12日,《华西都市报》移动客户端正式上线,截至目前,已经过20次改版升级。2011年10月,《华西都市报》在全国范围内率先推出"华西魔码",成为第一家推出二维码阅读模式的都市报。受众开启了"扫报时代",改进了受众的阅读形式,纸质媒体开启了受众新的阅读体验。

2013年,正式提出塑造华西传媒集群(WMG),主要是为了将内部产品细分化,分层满足不同读者的需求,打造移动互联网产品,开通官方微信公众号。每日推送一次,时间不固定。推送内容立足本地特色,报道本地新闻。2014年8月,《华西都市报》与中国移动阅读合作,推出"掌上四川"移动客户端。2015年7月29日,在第六届C21论坛上,由百度新闻与《华西都市报》联合打造的百度"互联网+"四川区县频道正式上线运营。华西传媒集群的发展主要围绕两个重点,即媒体融合"I战略"和引领人工智能时代的"泛内容生态平台"——封面传媒。

2014年12月18日,《华西都市报》提出"I战略"。即从开放合作(I-Cooperation)理念,向资讯(I-Media)、社交(I-Link)、电商(I-Eb)、互联网金融(I-Finance)四个方向突破,推出全新的新媒体精准投放广告系统(I-Delivery),实现指数增长,形成"小前端、大平台、富生态"的传媒融合发展新格局,着力打造西部第一、全国领先的新型都市主流媒体集群。《华西都市报》在资讯(I-Media)、社交(I-Link)、电商(I-Eb)、互联网金融(I-Finance)四个方向分别形成独立的新媒体产品群。

《华西都市报》与阿里巴巴的联手之作,2015年10月28日正式成立的封面传媒,是媒体融合发展的新里程碑。2016年5月4日,封面新闻客户端1.0上线。封面新闻战略定位主要从以下方面着手,从年轻群体中细分市场,以"网络原住民"为目标群体;建立完整的用户数据库;内容上实现个性化、精准化推荐;为自媒体原创用户提供平台;打造新媒体矩阵,推出微信、微博、网站等。作为一个移动媒体平台,封面新闻主要以The cover. cn网站为基础,重点打造移动客户端,推出垂直细分领域的产品矩阵,在业态上涵盖了微博、微信公众号、短视频、舆情分析、论坛BBS等,打造属于亿万年轻人的"智媒体"。目前,封面新闻客户端已经发布4.0版本,每一次版本升级都会带来全新的体验。封面新闻客户端 1.0 的主要特色为"内容+科技的新生代客户端"。2016 年 6 月 12 日，封面新闻客户端 1.2 上线，主要特色为"精准推荐你的新闻"。2016 年 10 月 24 日，封面新闻客户端 2.0 上线，主要特色为"人人都是传播者"。2017 年 5 月 4 日，封面新闻客户端 3.0 上线，主要特色为"引入 AI，创新互动方式"。2018 年 5 月 4 日，封面新闻客户端 4.0 正式迭代升级，实现智媒体优化，重点为用户带来全场景、沉浸式互动体验模式。

2017 年 6 月 14 日，国家互联网信息办公室为封面新闻颁发了《互联网新闻信息服务许可证》。截至目前，封面新闻成为由报业集团创办的移动新闻客户端拥有一类资质的第二家媒体。这意味着其拥有一类新闻原创采编资质，可以获得采编权制作互联网原创作品。这不仅表明封面新闻对于原创作品的重视，也意味着其得到了国家的认可。

《华西都市报》在做强封面新闻移动客户端，形成新媒体发展矩阵，开通微信、微博、网站协同发展的同时，还推出了"封面 VR"（虚拟现实）、"封面智库""封面舆情"等一系列产品。

2016 年 5 月 4 日，"封面 VR"产品上线，封面新闻在人机互动、机器写作等方面进行探索。2016 年 12 月 20 日，封面新闻的机器人"小封"写出了第一篇机器人新闻稿件《12 月 20 日打折资讯推荐》。2017 年 6 月高考，小封机器人以数据挖掘技术为支撑，对高考填报志愿的 100 个热门话题进行分析，根据考生用户的专业兴趣和需求，给予考生相关高考志愿填报建议，并对学校进行相关分类和专业分数线预测，为每一个考生量身定制高考志愿。2017 年 7 月 13 日，微软人工智能机器人"小冰"入驻封面新闻，定期撰写新闻稿件。

2016 年 5 月 4 日，"封面智库"成立，主要包含了封面系列研究报告、"封面思享"+沙龙、智库专访、封面大讲堂、封面系列论坛五大板块，封面系列研究报告主要发布一些系列研究报告、综合性年度报告等，如《2016 中国移动出行安全报告》《中国互联网+"数字丝绸之路"报告》。"封面思享"+沙龙主要面向专家解读，主要内容涵盖了对时事热点、行业话题的分析，对相关社会问题的学术解读以及针对相关行业或者企业的答疑解惑。智库专访打造的专栏式访谈项目，针对社会的热点事件、焦点问题对话大咖和权威性人物。封面大讲堂旨在沟通思想，传播知识，举办一系列公益性沙龙项目，就互联网+、新媒体研究等相关课题发起研讨会。封面系列论坛，针对国家宏观战略、区域经济等热点问题发起主题论坛，如"一带一路"战略主题论坛。

2016 年 8 月 25 日，"封面舆情"上线，这是首款机器和人工结合的智能舆情服务平台。封面舆情获得了阿里云、百度等技术公司的数据和技术支持，同时还配置了强大的舆情分析团队。

《华西都市报》与封面新闻目前实行的是"双品牌"战略。"双品牌"战略既可以扩大《华西都市报》的品牌效应，同时以全新的品牌"封面新闻"进军互联网市场，这样的做法使传统媒体和新媒体都得到平衡发展。"双品牌"战略在国内媒体行业中还是首例，大部分报纸在面临纸媒困境时，或停刊、休刊，或弃纸转网。

四、《成都商报》数字化平台项目发展状况

（一）整体发展状况

成都商报于 2014 年开展媒体融合战略，并全力打造新媒体产品。2014 年10 月 30 日，成都传媒集团发布"4311"的战略体系，全力进军新媒体。该体系涵盖了时政新闻、财经资讯、生活服务和数字娱乐四大产品矩阵，数字采编中心、自主建立技术研发中心、用户大数据中心三大中心，以及一个新媒体产业园区、一个新媒体产业发展基金。[①]

新浪网携手清华大学新闻研究中心联合出品了《2014 移动用户行为分析报告》和《2014 媒体行业发展趋势报告》，在《纸媒微博 TOP20》榜单中，成都商报官方微博位列第十一名，在报纸类媒体微博中排名第九。这是成都商报首次进入全国报纸类媒体微博排行前十，也是榜单中唯一的一家西南媒体。2015 年评选的"报纸移动传播百强榜"中，成都商报位列第六，位居都市类媒体第二。2018 年 9 月 5 日，第十一届中国传媒经营大会发布的"2017—2018中国传媒经营价值百强榜"显示，成都商报客户端、官方微博以及红星新闻的官方微信、微博账号，被评为"全国报业新媒体三十强"。

成都商报注重传媒媒体的品牌优势，以《成都商报》《每日经济新闻》和成都全搜索三大板块为抓手，以新兴技术为主导，在新媒体领域打造新闻服务类平台，积极构建全媒体集群。

2017 年 1 月 9 日，成都商报在内容生产上进行深挖，推出新兴媒体红星新闻。同年 2 月，红星新闻以一则高薪聘请信息成为公众关注的对象，力图通过高薪吸引业内人才，打造"内容为王"的新兴媒体平台。2017 年，成都传媒集团出资 6 000 万元打造并推出了红星新闻。主要由《成都商报》国际新闻中心负责，并在全国主要城市布点，逐步扩大范围。目前，成都商报建立的报道

---

① 成都传媒集团发布"4311"战略全力进军新媒体［EB/OL］.［2014-10-30］. https://new.qq.com/cmsn/20141030/20141030057734.

发布体系是：红星新闻相关报道经由成都商报客户端发出，并以同名官方微博、微信公众号及今日头条、腾讯企鹅号、大鱼号、一点号等平台订阅号的形式呈现。从上线之初，红星新闻便凭借一系列独家原创报道引发了广泛关注。截至 2018 年 1 月 8 日，红星微博"粉丝"数达 223 万，红星微信"粉丝"数达 54 万。连续多月拿下市场化媒体企鹅号排名第 1，进入第十届中国传媒经营大会"2016—2017 中国报刊经营价值百强榜"榜单和"2016—2017 中国报刊经营价值百强榜全国报业新媒体三十佳"榜单。2018 年 11 月 10 日，红星新闻手机客户端正式上线，由原成都商报手机客户端升级而来，从"一纸风行"的成都商报纸质媒体到基于移动互联网技术环境的红星新闻客户端，改变的是新媒体语境下的传播方式，不变的是一如既往的专业态度。

成都商报将坚持深耕区域、专注刚需、借力纸媒定位新媒体发展的三大原则，并将新闻客户端（成都商报、红星新闻）、谈资、四川名医和每日经济新闻定位为成都商报的新媒体集群的重点平台。"谈资"客户端借鉴了美国社交媒体 BuzzFeed 模式，其定位是资讯类。

（二）产品特色

1."两微一端"

（1）微博

成都商报官方微博在 2010 年 2 月 26 日发布了第一条新浪微博，截至 2018 年 11 月 19 日，共发布微博 115 114 条，拥有"粉丝"11 197 605 人，是在新浪微博中影响力最大的中国西部报纸媒体之一。2017 年，在微博榜单的媒体矩阵势力榜中，成都商报官方微博持续稳居全国报纸媒体微博前三名，仅次于人民日报和环球时报官方微博。2018 年 1 月，在由北京大学新媒体研究院主办、微博承办的"微博·大观 2017 年度媒体盛典"上，成都商报和人民日报、央视新闻、澎湃新闻等官方微博荣膺"2017 年度十大最具公益影响力媒体"称号。

在运营早期，微博内容有些是报纸内容的提要，通过发布简单的新闻提要，并附上报纸电子版的链接，让受众可以在微博碎片化的信息中找寻到自己感兴趣的内容进行深入阅读。2017 年，成都商报官方微博有了很大的转变。微博拥有多个固定的话题，在固定的话题下分享当地新闻、生活小窍门、投票讨论、运动资讯和美食资讯等，微博内容更加规范与专业。并且，微博不再作为报纸内容的提要，成都商报官方微博每天会转载海内外多条新闻信息，从国际政治到暖心趣闻都有所涉及，转载范围突破了成都本地，扩展到全国、全球，内容更丰富。

2018 年 5 月 14 日 8 点 40 分，川航客机紧急备降成都。成都商报官方微博平台发布及时信息的同时，滚动发布深度原创稿件，创建微博话题——"川航客机备降成都"，在这一突发事件报道中占得先机，多条报道为原创、独家、首发，传播效果显著。经统计，微博平台共计发稿 20 余条，总阅读量超过 4 000 万次，转评赞超过 30 万次，微博《独家！买菜路上，摄影师拍下川航备降高清照片：驾驶舱少块玻璃，落地过程很平静》单条阅读量达 1 535 万次，"川航客机备降成都"话题阅读量达 5 255.5 万次。

如今，成都商报官方微博的内容更加贴合信息传播快捷化、碎片化、娱乐化的特征，在早、中、晚三个时间段内，为受众提供简洁的新闻和休闲的资讯，让受众不单能够快速获取每日全球资讯和身边事，还能在获取新闻的同时收获趣味和快乐。

（2）微信

2012 年 11 月，成都商报开通微信公众账号，也是目前西南地区影响力最大的微信公众号之一。微信公众号权威数据发布平台"新媒体指数"2015 年 1 月 9 日的数据显示，成都商报以总阅读量最高、头条阅读量最高、平均阅读量最高、点赞数量最高稳居四川地区第一名①。人民网舆情监测室和中国社会科学院新媒体研究中心合作研发的《2015 传媒集团融合传播排行榜》显示，成都传媒集团在"传媒集团融合传播排行榜"上荣居第八位，成都商报在"传媒集团下属报纸融合传播排行榜"上位居第七，超越中西部所有报纸②。2016 年 1 月 12 日，在"微信之夜"盛典上，成都商报获得"微信年度优秀媒体公众号"称号。

成都商报微信热门头条文章可以达到超过 10 万次的阅读量，以 2018 年 7 月 11 日的暴雨为例，当天成都商报微信公众号对有关暴雨的信息进行了三次推送，根据暴雨实时情况，对每一条推送内容都进行了及时更新。7 月 11 日，《紧急！四川多地持续暴雨！成都发布暴雨橙色预警，二绕等 8 条高速全线关闭！》达到 34 万次的阅读量，7 月 11 日《省气象台：今晚 9 市州严防暴雨！金堂启动红色（Ⅰ级）防汛应急预案！》达到 22 万次的阅读量。

成都商报微信公众号也侧重于对本地化、生活服务化信息进行推送。如 2015 年 8 月 3 日推送的头条信息《如果一个成都人突然不理你，他不是热死了，就是挤死了……》，达到 10 万次以上的阅读量，文章内容极为切合本地用

---

① 刘俊伶. 成都商报荣获"微信年度优秀媒体公众号"［N］. 成都商报, 2016-01-12(2).

② 2014 中国媒体移动传播指数报告——推出报纸、杂志、广播、电视移动传播排行榜［EB/OL］.［2015-02-09］. http://media.people.com.cn/n/2015/0209/c120837-26532163.html.

户需求。

此外，成都商报微信公众号也发展了很多线下活动，如试吃团、周末观影团等，备受用户关注。

（3）成都商报新闻客户端

成都商报新闻客户端作为媒体融合战略的重点发展项目，致力于为用户提供新闻服务类资讯，并带来智能服务。成都商报客户端于2014年1月1日正式上线。2015年5月，成都商报新闻客户端以"有盐有味的成都，保持严肃新闻对社会事务的关注和态度"定位，并实行全面改版。截至2018年9月，成都商报新闻客户端下载量突破100万次，全媒体用户超过500万人，全网累计阅读量突破20亿次。

2015年5月，成都商报新闻客户端升级改版上线，开屏页面用正红色突显"成都商报"报名，4字下方配有"成都最大的兴趣社群聚合平台"13个黑色小字，彰显客户端的定位。上方四分之三的界面为成都地标性建筑的漫画版聚合。

新版成都商报新闻客户端设有5个栏目，栏目按钮位于界面下方，分别是"首页""投诉""活动""消息""我的"，代替之前的"爬虫""成都""快拍"。新版成都商报新闻客户端社群与互动的功能突显，契合其主题由"爱生活 懂成都 知天下"向如今"成都最大的兴趣社群聚合平台"的转变。

2. "谈资"手机客户端

2014年12月5日，谈资手机客户端上线。"谈资"同样定位为资讯类服务，以"分享"为核心关键词，致力于打造中国Buzz Feed。上线两个月，用户就突破10万。执教于上海交通大学媒体与设计学院，被称为"媒体转型观察者"的知名专家魏武挥评价，"谈资"的趣味性定位和病毒式传播，符合新媒体发展思路，能够更好地吸引公众，这样就具备了获得用户青睐的优势条件。[①]

内容加策划是谈资成功的秘诀。首先，谈资的定位让其具备了撩拨现代人群阅读欲望的先决条件。以"生活，不能没有谈资"为口号，以"分享"为核心关键词，在原创的基础上通过移动社交网络进行病毒式传播。其次，"谈资"的内容生产团队注重信息的话题性以及用户的需求性，以交互、互动、

---

① "谈资"用户破10万 商报新媒体搅动媒体圈 [EB/OL]. [2015-02-06]. http://news. chengdu.cn/content/2015-02/06/content_1701142.htm.

分享的传播功能为主，栏目设置注重生活化、轻松化、娱乐化，也注重用户的内容生产。最后，各类线上线下原创活动策划，激发了用户的下载热情。比如"谈资"的"萌宝争萌"活动已成为最热话题，已拉动超 4 万次的下载量。

截至 2016 年 3 月，"谈资"已拥有 100 万以上的下载用户，除了"谈资"手机客户端，"谈资"在其他平台的累积用户达到了 130 万人以上，其内容在微信、微博、今日头条、一点资讯、腾讯、网易、搜狐、凤凰等众多主流媒体平台均可订阅。一年多来，"谈资"在全网创造的页面浏览量已远超 10 亿次。[①]改版过后的"谈资"获得 2016 年由今日头条颁发的"2016 未来媒体践行者"荣誉，并连续获得"头条号"的"新媒体排行榜"前三名；"谈资"还凭借在"头条号"上出众的表现，入选"头条号创作空间"；网易订阅平台在 2016 年给"谈资"颁发了"年度影响力媒体"突出贡献奖。2017 年，"谈资"生产"10 万+"次阅读量的稿件 10 000 条以上、"100 万+"次阅读量的稿件达1 500 条。2018 年 4 月 4 日，"谈资成都"发布第一篇稿件《成都南门房价 4 000元/m^2 时，那个时代在做些什么》刷爆朋友圈，获得超过 30 万次的阅读量。4 月 11 日，"谈资成都"发布《六位古代蓉漂，神预言了今天的成都!》宣传成都，其阅读量近 10 万次。

与成都商报的"两微一端"不同，"谈资"的内容与《成都商报》并没有太多关联，其内容也多来自各大娱乐和科技网站。"谈资"服务于年轻都市人群，为他们提供完全区别于新闻模式的轻松的、新鲜的、时尚的社交话题。[②]

3."四川名医"微信公众号

作为四川区域最大的医疗科普新媒体平台，"成都商报四川名医"微信公众号在四川地区健康行业周榜新榜中连续 2 年排名第一，其用户量、影响力、日活跃度均为西部第一。

现阶段，"四川名医"以"微信公众号+分发账号"的方式运营，原创图文、语音、视频、动画医疗科普，全网分发 10 多个平台，全网用户量超过 200万人，是全国首个区域性智能寻医服务平台及省内最具影响力的医疗健康类新媒体平台。"四川名医"覆盖全川 100 家医院，有 11 000 多条医生信息，10 000 多个精准微信群病友、70 多个病友圈、"糖友家"和"四小儿"等22 000 多个线上注册账户，形成"医院+患者+医生"生态圈。

---

① 王越，胡琴. 谈资 3.0 上线，总用户量超 230 万 [N]. 成都商报，2016-03-28 (1).

② 谈资：内容+社交 颠覆传播 [EB/OL]. [2015-12-01]. http://www.nbd.com.cn/articles/2015-12-01/966791.html.

"四川名医"打造的医疗民生项目健康基地，2018 年累计开展健康讲座 30 余次，参与人次近 1 万。每周举办的线上微问诊近 100 次，累计参加人次近 3 万。"四川名医"致力于打造内容爆款，在科普文章和短视频上出新出奇，今年创造多篇阅读量超过 10 万的文章。"四川名医"与华西医院签订了预约挂号功能合作协议，一举成为华西唯一官方授权的媒体挂号平台。[①]

4."成都儿童团"微信公众号

"成都儿童团"致力于提供最权威的一手教育资讯，分享最具深度的、最前沿的育儿理念，策划最具影响力的大型活动及赛事，开发丰富的课外主题研学游及周末家庭游，充分联动各类学校、机构、组织，一站式解决成都百万家庭求学资讯及亲子研学游的刚性需求。

成都儿童团运营"成都儿童团""成都商报教育发布"两大微信公号的"粉丝"数量超过 50 万人。平均每年提供教育资讯超过 2 000 条，用户规模超过 300 万人。成都儿童团根据节假日、季节、年度策划开展各种青少年赛事，开发丰富的课外主题研学游及周末家庭游，全年提供优质亲子活动超过 300 场，直接服务用户超过 20 万人。常年合作学校超过 100 所，影响成都百万亲子家庭。

2018 年，成都儿童团精心策划了一系列大型活动，进行品牌化、IP 化打造，推出诸如"天府学堂""一人一伴微拍秀""全能小记者·为城市加元气"等一系列活动。9 月 3 日上午，成都市教育局携手成都商报·成都儿童团，联动全城 22 个区（市）县 22 所学校，邀请 22 位校内外名师名家，打造 22 堂精品阅读课，通过 22 场直播同步开讲。"2018 天府学堂·成都市中小学开学第一课"全网收看人次超过 1 200 万人。[②]

（三）产业发展

1."1312"新媒体矩阵

2014 年 10 月 30 日，成都商报新媒体"1312"新媒体项目全面启动，向新媒体强势进军。"1"个中央厨房式的全媒体数字化采编中心，"3"个移动新媒体平台——成都商报客户端、谈资、悠哉，"1"个涵盖 20 个行业、50 个网点的微信（微博）矩阵，"2"个平台——大数据平台和网络推广平台。这些新媒体项目将涵盖新闻资讯、生活服务和数字娱乐等领域，全面打通内容、渠道、平台、经营和管理，用户足不出户就能享受更多更新鲜的热辣资讯，参

---

① 佚名. 成都商报蝉联全国都市类报刊排行榜亚军 连续 11 年居前三强![EB/OL].[2018-09-06]. http://www.sohu.com/a/252167370_116237.

② 同上。

与到各种活动中来。①

2014 年 9 月，在新发布的《成都商报新媒体发展纲要》里明确指出了成都商报新媒体的发展方向：提出打造一个跨 20 余个垂直行业，包含 50 余个微信子账号，互为掎角、相互借力的微信矩阵，并形成一个本地化生活服务平台。目前的"微信矩阵"内容不仅立足于成都本地，还涉及了"金融理财、摄影摄友、健康医疗、幼儿教育、出国留学、便民服务、时尚商业、文化八卦、电影资讯、深度报道、创业领域"等领域，并且有了极大的关注度、影响力和竞争力。②

随着"云时代"的来临，大数据成为近年来的关注热点。目前，一些"数据搜集"仅限于用户的基本学历、年龄、性别、收入等基本数据，因此成都商报着重开始关注贴近用户的、拟解决实际问题的重要数据信息的收集和分析。基于此，成都商报开始尝试打造基于多个媒介平台生成的"大数据平台"，争取用户行为的海量数据。通过对用户数据的实时收集和分析，拟实现对用户需求的信息的精准推送。截至 2016 年 6 月，成都商报已初步建立以超过 3 000 万个用户数据为基础的数据平台，成为权威、深度、精准的信息发布平台，能够实现较为精准的客户信息挖掘以及广告投放。

2."M+"战略打造新媒体战略合作平台

2015 年 5 月 28 日，成都商报发布了新媒体"M+"战略，旨在联合四川省优秀自媒体账号以及新媒体资源，共同打造最具影响力的信息传播平台。无数的优质信息将从这一平台发布出去，然后被转发、被分享、被评论，进而影响全省网民。

"M+"包含了三个主要方面："Media+""Mobile+"和"Market+"。它们分别代表了三大类资源的整合："Media+"代表四川省众多新媒体资源、渠道的集合，形成覆盖面更广、影响范围更大的新媒体传播矩阵。"Mobile+"指集合四川最具影响力及活力的自媒体账号，抱团发展，建立传播准则，共同培育自媒体传播市场。"Market+"指跨行业集合四川本地最优秀的企业，构建四川最大、全国最具影响力的行业跨界营销平台，实现营销传播路径的叠加。

"M+"战略正式发布后，成都商报新媒体的角色发生根本转变，从过去"单打独斗"的方式，转变为与合作伙伴之间进行合作并且共赢。成都商报在多年的经营中积累了大量的读者、企业、公益机构、政府部门等方面的资源，

---

① 佚名. 阅无纸境 [EB/OL]. [2014-10-31]. http://e.chengdu.cn/html/2014-10/31/content_495321.htm.

② 同上。

具备强大的资源整合能力，这些对于新媒体的发展而言是很重要的。

成都商报拥有强大的新媒体技术和开发团队。在"M+"战略发布后，成都商报的新媒体开发和运营全面向合作伙伴开放，为更多的账号和平台做第三方应用开发，包括为其他媒体进行传统媒体的新媒体转型产品定制开发，以及为那些没有技术团队的微信公众号进行第三方插件和应用开发等，确保平台能够持续产出优质内容。

成都商报具有很强的新媒体资源整合和策划运营能力。"M+"战略启动后，这一平台把成都商报既有的社会资源和商业资源整合起来，为加入"M+"的媒体平台、企业提供更精准、有成效、性价比高的整合营销解决方案，包括资源整合、整体策划、渠道投放等，让优质内容的生产者获得应得的收益，让企业达到预期甚至超预期的传播效果，形成可持续发展的生态体系。

3."4311"战略

2014年10月30日，成都传媒集团发布了"4311"战略体系，全力进军新媒体。该体系涵盖了时政新闻、财经资讯、生活服务和数字娱乐四大产品矩阵，建立起数字采编中心、自主建立技术研发中心、用户大数据中心三大中心，以及一个新媒体产业园区、一个新媒体产业发展基金。①

四大产品矩阵涵盖时政新闻、财经资讯、生活服务和数字娱乐四大项目，旨在构建现代新型传播体系：时政新闻矩阵集中打造2至3个在本地传播力、公信力和影响力最强的新媒体产品；财经资讯产品矩阵以《每日经济新闻》为平台，打造"每经投资宝""每经云网客"等系列组合的财经资讯新媒体产品；生活服务产品矩阵覆盖房地产、汽车、交通、教育、时尚、电子、食品、餐饮等主要日常生活领域。数字娱乐产品矩阵则继续加大数字娱乐产业投资力度，同时致力于游戏平台和用户大数据建设。②

三大中心指成都传媒集团数字采编中心、技术研发中心以及用户大数据中心。一是建立数字采编中心。以全搜索新闻网为龙头，以成都商报和每日经济新闻为基础，由成都日报和成都晚报予以配合，共同建立数字采编中心，改变过去新闻采集发布的流程。依靠成都全搜索新闻网、成都商报、每日经济新闻在数字采编上打通内容、渠道、平台、经营、管理等五个要素，建立集约化、数字化采编流程，整合采编资源，鼓励以互联网方式表达，实现重特大、突发新闻网络平台首发，拓宽新闻传播渠道，做到新闻信息一次采集、多种生成、

---

① 佚名. 成都传媒集团发布"4311"战略全力进军新媒体［EB/OL］.［2014-10-30］. https://new.qq.com/cmsn/20141030/20141030057734.

② 同上。

多元传播。在此基础上，分步将成都传媒集团各媒体新闻生产进行资源整合、标准统一、流程再造，建立统一的智慧采编平台，形成全集团媒体内容生产的"中央厨房"。① 二是自主建设技术研发中心。该技术中心围绕新媒体平台技术、行业应用、产业模式等方面的研发和推广，以新技术驱动媒体转型升级，实现对可视广告、"云适配"等新兴媒体发展的潮流和趋势的精准把握。② 三是建立用户大数据中心。该中心拟形成覆盖全成都的海量用户信息数据库。依托成都日报、成都商报和各类期刊、出版板块等现有的报刊读者资源、博瑞传播的游戏用户资源，与各个面向市民的政府部门和电信运营商进行战略合作，组建集团大数据中心，改变集团用户数据资源分散、杂乱的局面，真正形成覆盖全成都的海量用户信息数据库。结合互联网时代媒体消费的客户、市场特点，运用大数据、云计算等技术，提高数据收集、存储、管理和分析的能力，内引外联开发数据挖掘技术和工具，分析用户信息需求，推动用户监测、交叉推广、精准营销、信息推送等相关应用，满足分众化需求，深度开发用户价值，做到量身打造、精准传播，形成集团在互联网时代的核心竞争力。③

东郊记忆·互联网创意产业园于2015年11月27日正式启动，标志着成都传媒集团媒体融合发展迈开了新步伐。该产业园区旨在让东郊记忆及周边成为新媒体项目孵化、数字出版、数字音乐、数字娱乐、网络视听、现场演艺等新媒体细分产业的聚集中心和产业基地，并打造以移动互联网、数字出版、数字音乐、游戏娱乐、网络视听等新媒体细分产业为主的产业园区，成为全国新媒体产业园区发展的样板。④

新媒体产业发展基金旨在打造联通创投、创业、互联网和传媒各界的交流合作平台，布局移动互联网时代新媒体内容生产、消费转型及技术支撑环节的潜力型、成长型项目。以资本为纽带，形成孵化、培育、包装上市等全产业链的资本运作管理模式。这支新媒体产业基金包括三个组成部分，一是政策性的新媒体发展引导基金，二是新媒体项目孵化基金（早期投资），三是新媒体并购基金。⑤

① 佚名. 成都传媒集团发布"4311"战略全力进军新媒体 [EB/OL]. [2014 - 10 - 30]. https://new.qq.com/cmsn/20141030/20141030057734.

② 同上。

③ 同上。

④ 佚名. 成都传媒4311战略布局闭环完成 [EB/OL]. [2015 - 11 - 28]. http://news.163.com/15/1128/02/B9FO445800014Q4P.html.

⑤ 佚名. 成都传媒集团发布"4311"战略全力进军新媒体 [EB/OL]. [2014 - 10 - 30]. https://new.qq.com/cmsn/20141030/20141030057734.

（四）发展建议

成都商报客户端将本地资讯作为主要栏目，同时着眼于为用户提供活动和服务项目。对于用户来说，获取新闻服务类资讯是首要选择。而在目前的成都商报客户端的定位下，用户难以满足自身的信息需求。为实现定位涉及的"资讯、活动和服务"三方之间的平衡，将"资讯+活动+服务"模式变为"资讯+服务+社交+活动"模式。这表示，客户端开始注重培养用户的使用习惯，再利用社交和社群建立用户之间的联系纽带，提升用户在平台内的关联感。同时，通过"最成都""成都出发""成都伙食"等本地栏目的信息推送，培养用户阅读的习惯。在信息的推送上，首先应保证内容的质量，再实现技术上的精准推送。因此要做到发挥优势，找准自身定位。主要有以下三点：

一是坚持做好本地资讯。做到新闻服务类信息切实本地化、生活化，实现根据用户阅读偏好推荐资讯，在阅读中融入交互功能，提升用户黏度。

二是积极搭建社交平台。移动互联网区别于前互联网时代的最大特性在于交互性和社交性。目前的新闻客户端普遍缺乏社交性和互动性的特点。因此，要积极做到搭建社交平台，对"千禧一代"实现精准定位，满足他们的社交属性。

三是考虑打造电商平台。成都商报新闻客户端目前发展了很多线下娱乐活动，并取得了良好的活动传播效果。因此，可以考虑接入电商平台，涉及购物、外卖等服务。

五、四川省报业媒体转型趋势分析

面对新媒体带来的冲击，四川省报业媒体一直在转型道路上探索，可以看出，转型基本围绕着以下方面进行。

（一）向移动传播领域布局

在报纸转型初期，基本还是以报业原本业务为主，重点做好报纸内容。2006年，国家把数字报纸发展列入"十一五"规划里，截至目前，数字报纸发展探索了10多年，主要发展数字终端产品，或自己建立数字化平台。近两年，四川报业媒体普遍采用借助"互联网平台+自建互联网平台"的方式，打造多样化新媒体产品，"两微一端"成了媒体转型标配。在"两微"上呈现细分化、矩阵化特征。重点发展移动传播，2016年的四川省互联网发展状况报告显示，四川省网民在手机端最经常使用的应用类型是即时通信，微信是77.9%网民的常用的手机端应用软件。2015年4月，四川主要报纸在网络各领域的传播数据如表1-1所示。

表 1-1 2015 年 4 月四川主要报纸在网络各领域传播数据简表

	排名	1	2	3	4	5	6	7	8	9	10
网站	媒体名称	华西都市报	成都商报	四川日报	成都日报	天府早报	南充晚报	成都晚报	南充日报	绵阳晚报	绵阳日报
	转载量（次）	3 158	1 340	840	276	158	89	53	41	34	16
搜索	媒体名称	华西都市报	成都商报	四川日报	成都日报	成都晚报	天府早报	绵阳日报	绵阳晚报	南充日报	南充晚报
	百度搜索量（次）	1 040	1 005	675	459	286	257	237	236	194	171
	媒体名称	华西都市报	四川日报	成都商报	成都日报	绵阳晚报	绵阳日报	天府早报	绵阳晚报	南充日报	乐山日报
	360 搜索量（次）	21 668	10 637	7 857	7 276	4 928	2 551	2 396	2 307	1 853	864
微信	媒体名称	成都商报	成都商报	成都晚报	泸州晚报	绵阳晚报	华西都市报	四川日报	天府早报	南充日报	南充日报
	提及量（次）	4 074	897	653	44	40	0	0	0	0	0
	媒体名称	成都商报	华西都市报	四川日报	天府早报	成都晚报	泸州日报	三江都市报	成都日报	南充日报	南充晚报
	阅读数（次）	480 174	337 173	108 241	27 290	20 886	20 483	12 398	10 339	8 544	8 544
	媒体名称	成都商报	华西都市报	四川日报	成都晚报	泸州日报	成都日报	天府早报	南充日报	南充晚报	三江都市报
	点赞数（次）	2 526	1 536	949	602	327	177	115	77	77	71
微博	媒体名称	成都商报	华西都市报	成都晚报	天府早报	四川日报	成都日报	泸州日报	乐山日报	绵阳晚报	绵阳日报
	新浪提及量（次）	23 982 400	20 079 756	6 417 279	2 998 416	2 260 488	2 024 884	189 771	185 781	123 739	74 240
	媒体名称	华西都市报	天府早报	四川日报	成都商报	四川日报	成都日报	南充日报	泸州晚报	绵阳晚报	南充晚报
	新浪"粉丝"量（次）	2 596 148	2 391 756	830 857	610 453	552 069	114 982	52 503	51 242	47 877	37 932
客户端	媒体名称	成都商报	天府早报	成都晚报	天府早报	四川日报	成都日报	南充日报	泸州晚报	绵阳晚报	南充晚报
	新闻 APP 点评量（次）	34 924	34 000	26 528	3 975	0	0	0	0	0	0
	媒体名称	成都商报	华西都市报	成都晚报	天府早报	四川日报	成都日报	南充日报	泸州晚报	绵阳晚报	南充晚报
	媒体 APP 下载量（次）	16 627	12 616	4 287	0	0	0	0	0	0	0

资料来源：中国报业协会和北京华文联合权威发布报告：《MBR 报业转型与发展研究简报 2015.2》。

从表1-1可以看出，在转型过程中，微博、微信仍然是报业移动传播的主要渠道。相比微信，微博有利于信息在移动端大面积地传播，微博的内容可以转发至微信等其他移动平台。微博容量有所扩大，已从140字限制扩展到2 000字，每天可多次发布消息，时效性强。此外，使用微博的成本低廉，即使开通微博会员，每年费用也相当低。开通微信公众号也是报纸的必选，依托于国内规模最大、黏度最强的社交媒体，有利于拉近与用户的距离。目前，四川省内报业开通客户端主要以两个发展方向为主。一方面，做新闻信息内容，类似于"掌上四川"移动客户端，内容涵盖四川省内各地市以及地市下面各区县的新闻。另一方面，就某一专业领域深入挖掘，做到分层满足，分众满足，如"成都范儿""爱哟"移动客户端。因此，移动传播是报业转型的首要选择。

（二）活动营销扩张品牌

2012年8月18日，《华西都市报》举办第三届城市发展峰会。2012年11月29日，由《华西都市报》独家重磅发布的"2012第七届中国作家富豪榜"颁奖典礼在成都举行，颁奖会当天还举办了"顶级出版人高峰论坛"。2012年5月22日，《华西都市报》主办的第三届四川中小企业融资峰会在成都举行。2016年3月15日，《华西都市报》尝试直播，主办一场万众直播的华西"3·15"晚会。2017年5月4日，封面传媒主办的"智创巅'封'AI+移动媒体大会"上，成立了"人工智能＆未来媒体实验室"，同时启动"封面新闻超级实习生计划"和"封面人物评选活动"。2017年6月7日，华西都市报和封面新闻主持全球汽车论坛，与各车企高管共同探索中国品牌变革创新之路。2017年6月18日，封面新闻联合《华西都市报》、成都地铁、四川移动举行"父亲节，大声告白——让全世界知道我爱您！"活动，成都地铁2号线的6节车厢都被创意贴覆盖。

（三）与互联网公司合作

百度新闻与华西都市报联合打造百度"互联网+"四川区县频道，封面新闻与多家互联网公司及高校开展合作，如阿里巴巴、百度、京东、UC头条以及中国人民大学、北京师范大学等。

2018年5月4日，封面新闻联合中译语通成立大数据研究院，除了重点打造"封面译见"全球指数（CGI）外，该研究院还对各个行业的发展进行数据化的专业分析，并提供专家建议。

2018年11月16日，封面传媒、百度和中国人民大学新闻学院共同成立了"区块链媒体实验室"。该实验室以百度超级链技术为基础，探索区块链在内容平台版权保护等领域的应用。随着区块链媒体实验室未来研究成果的出炉，封面新闻必将会成为区块链最新技术的应用平台。①

（四）重视新技术的应用

在2017年的两会报道中，《华西都市报》做到以新技术为基础的多样化表达形式，新闻生产方式除图文解读外，还利用短视频、H5、直播、AR/VR等多种形式来打造多个融媒体产品，包括《封面人物说两会》《封面话题评两会》《封面VR看两会》《封面智库谈两会》《封面舆情析两会》《封面有画说绘两会》等。新技术的投入能全方位、多层次、立体化地展示现场，传递温情、有品质的新闻作品。

六、四川省报业媒体转型发展中的问题

（一）单纯依靠"两微一端"难以形成可持续盈利模式

传统报业的赢利模式是依靠广告和发行，相对来说，这种盈利模式结构比较单一。近几年，报业的主业呈现下滑趋势，影响了报业的收入，新媒体的崛起大大分流了传统报业的广告收入。报业想单纯地靠形态上的数字化转型获取利益行不通。近年来，报业在数字报纸形态的转变上做了很多尝试，但是收效甚微。微博的弱关系使用户黏度不高，从而致使与微博"粉丝"的互动和联系减弱，因而不利于挖掘"粉丝"价值。报媒入驻微信平台，最大的弊端是时效性不强，微信公众号每日更新次数有限。订阅号类型的公众号，一般每天只能更新一次，少数获得特许的报纸每日可以更新3次左右。服务号类型的公众号，一个月只能推送4次。在数字化时代，微信时效性跟不上，而且大部分推送时间晚于纸质版的出版时间。此外，封闭式状态致使信息无法大规模传播，"粉丝"群规模不容易扩大，与"粉丝"互动也并不多。就移动客户端来看，开发客户端要和移动终端的生产厂家、软件供应商合作，还要与电信运营商合作，在利润分成上会出现问题。前期下载量多，但是客户端日活跃量难以保证，甚至很多用户会移除软件，还有客户端的开发以及维护成本都需要资金，四川省内许多报纸还不具备开发客户端的条件。微信公众平台赞赏功能为内容付费提供了一种思路，但微信的赞赏功能一度关闭。因此，报业转型发展中，不是每个新媒体项目都能带来经济效益，有些项目不可能实现盈利，比如报纸微博号、报纸微信公众号。它们的主要作用是扩大报业的影响力，提升品

---

① 佚名. 转型路上 探索融媒体如何向智媒体飞跃［EB/OL］.［2018－11－17］. http://www.wccdaily.com.cn/shtml/hxdsb/20181117/93266.shtml.

牌价值，或者为提升其他项目的影响力服务。移动新闻客户端的盈利也不确定。但有些项目是可以盈利的，比如游戏平台、房地产、物业、投资等。

（二）过度吹捧人工智能技术

可穿戴设备、无人机、机器人写稿等人工智能技术能使传播视角多样化，使新闻内容的呈现更加多元化，进一步提升了报业的内容生产力。VR 技术不断更新，从纸盒式 VR 到头戴式 VR，还有利用智能手机观看 VR，不需要头戴装置。虽然 VR 硬件在不断更新，但是在目前的用户实际需求中，VR 并不普及，相对于更新速度来说，普及速度滞后很多。即便可以利用纸盒式 VR 和智能手机来体验 VR，其沉浸感体验相当弱。愿意花钱购买头戴式 VR 的消费者并不多，这在一定程度上限制了 VR 新闻的发展。未来 VR 新闻的发展仍然不明确，也许 VR 新闻还未普及推广开来，就被另一种新兴技术淹没了。封面新闻推出的"小封机器人"会聊天、会写稿，但只能进行机械式的交流，互动性不够强。

（三）互联网思维运用不成熟

一些传统报业人士没有真正理解互联网的精髓，对于互联网的认识比较浅显，即使开发了新媒体项目，还是用以传统媒体为主导的思维在经营新媒体项目。四川日报报业集团实行"双集群"战略，以《四川日报》为首打造"川报全媒体集群"，以《华西都市报》为首打造"华西传媒集群"。随后又成立互联网公司——封面传媒。成都传媒集团旗下的《成都商报》全力打造"1312"新媒体项目。除此之外，其他地区的报业集团转型相对滞后，且活跃度不高，没有形成独特的品牌影响力。大部分报纸虽然随着移动传播而开发出手机客户端、报纸微博、报纸微信等，但还是停留在转变媒介的外在形态上，并没以互联网思维来运营新媒体。许多报纸的客户端界面设计毫无创新意识，体验效果一般，并没有把移动客户端当作平台来运营，还只是将其视作纸质版的衍生品。

七、四川报业媒体转型发展建议

（一）坚持以内容为王

世纪华文和中国报业协会联合权威发布的《MBR 报业转型与发展研究简报》显示，关于在各大网站党报新闻转载量所占比例的排名，四川省内《成都日报》和《四川日报》分别以 14.92% 和 6.89% 的份额位于新浪网站中第 3 名、第 6 名。网易网站中，《四川日报》以 2.41% 的份额排名第 6，搜狐网站中，《四川日报》以 2.06% 的份额排名第 5。《四川日报》以本地新闻、原创新闻为特色，将政务新闻"做新做活"。2015 年，全国新闻门户网站中的内容有40%以上来源于报纸。可见，报业的优势在于新闻内容的原创能力和已有的品牌优势，其核心能力是对新闻和一切有价值内容的发现、选择和创造能力，在于对内容的聚合、管理和分发能力，在于内容的营销和增值服务能力。① 《华西都市报》与封面新闻实行"双品牌"战略和一体化运营，避免资源浪费，进行一次开发，多次生产。传统媒体的影响力和传播力在自媒体时代愈发重要，纵观各种数据榜单，点击量过亿的文章中还是传统媒体所发布的占大多数。因此，做好内容，传统媒体优势会越来越突出，也会在新媒体平台上越来越有话语权。

（二）提高技术门槛

一是新技术的使用能够使新闻内容的表达方式更加多元化，能丰富传播视角，拉近报纸与大众的距离。二是较容易得到有关部门的支持。对于规模较大、财政状况较为稳定的媒体集团，应该加强对新技术的使用力度，进行品牌创新。三是可以提高内容生产门槛。目前看来，图文式内容生产并不罕见，其门槛较低，视频制作还未大众化。至于 360 度全景拍摄、无人机拍摄、VR 新闻制作门槛则较高。在如今用户原创内容（UGC）盛行的年代，媒体工作者不仅要在内容原创深度上与自媒体人拉开差距，还要利用先进的技术设备把门槛抬高，占据先发优势。封面新闻对于新技术的运用非常重视，并在此方面占据领先地位。

（三）布局多元产业

依托于媒体品牌影响力，组织开展各种线上线下活动，如评选、展览会等，拉近与读者的距离。如在文化产业领域，通过举办书画艺术展、演唱会以发展文化娱乐演艺产业。还可以向其他领域扩展，跨界多元发展的探索已在传统报业展开，如浙江传媒收购杭州边锋、上海浩方 100%股权进军网络游戏产业，致力于打造"新闻+娱乐+社区化"平台。在拓展多元产业时，要注重将无形的品牌价值转化成有形的资产价值。成都传媒集团打造数字音乐公园"东郊记忆"产业园区，主打数字音乐公园。目前，四川日报报业集团与建川集团合资建设"安仁老公馆"，投资参股成都演艺集团，将四川省体育馆打造成多功能场馆。川报旗下的"封面新闻"进军互联网领域，跨界发展。

（四）挖掘用户价值

通过大数据对用户信息进行分类处理，挖掘用户兴趣点，通过对用户的兴

---

① 石磊. 分散与融合——数字报业研究［M］. 北京：中国社会科学出版社，2010.

趣、阅读习惯、浏览痕迹等进行分析，能更好地为用户服务，实现精准传播。传统报业不仅要完善用户数据库，还要利用好政府数据，在这一方面，传统媒体有着先天优势。同时，确立有效目标用户，有针对性地改善产品和服务，避免同质化，真正满足用户需求。

（五）创新机制体制

通过全媒体平台流程再造，实现内容资源、经营、绩效考核的统一管理，最终实现传统报业和新兴媒体的一体策划、一体运行、一体呈现、一体考核。在内容资源方面，将内容、数据、信息、资讯高效整合，使得信息实现一次采集，多次售卖。在经营方面，广告的统一发布，有利于整合全媒体传播优势，更好地吸引品牌广告的注意力，实现广告的精准营销，从而有利于形成广告的良性发布。在管理方面，要进一步建立和完善与传统媒体、新兴媒体一体化发展相适应的分配体系，加快推进记者、编辑、管理人员等人才队伍的转型。

第二章 广播数字化平台

一、广播与三网融合

(一) 三网融合

自 2011 年我国推进实施三网融合以来，广电行业开始加速演变，以适应三网融合的要求。三网融合即原先独立设计运营的传统电信网、计算机互联网和有线电视网趋于相互渗透和相互融合。[①] 它有利于信息的产业化发展，也为广播发展带来了机遇与挑战：一是由传统媒体思维向互联网思维转变，在广播与用户的连接中搭平台，聚人气，达到"多赢"；二是将以媒体为中心转变为以用户为中心，不断提升移动互联网下广播的传播能力与影响范围；三是由单向传播向多边互动转变，让用户成为主导者——既是消费者，也是生产者；四是由单一广告经营向多元产业发展转变，使媒体资源得到有效利用；五是由做好线上节目向线上节目与线下活动相结合并转变，拓展媒体服务领域并形成用户聚集；六是在管理方面从传统事业向现代企业转变，调动员工的积极性，提升其内在潜能。[②]

三网融合是大势所趋，核心在于互联网必须与其他网络充分结合才能得到更好、更快的发展，其难点在于广播电视网与电信网的有效融合，其关键在于技术支持与内容创新。三网要实现完全融合，还需要一个磨合与沉淀的过程，同时还要投入大量的资金和研究资源。

三网融合对广播来说，意味着有新的发展机遇和广阔的发展空间。三网融合有效地减少了传统广播在基础设施建设上投入的大量人力、物力，还能够帮助互联网与电信网高效、快速融合，实现信息共享。另外，收费点播、广告收入以及会员模式所带来的经济效益十分可观。三网融合使电信企业与广播电视行业在核心业务的交流方面更顺畅，能共享融合成果。

---

① 石磊. 新媒体概论 [M]. 北京：中国传媒大学出版社，2009.
② 佚名. 传统广播"破题"融合转型发展 [N]. 光明日报，2016-12-10 (1).

广播收听市场的不断扩大，对信息化网络提出了更高的要求。科学技术为三网融合的快速发展提供了充足的动力，向信息市场注入了新的活力，使广播电视迎来了新的机遇。

（二）广播的机遇与挑战

2019年2月28日，中国互联网络信息中心（CNNIC）发布了第43次《中国互联网络发展状况统计报告》，报告显示截至2018年12月，我国网民规模为8.29亿，全年新增网民5 653万，互联网普及率达59.6%。① 互联网改变了人们的思维和行为方式，改变了传统媒体的结构框架，也从根本上改变了用户的收听习惯，引发人们对广电融合的思考与探索。

手机、平板等移动终端具有便于携带、随时使用等特点，使用移动终端听广播成了一种趋势。过去人们常使用的MP3、MP4、收音机等已成为被淘汰的"历史古迹"，平板、手机、车载收音机成为人们的新宠。对广播而言，收听终端是多样化、移动化、智能化的，并且还能利用大数据更加了解收听者。手机收听在2014年时曾一度创下46.9%的高使用率，但随着手机终端FM功能逐渐淡出视野，用手机收听广播的频率在近三年出现了明显的下滑。2017年第一季度，用车载收音系统收听广播的频率接近50%，用手机收听广播的频率达33.8%，排名第二，使用便携式收音机收听广播的频率维持达30%以上，人们用电脑收听广播的频率为10%左右。②

新媒体的出现使广播受众发生了改变。广播听众中逐步出现了越来越多的年轻群体和高收入群体。赛立信媒介研究所发布的数据显示，从广播听众构成来看，在2017年第一季度，以下细分广播听众数量有所增加：女性听众，25岁以下、35~44岁的听众，3 000~4 999元、10 000元及以上月收入的听众，大专及以上学历的听众。从整体趋势来看，广播听众在年龄构成上体现出一定程度的年轻化趋势，在月收入水平上稍向中高收入层偏移，学历分布更趋分散，体现出广播收听影响力在年初之时显得更为广泛。③ 广播听众含金量增加，广播内容愈发具有高传播价值。

目前的广播市场百花齐放，除了传统的电台，还包括各类手机软件、网

---

① 佚名. 中国互联网络发展状况统计报告出炉：我国网民规模达8.29亿［EB/OL］.［2019-02-28］. http://sh.qihoo.com/pc/9e9255e71a5fadf0c? cota = 4&refer _ scene = so _ 1&sign = 360 _ e39369d1.

② 伍炽丰. 2017年第一季度全国广播收听市场竞争格局［EB/OL］.［2017-05-08］. http://www.sohu.com/a/139164727_281328.

③ 同上。

站、微电台、小程序等，广播想融合新媒体，一定要以用户为中心，分析用户的收听行为、时段的变化以及人群的变化，要抓住用户心理，开发出适应市场的产品。新媒体的出现，使广播有了多平台发展的机会。

目前，国内广播发展仍存在一些问题，例如：广播的市场化程度不高，思想较保守，缺乏市场的竞争观念和改进意识；广播营销网络及渠道体系不健全，没有形成完整且有规模的平台。互联网时代，用户的需求点到底在哪里，这也是广播人很难把握的。目前，电台还是习惯于将原本的广播作品单纯地搬运到网上，很难触及受众的核心诉求。电台的优势是既有内容的获取渠道，又有许多优秀的人才，但是如何将内容以当代受众能够接受的方式传播出去，仍然不尽如人意。并且，目前广播计量工作的传统体制也不适合新媒体的发展。

广播要在移动互联网时代获得更好的发展，应该重视以下两点：一是切合用户信息需求。移动互联网环境下，用户的信息需求和媒介体验是不断变化的，因此要根据用户的切实信息需求不断调整内容，推送优质内容，留住用户。二是注重用户社交体验。在移动互联网时代，广播仍然保持了移动性、伴随性的特点，因此要更加注重用户传播体验，设置信息交互入口，搭建社交平台。

（三）广播的新发展

虽然互联网的海量信息已经将人们的注意力瓜分殆尽，但是优质的内容依然是稀缺资源，"干货""精髓"仍然是受众们喜欢并且需要的东西。因此利用自身的内容制造优势，以互联网思维对内容进行再造，为受众提供更加精品的内容，是广播可以尝试的方法。

具体可从以下几方面做起：

1. 做"去广播化"的互联网产品

人们每天的"偷闲"时间有限，微信、微博、今日头条、澎湃新闻等主流手机应用占据人们大部分的社交及获取新闻的时间，王者荣耀、绝地求生等热门网游占据人们的娱乐时间，广播音频客户端真的有机会在竞争中抢占市场吗？

广播手机软件可以跨行业做"去广播化"的新媒体产品。北京电台就是一个很好的例子，媒介运营思路是"用互联网思维去做互联网产品，而不是用互联网思维去做广播产品，我们要去广播化"[①]。他们对新媒体的摸索与尝试一直处于业内领先地位，如"菠萝台"和"青柠台"就受到网民的喜爱。

---

① 单文婷，刘佳. 新媒体时代的广播发展：追随者or引领者 [J]. 视听界，2014（5）：39-45.

北京电台发展研究中心研究员张琳认为，广播手机应用若想占领市场，瓜分用户的时间，就应该有它的核心诉求，那就是重点满足受众的生活需求。① 北京电台的《吃喝玩乐大搜索》就是一档着重满足受众旅行中的吃喝玩乐等需求的节目，还打算推出同款手机应用，一方面满足受众的使用需求，提升传播效率，另一方面，采取和经营商户分账的模式、节目与消费的闭环这一新的盈利形式。

2. 做像蜻蜓 FM 那样的市场开拓者

互联网企业蜻蜓 FM 首先看到了移动互联网环境下网络广播收听市场的空白，抓住了用户的需求。

蜻蜓 FM 作为中国首家网络音频平台，将音频这个新兴的媒介从传统意义上的广播电台，变换成为耳边的声音伴侣。蜻蜓 FM 始终以用户为核心，在不断改善产品体验、丰富音频内容的同时，坚持探索音频行业规模化商业盈利的模式。目前，蜻蜓 FM 音频内容涉及电台、有声书以及头部内容意见领袖（KOL）的自制节目，携手高晓松、蒋勋等共同打造精品付费专区，旨在以高质量专业用户生产内容（PUGC）陪伴用户。蜻蜓 FM 手机客户端自 2011 年上线以来，已拥有超过 3 亿用户，日活跃用户达 1 200 万人②，聚合超过 1 200 万小时的有声内容，每天累计收听时长超过 2 600 万小时。

目前，互联网市场涉及的移动音频手机应用主要分为以下四类：一是集聚国内多个频率的广播收听平台，如蜻蜓 FM；二是主要依靠用户生产内容的收听平台，如喜马拉雅 FM；三是集碎片化内容为一体的收听平台，如 iRadio；四是依靠音乐平台设置的分流收听频道，如网易云音乐、QQ 音乐等。

但遗憾的是，像澎湃、蜻蜓 FM 这样的开拓者还没有探索出有效的变现模式，至今还未开始盈利，仍然需要大量的资金支持。网络电台的商业模式缺失是严重的问题。

二、四川广播电视台广播频率

1952 年 10 月 1 日，四川人民广播电台首次对外播音，由当时只有一台 10 千瓦中波发射机、每天播音不足 9 小时的境况变为目前已拥有 9 个频率、每天播音 180 多个小时、拥有广播专业技术人员 380 多名的境况。近年来，四川广播得到新的发展，经典节目频繁涌现，多次拿下国家级大奖。在近 10 年的时

---

① 单文婷，刘佳. 新媒体时代的广播发展：追随者 or 引领者 [J]. 视听界，2014 (5)：39-45.
② 杜旸. 新兴媒介环境下移动音频用户的行为特征 [J]. 新闻传播，2018 (5)：39-40.

间里，四川广播的新闻类、文艺类作品中获得国家级大奖的有 58 件，如，大型同步直播《西部广播的春天》获中国新闻奖一等奖，现场直播《抗震救灾特别直播——我们在一起》获中国广播影视大奖，《新官亮相》《康巴》等广播剧先后六次获全国"五个一工程奖"。①

2010 年 1 月 21 日，四川人民广播电台和四川电视台合并为四川广播电视台，保留"四川人民广播电台"和"四川电视台"播出呼号。广播是四川广播电视台的重要组成部分，目前，拥有新闻、民族、经济、交通、岷江音乐、城市之音、旅游生活、文艺、天府之声 9 个专业频率②，探索"看得见的广播"之路，努力实现所有广播节目的网络视频直播。

自四川广播整体迁入四川广电中心以来，大量资源的拓展、资金的投入使得四川广播的制作条件、技术、覆盖范围以及传播能力得到大力发展。四川广播开始迈入了"拥抱"互联网、融合新媒体的现代化发展新阶段，奋力建设"舆论引导能力与内容生产能力同步提升、事业建设与产业发展协调推进、传统媒体与新兴媒体融合发展，西部第一、全国一流"的现代文化传媒，大力唱响在科学发展观指导下加快发展、又好又快发展的主旋律。③

2016 年 1 月 1 日上线运营的"熊猫听听"客户端，立足广播可视化发展定位，挖掘传统广播的潜在价值，实现了全台广播节目七天回听回放、42 档广播节目碎片化推送、9 档广播节目可视化直播（点播）、自动语音播报等多项功能，有力拓宽了传统广播的发展空间，用户规模突破 15 万。

2017 年 10 月，四川广播电视台精心打造的十九大报道"中央厨房"在北京启动运行，推出了《主播跑盛会》《对话党代表》《代表读报告》等多层次、多角度的新闻报道。根据国家三网融合政策要求，四川广播电视台和四川电信合作推出四川交互式网络电视（IPTV）业务，截至 2018 年 10 月底，四川电信宽带、IPTV 用户规模均超过了 1 500 万。④ 持续改版创新的四川广播电视台网站，突出新闻报道、视（音）频节目、直播（点播）三大特色，日均访问量近 100 万次，成为四川第一视频门户网站。

目前，四川省内多地广播电视机构都在进行媒体融合，力图在建设新型广

---

① 覃继红，范国平. 新技术助力广播科学发展——专访四川广播电视台党委书记、台长陈华 [J]. 中国广播，2012（12）：29-32.

② 同上.

③ 佚名. 新技术助力广播科学发展（三）[EB/OL]. [2012-12-28]. http://www.cnr.cn/gbzz/ytzmdm/201212/t20121228_511670328.html? k4kkmw=02.

④ 佚名. 电信继续领跑四川通讯行业，宽带、IPTV 用户均超过 1 500 万！[EB/OL]. [2018-11-15]. https://www.toutiao.com/i6624024991807586830/.

播电视媒体的潮流下，因地制宜，关注本地，突出民生，对媒体融合建设进行了有益探索。例如，绵阳电视台与省市相关机构合作，以"直播绵阳"等栏目为基础，建立了一定规模的"中央厨房"，统一整合调度全台采编资源，用户数达到 16 万人。四川达州宣汉县将广播电视台、县委报道组以及报刊编辑部进行整合，组建县融媒体中心，下设采集部、编辑部、运营部、技术部、行政管理部等部门，初步构建起"共同策划、精选主题、统一采集、分类加工、互动传播、集中发声"的运行模式。宣汉融媒体中心还整合了县域各类公共服务资源，利用电视、网络等多种载体，打造了宣汉云直播、宣汉重点工作电视公开平台"视听宣汉"等便民服务平台，为广大受众提供了多样化的信息服务。①

　　四川省内的广播媒体大多仍处于媒体融合的探索阶段，除了需要互联网技术的支撑，还需要政策、经济、人才等各方面的支持。特别是在媒体融合的背景下，广播媒体的发展还需要加强对复合型人才的培养，合理利用全省广播媒体资源，搭建广播媒体联动平台，实现"全川+全网"的联动效应。

---

　　① 杜一娜. 县级融媒体中心建设 打通媒体融合"最后一公里"［EB/OL］.［2018-08-28］. http://media.people.com.cn/n1/2018/0828/c40606-30256090.html.

第三章　电视数字化平台

互联网的迅速发展，使电视行业越来越受到第五媒体的冲击。"第五媒体"又称"移动媒体"，是指"以无线通信技术为核心，以移动智能视听终端为载体"的一种即时性、互动性资源信息传递与个性化服务的新兴媒体传播形式。① 在日益激烈的媒介竞争中，如何抢占先机是传统媒体的当务之急。只有积极创新，充分发挥好网络技术的优势，做好电视媒体融合工作，才能顺应时代发展，在激烈的市场竞争中生存下来。

中国已进入网络的高速发展时期。中国互联网络信息中心（CNNIC）发布的第四十二次《中国互联网络发展状况统计报告》显示，截至 2018 年 6 月 30 日，我国网民规模达 8.02 亿，互联网普及率为 57.7%。其中，手机网民规模达 7.88 亿，网民通过手机接入互联网的比例高达 98.3%。与此同时，网民使用电视上网的比例达 29.7%，较 2017 年年末提升 1.5 个百分点。② 互联网的快速发展对传媒业，特别是电视传媒业产生了巨大的影响，同时也提出了新的挑战。

一、全国电视媒体发展状况

我国传媒行业市场竞争的加剧和电视数字化平台传播渠道的增多，给电视媒体带来机遇的同时也带来了挑战。北京美兰德媒体传播策略咨询有限公司的数据显示，2017 年全国卫星电视频道累计覆盖人口达到 610.0 亿人次，相较上年增长近 35 亿人次，再创历史新高，1999—2017 年的年均增长率达 9.7%。2017 年，中央电视台/中国教育电视台的 24 个频道中，单个频道的全国平均覆盖规模达 9.1 亿人；其中，17 个频道的全国覆盖人口超过 11 亿人，中央一

---

① 何志红. 第五媒体下隐性舆论引导的理论探索 [J]. 中国报业，2017（20）：14-16.
② CNNIC. 第 42 次《中国互联网络发展状况统计报告》[EB/OL]. [2018-08-20]. http://www.cac.gov.cn/2018-08/20/c_1123296859.htm.

套、中央七套等 10 个央视频道全国覆盖人口均达 12.5 亿人以上。49 个省/副省/市级卫视频道中，湖南卫视、江苏卫视、山东卫视、浙江卫视、北京卫视等 10 家省级卫视全国覆盖人口均达 11 亿人以上。①

（一）电视媒体的发展特点

1. 主流电视台依托自身平台优势，打造数字化生态圈

2015 年，处于国内电视媒体领先地位的央视、湖南卫视等电视台，纷纷依托现有平台优势，重新审视自身发展价值。中央电视台以全媒体集群为依托，联结电视、电脑（PC）端和移动终端设备，形成了多屏互联的传播模式；湖南广电集团则以芒果生态圈为核心，打造"一云多屏"的全终端视频服务平台。

2. "电视+"概念出现

2015 年，"电视+"概念呈星火燎原之势，其媒体价值主要体现在内容价值、渠道价值和服务价值三个方面，这三个价值主要通过多个"电视+"组合来实现。一是"电视+互联网"，在注重电视节目内容质量的同时，充分运用互联网进行推广；二是"电视+营销"，赞助商与电视节目深度合作，提升赞助商品牌价值；三是"电视+商业"，通过制作节目满足观众需求，带动相关线下产业发展；四是"电视+手游"，通过开发与节目主题一致的手游，吸引观看节目的受众，从而增加节目收入。调查显示，"电视+"这种模式的出现为电视媒体发展提供了更多的创收渠道和发展空间。

3. 内容仍是电视行业发展的核心竞争力

央视与优秀地方卫视一直代表着中国电视行业的形势走向，这个现象的根本原因就在于央视和卫视所提供的原生内容资源的超然市场地位。央视持续开放，融入主流竞争格局，不论是在舆论引导还是在社会影响力上，始终占据着引领地位。即使如此，央视还是面临着许多困难，因此央视需要用更加开放的态度去吸引社会化力量，加强与他们的合作，同时更新理念、创新节目内容，增强与新媒体技术的融合，提高央视的综合竞争力。

优秀地方卫视频道如湖南卫视、浙江卫视等，在内容和市场上持续积累自己的优势，这些优秀卫视在创新度和灵活度上有着很强的活力，在节目的组织、生产与传播上拥有一定的主动权，容易对观众尤其是年轻观众产生较强的吸引力。

---

① 北京美兰德媒体传播策略咨询有限公司. 2017 年度美兰德中国电视覆盖及收视状况调查结果揭晓 [EB/OL].［2017-11-10］. https://www.sohu.com/a/204093720_566428.

由于运营成本的增加和投入量的增大，更多的二三线卫视以及城市电视台的生存境况愈加艰难。

4. 引入新媒体交互体验，但模式有明显缺陷

2015 年，电视媒体与电子商务跨界合作（T2O）模式开始实行，该模式是从电商 O2O 模式细分出来的，它将传统电视媒体、电商平台和实体产业串联成为相对闭合的产业价值链。2015 年，春晚创新性地引入微信"摇一摇"功能，进一步增加观众（用户）通过其他小屏对电视大屏的反馈力度，从而影响电视节目内容的生产和表达形式，进一步促进传统电视转型。这些新媒体交互技术的应用加强了传统媒体与受众的互动，但大多数电视台只是注重技术层面的应用，未对用户体验、商业模式等方面进行更多设计，导致许多电视节目成为导流工具，为微信和淘宝等提供了更多的用户，自己并未获得很大的利益。

（二）国家宏观层面政策

2015 年，政府工作报告提出，要推动传统媒体与新兴媒体融合。坚持"内容为王"与"渠道多元"相结合，促进传统媒体和新兴媒体在内容、渠道、平台、经营、管理等多方面进行深度融合。政府在传统媒体与新兴媒体融合的过程中起到了引领的作用。政府工作报告创新性地提出"互联网+"的概念，这是一种新的经济形态，就是让互联网与传统行业进行深度融合，创造新的发展生态。"互联网+"提出之后，广电行业出现"电视+""广播+"的概念，促使传统广电媒体在互联网的推动下，重新构建广播电视产业生态圈的目标。①

二、四川广播电视台数字化平台发展现状

四川广播电视集团成立于 2003 年 12 月 26 日，以广播、电视为主业，同时兼营相关产业。2010 年 1 月，四川人民广播电台和四川电视台合并，四川广播电视集团更名为四川广播电视台，保留"四川人民广播电台"和"四川电视台"称谓。

四川电视台共有 13 个电视频道，每个频道都有各自的观众，在节目制作和内容编排上各具特色，相互补充，满足了覆盖区内不同收视条件的用户的观看需求和不同观众的收视需求。

---

① 四川大学传媒研究中心. 2015 年国内广播电视媒体发展现状及 2016 年发展趋势报告 [R]. 成都：四川大学，2016.

神韵在线的定位是"以宽带音视频为核心的综合性媒体网站",建立于2001年10月,是四川广电集团创建的互联网新媒体,播出内容涵盖四川电视台几乎所有的视听节目。经过多年的发展,神韵在线现已成为集各种节目内容于一体的新媒体整合信息娱乐传播平台。该网站拥有海量音视频资源,在四川广播电视台的支持下,将四川电视台所播出的节目进行整合,并通过互联网与观众进行互动,以此形成独特的网媒品牌。2011年12月20日,神韵在线更名为四川网络广播电视台,正式成为四川广播电视台的官方网站,该网站包含四川电视台几乎所有的视听节目和新闻消息,这种形式使网站与电视台在方便受众观看相关节目的同时,形成很好的互动效果。

随着互联网新媒体的不断发展和进步,广电新媒体进入高速发展的新时期,融合与创新成为电视与互联网发展的新趋势,四川电视台进入传统媒体和新媒体高速融合发展的新时期。四川电视台形成了"一台、一网、一云、两微、多端"的多媒体融合发展的新局面。尤其是2016年以来,四川广播电视台迈上了传统媒体与新媒体融合发展的新台阶,初步完成媒体融合发展的布局。

在融媒体运行平台建设上,四川广播电视台高度重视,不断增强电视台深度融合、整体转型的技术支撑。为了适应节目资料采集、节目内容制作的需要,四川广播电视台于2016年8月建成集采编、制作、存储、发布、安全管控、运营等于一体的融媒体运行平台。

为了赢得更多的受众,四川广播电视台打造 IPTV 播控平台,在内容、营销和运营等方面进行改革,打造具有较强市场竞争力的自主可控平台。2016年,四川 IPTV 平台上线"金熊猫卡通""五彩藏区"等专业频道,改版创新《城市大明星》《爱上川菜》等品牌栏目,推出"舞与伦比""童心闪闪""新媒体新导演扶持计划(第四季)"等大型活动,其影响力、吸引力不断扩大,在用户数量和发展速度上保持全国第一,呈现规模化发展态势。同时,联合市(州)台建设四川全媒体云传播平台,打造 IPTV 市(州)专区和"直播四川"(移动端)两大产品,多平台宣传推介市(州)经济社会发展情况、特色文化项目等。2016年10月31日,泸州率先建立全媒体云传播平台,仅两个多月时间,其专区用户访问量就突破50万次,收到良好效果。

在微博、微信等"两微一端"建设方面,四川广播电视台进行了相应改革。四川广播电视台开办29个官方微博,上线运营由63个官方微信构成的"熊猫TV"微信矩阵,这些微博账号和微信公众号实现了用户与节目内容的深度互动，例如，连续三年举办的"我的春节我的家"大型主题互动活动产生了广泛影响。

2017 年 1 月 1 日上线运营的《四川观察》客户端，立足权威政经视频新闻定位，以"准、新、微、快"为原则，以 24 小时时间轴的方式发布全省重大政经新闻，着力打造"全省政经新闻第一屏"，2 月 19 日正式入驻央视新闻移动网，开辟了党委政府的新媒体传播阵地。仅一年，《四川观察》手机客户端下载量就突破 20 万次，日活跃用户近 5 万人。《四川观察》从成立之初就以短视频和直播作为两大主攻方向。2017 年，四川发生叠溪泥石流和九寨沟地震，《四川观察》在一个小时内开通直播，打通本台新闻中心和新闻资讯频道的电视通道，在手机客户端 24 小时不间断地直播，持续 72 小时。2017 年的全国两会中，四川观察 2.0 版推出《洋洋大观》《党代表相册》等丰富多彩的新媒体产品，全面展示四川的党代表认真履职、开好盛会的风采。

2014 年 4 月，"熊猫视频"移动客户端上线运营。熊猫视频客户端采用流媒体技术，以年轻人为目标市场，以短视频为主要形式，广泛集成央视、省级卫视、本地电视台的直播信号及丰富的影视剧、动漫、纪录片等内容资源，深度挖掘具本地特色的娱乐资源，打造多元 UGC 直播内容，传播力持续提升；建立活动与平台互融互通的营销模式，以大活动刺激市场，以小活动留存用户，联动线上线下，促进用户互动、消费，努力开创移动互联商业模式。[①]

2015 年 11 月 5 日，在四川网络广播电视台等发起单位的力推下，全国广电新媒体联盟在成都成立。联盟遵循"资源共享、合作共赢"的原则，集合了全国电视台的优势资源，联盟的成员可以在手机电视、IPTV、网络电视等领域进行广泛合作，打造在内容、平台运营和分销渠道上的同系统优势合作组织。

2015 年 12 月 31 日，"香巴拉资讯"客户端上线运营，立足"藏区一流移动资讯平台"定位，以图文、微视频、网络直播等多种形式，通过汉藏双语服务五省藏区用户，每日编发资讯 300 条，精选推送资讯近百条，为目前藏区日发稿量最大的资讯平台，广受藏区群众青睐。"香巴拉资讯"充分发挥国家一类新闻网站优势，持续改版并创新四川广播电视台网站，突出新闻报道、视（音）频节目、直播（点播）三大特色，日均访问量近 100 万次，成为四川藏

---

① 佚名. 四川广播电视台初步完成媒体融合发展布局 [EB/OL]. [2016–08–03]. http:// www.scppa.gov.cn/xw/cyjt/201608/t20160803_38050.html.

区第一视频门户网站。

2016 年 8 月 1 日，"金熊猫"客户端上线运营，立足网络直播定位，持续开展网络直播，涵盖突发事件、新闻策划、大型活动等，初步构建了 24 小时"在线、在播、在场"的云直播平台，形成差异化竞争态势。

随着"两平台"（IPTV 播控平台和融媒体运行平台）、"五产品"（"四川观察""熊猫视频""香巴拉资讯""熊猫听听""金熊猫"移动客户端）的逐渐完善，四川广播电视台初步完成媒体融合发展布局。

三、四川卫视数字化平台

（一）"两微一端"发展状况

截至 2017 年 7 月 1 日 20∶30，根据微博数据统计情况，课题组对四川卫视、湖南卫视、浙江卫视、江苏卫视、东方卫视微博客户端的"粉丝"数量、微博数量和热门内容进行了比较，如表 3-1 所示。

表 3-1　五大卫视数据

各大卫视	湖南卫视	浙江卫视	江苏卫视	东方卫视	四川卫视
微博"粉丝"（累计）（人）	788 万	509 万	428 万	422 万	365 万
微博数量（累计）（条）	30 274	62 586	24 932	32 199	6 453
热门内容（累计）（条）	100	100	100	100	92
转发量（累计）（条）	2.7 万	2.4 万	1 185	4 万	392
评论量（累计）（条）	4.3 万	2.1 万	851	4.4 万	448
点赞量（累计）（次）	15.5 万	10.3 万	2 209	3 万	665

数据来源：截至 2017 年 7 月 1 日 20∶30，各卫视新浪微博账号显示数据。

由表 3-1 统计数据可知，四川卫视在微博"粉丝"数量、发布微博数量和热门互动、"粉丝"活跃度等排名中都处于最低的位置，且与其他卫视相差甚远。由此可见，在微博的号召力和影响力上，四川卫视与目前国内发展较好的四大卫视相差较多，在新媒体的台网融合互动上也有较大的差距。

表 3-2 为四川卫视、湖南卫视、浙江卫视、江苏卫视、东方卫视微信公众号的消息数量、总阅读量、平均阅读量、单篇最低阅读量和单篇最高阅读量的比较（仅统计了 2017 年 7 月 1 日 0∶00—21∶00 的数据）。

表 3-2　五大卫视阅读量

卫视名称	消息数量（条）	总阅读量（次）	平均阅读量（次）	单篇最低阅读量（次）	单篇最高阅读量（次）
浙江卫视	10	55 550	5 555	1 589	18 375
湖南卫视	2	10 825	5 413	3 032	7 801
东方卫视	5	9 442	1 889	1 039	2 624
江苏卫视	11	14 077	1 280	79	4 384
四川卫视	5	997	200	68	494

从表 3-2 的统计数据来看，四川卫视的微信公众号"粉丝"互动活跃度低，微信公众号的关注度较低，曝光度不够。

从上面两个简单的统计数据可以看出，四川卫视在"微博""微信"这"两微"的新媒体发展上，与国内其他优秀地方卫视相比较为落后，在电视新媒体的发展上，四川卫视还有很长的路要走。

在注重节目内容的时代，要想在竞争激烈的收视率与点击量的争夺战中生存下来，应该在网络平台中多制作一些特色栏目、自制栏目、各领域视频，例如具有地方特色的川菜、川剧等就可以作为亮点呈现在节目中。也可以推出不同于电视上所播的内容，例如通过网络加长版剪辑这个形式，播出一些在传统电视平台无法全部播出的幕后花絮等来吸引观众的点击量。

（二）优秀新闻报道案例分析

2017 年 6 月 24 日，四川茂县发生山体滑坡事件，四川广播电视台在对此事件的新闻报道上，其"两微一端"的融合报道具有借鉴价值。

1. 微信公众号

四川卫视第一时间在微信公众号上发布灾情信息、现场图片和视频，让网友直观感受灾情。公众号还转载了央视新闻的相关报道，做到跨媒介的融合报道。四川卫视微信公众号持续发布灾情信息，还请到地质专家向受众解释滑坡原因，避免公众的过度恐慌和信息的"过度传播"。在灾情汇报上，公众号还做了近期内的灾情进展汇总，让网友全面、详细地了解整体情况。公众号在 6 月 25 日发布的长篇图文信息中，总结了 6 月 24 日、6 月 25 日灾害现场的所有重要信息。6 月 26 日发布的三天灾情最新进展汇总一直放在首页中心位置，保持到 6 月 30 日，方便网友随时查阅。为确保新闻报道的及时性和准确性，公众号随时发布最新的前线人员伤亡数据，让受众在第一时间了解灾情动态。公众号还与四川观察新闻客户端、四川发布、人民日报、新华社等多家媒体联合报道，做到信息互融互通，资源共享，形成新媒体的"多渠道多平台融合报道"。救灾期间，公众号阅读量达到5 000多次，起到了很好的传播效果和宣传作用。

2. 微博

茂县灾害期间，四川卫视官方微博在6月24日至26日3天共发布关于灾情的微博28条，其中24日一天发布18条。四川广播电视台官方微博发布信息36条，24日一天发布信息32条。以新闻报道为主的四川观察官方微博3天发布信息达160多条。

微博上有很多关于灾情的现场直播，大约平均每十分钟就有现场的最新情况发布，给大众带来第一手的新闻消息。各媒体平台做到了多媒体的信息共享，第一时间转发和分享最新现场消息，形成了一个联动的信息发布系统。

四、新媒体时代四川电视产业发展策略

(一) 独家播出，打造专属品牌

芒果TV拥有湖南卫视所有节目的独家播出权，有利于生成稳定用户。湖南卫视拥有知名度很高的一系列综艺节目，如《亲爱的客栈》《爸爸去哪儿》《快乐大本营》《天天向上》，播出了许多受众喜爱的电视剧，如《猎场》《楚乔传》等，这些内容一经播出就获得很高的收视率，在内容和形式上具有极高的关注量，芒果TV享有湖南卫视自制综艺节目的独播权，可以提高芒果TV的关注度，增加用户量。

四川电视台的熊猫视频虽然播出了本台全部内容，但因缺乏"独播权"，且用户数量达不到芒果TV的用户数量，网友没有必要单独下载其客户端来观看节目，这样就无法达到宣传和提高自身品牌影响力的作用。以《围炉音乐会》为例，一期节目在自己的网络平台的播放量仅为243次，而在爱奇艺的播放量则达到67.5万次，如此鲜明的差距，与其节目的独播权有很大关系。自己的网络平台掌握自己电视台优势节目的独播权，不仅能够增加视频客户端的下载量，生成稳定流量，还能够增强节目品牌的宣传力度。

(二) 立足高远，注重内容多样性

除了坚持独播的原则以外，湖南卫视还引进了其他海外电视台的优秀节目，例如引进的韩国综艺节目《我是歌手》，使其在增长自身收视率的同时，也形成了品牌的固定节目。因此，在电视节目的制作和播出上，应该注重内容的多样性，做到基本覆盖多种用户群体，满足用户的多种需求，使平台拥有更多的稳定用户群体。

（三）跨媒体多屏互融互通，加强自我宣传力度

四川电视台官方微博在宣传节目时，应多借鉴时下的热门话题，及时推送热门内容，多运用网络语言，加强互动，吸引年轻用户。四川卫视的官方微博要打造自己的热门话题和热门文章，通过热门话题来提高知名度。

影响力最大的官方微博可以为影响力较小的媒介平台打广告，利用微博的各项功能，通过视频、图片、文字等各种形式随时推送影响力不大的官方微博，以此来提高官方微博及其客户端的知名度，增加下载量。这样的互动宣传，可以形成品牌效应，并且在短时间内迅速提升知名度和影响力。

（四）深挖黄金资源，助推火爆内容

1. 深挖幕后资源，打造创新亮点

当今，受众不再满足于节目本身所提供的信息及其所呈现出来的效果，受众对节目背后的"故事"更感兴趣，这些不被人看到的故事更能满足观众的猎奇心和求知欲。四川卫视可以利用视频网站自制节目内容，向观众呈现节目幕后的故事，满足观众的好奇心。

2. 凸显差异特征，求全更要求精

首播和原创节目更能获得观众的喜爱，其新颖、特别的节目形式不仅可以提高收视率，也有利于提升品牌知名度，四川卫视应该大力引进优秀电视节目、原创电视节目和原创网生节目，以此来形成自己的竞争优势。在能够直播全网电视台节目的优势的基础上，打造属于自己的特色节目，不断创新节目内容和形式。在当今信息爆炸的时代，受众对节目内容的要求会更高，学会如何在短时间内抓住观众的眼球才是关键。

3. 打造 360 度全景式节目模式

360 度全景式节目模式可解读为多屏互动的深层次、多角度的节目。单靠电视媒体一个屏幕终端很难展现节目的全景式模式，因此，需要以移动互联网为基础，联动广播端、PC 端、以智能手机和平板电脑为主的移动设备端口，实现多屏互动。以湖南卫视承办的第十届电视金鹰艺术节晚会为例，该晚会联动芒果 TV，打造了多屏互动的直播模式，并实现了与网友的社交互动，将"全景"概念发挥到极致。

从以上案例可以看出，在社交媒体时代，电视节目应充分融合互联网技术，一方面保证优质的节目内容，以内容吸引用户；另一方面，打造全景式节目模式，与用户达成深层次互动。

第四章　出版业的数字化转型

互联网时代，文化产业在互联网思维的指引下呈现出良好的发展态势。互联网的快速发展提供给各行各业新的发展机遇，促进它们不断升级、创新盈利模式，图书出版业也是如此。信息技术的发展使得电子书籍和下载内容的技术革命进行得如火如荼，冲击了全球的书籍市场，改变着图书出版业的环境。在各种新媒体、电子媒体涌现的背景下，怎样以正确和适合的态度与模式将技术与传统的图书出版进行结合，是值得思考的问题。由此，互联网时代出版业在技术支持下的创意发展显得尤为重要。

四川省作为出版大省，每年出版各类图书一万余种，公益性的出版物占据很大比重，不少图书还获得国家"五个一工程"奖等奖项①，四川出版的影响力也从四川走向全国乃至全球。继续振兴和发展川内出版，将文化输出价值的比重提高，在"世界出版圈"占据重要位置，成为四川出版业的发展目标。在媒体融合的大潮中，四川出版也正积极适应新的市场生态环境。川内出版业在体制和机制上不断创新，跳出传统出版的思维定式，跨界前行。

一、四川出版业创意发展的积极态势

（一）书香天府：打造全民阅读品牌

自 2016 年 4 月 23 日起施行《四川省人民代表大会常务委员会关于促进全民阅读的决定》（以下简称《决定》）以来，四川省成为我国第 4 个、西部第 1 个出台了关于促进全民阅读的省级法规性决定的省份，表现出四川省在推进"全民阅读"活动上的决心，同时也是用立法保障将全民阅读落到实处的关键性举措。《决定》包括六个部分，即在全民阅读中履行政府的职责，完善公共阅读服务体系建设，打造阅读品牌，关注特殊群体阅读，建立评价机制，为全民阅读的构建提供了包括制度、经费、组织和阵地保障等在内的众多体系保证。

---

① 张良娟. 四川出版矩阵刷亮"出版圈"［N］. 四川日报，2016-03-11（1）.

2016年6月30日，四川省全民阅读活动指导委员会办公室出台《四川省"十三五"时期全民阅读规划（2016—2020年）》，分为"指导思想""保障措施""基本原则""主要目标""主要任务""重点工程"六大板块。该规划重点提出要实现以下三个目标。[①]

1. 形成城市社区的15分钟便捷阅读文化圈

规划提到，到2020年，四川省公共阅读服务体系基本完善，全省国民综合阅读率、国民数字化阅读率等指标在西部地区领先。要让人们热爱阅读，使国民综合阅读率达到90%，国民数字化阅读率达到80%，年人均图书阅读量8册，年人均电子书阅读量6册。并且，不断完善全省大型文化书城、中小书店、农家书屋、社区书屋、校园书店、社区书吧、图书馆等公共阅读场所布局，形成城市社区15分钟便捷阅读文化圈、农村10里阅读文化圈。[②]

2. 全民阅读工作所需经费纳入财政预算

全民阅读工作主要任务包括强化政府职责，保障阅读活动开展；以核心价值观为引领，增加优质阅读产品供给；完善服务体系，强化阅读阵地建设；打造"书香天府·全民阅读"品牌，扩大阅读活动影响；建立健全阅读推广体系，营造全民阅读氛围；关注重点特殊群体，保障阅读基本权利；建立科学评估机制，助推全民阅读可持续发展等方面。强调"强化政府职责，保障阅读活动开展"，各级人民政府要将全民阅读纳入国民经济和社会发展规划，将全民阅读工作所需经费按规定纳入本级财政预算，为全民阅读活动的开展提供经费保障。[③]

3. 满足多元化需求，推广24小时智能图书馆

推进八大重点工程，包括四川出版精品工程、阅读公共服务设施工程、"书香天府·全民阅读"品牌创建工程、阅读示范引领工程、阅读惠民工程、数字阅读创新工程、阅读普及推广工程、阅读评估机制工程等。[④] 在"数字阅读创新工程"中，规划提出"要充分利用现代信息技术和先进科技手段，在有条件的地区、单位、学校、社区和公共图书馆增加自助借阅设施设备，推广24小时智能图书馆，满足多元化阅读需求"。

四川省已于2015年起全力打造"书香天府"全民阅读品牌，通过政府主导、全社会参与的方式，主管部门、媒体、出版社、图书销售渠道等联合举办四川优秀出版书推荐，相继开展了"四川好书好评""公务员的成长书""老百

---

① 张良娟. 全民阅读"十三五"规划发布［N］. 四川日报，2016-08-01（1）.
② 同上。
③ 同上。
④ 同上。

姓的减压书"等丰富的活动。同时，政府已连续多年每年投入 550 万元，支持重点出版物出版，并通过全民阅读体系建设，让民族地区、边远地区的读者以及未成年人、农民工等群体有好书读。① 2016 年 4 月底发布的《决定》是对"书香天府"的延续，"书香天府"是四川着力打造的国内一流阅读品牌，也是四川省重要的文化名片。

"书香天府全民阅读"活动由政府主导，并得到各企业的协助。在出版传媒企业的协助方面，新华文轩出版传媒有限公司作为四川省内知名和具有影响力的出版企业，充分响应政府的全民阅读号召，长期以来坚持配合"书香天府全民阅读"的品牌和文化名片打造建设，举办了众多各类阅读推广活动，为四川省全民阅读的推行和普及做出了重要的贡献，以 2016 年主要活动为例，具体如表 4-1 所示。②

表 4-1　活动情况

活动名称	时间	地点	活动内容
2016 年寒假阅读活动	2 月	数字图书馆	经典国学书籍分学段推荐+成语+故事汇+国学小故事
"成都龙泉驿读书月"启动仪式	4 月 21 日	龙泉驿洛带蔚然花海	中外读者进行书香龙泉万人同读活动
文轩读读书吧社区店启动	4 月 22 日	新津西河故道	新津县 2016 世界读书日暨全民阅读活动——百溪书院 文轩读读书吧启动仪式
洛带古镇 4 月 23 日全民阅读活动	2016 年 4 月	洛带古镇	开展"寻找最美图书管理员"活动
2016 泸州市"书香天府全民阅读"启动仪式	4 月 23 日上午	泸州新华文轩	"1 元换购""微信摇书"公益惠民活动
2016 "中国好书榜"展示展销活动	4 月 23 日至 5 月 31 日	新华文轩零售直营门店	直营门店重点展示展销相关图书
约"惠"读书日	4 月 23 日	新华文轩零售所有门店	活动期间，所有图书 68 折回馈读者
"读书小明星"大赛	每年 4 至 10 月	阳光阅读频道	承办四川地区初、复赛选拔活动，在线上数字校园云平台阳光阅读频道进行网络选拔

---

①　张良娟. 四川出版矩阵刷亮"出版圈" [N]. 四川日报，2016-03-11 (3).
②　张君成. 四川发力全民阅读活动，全面打造"书香天府" [N]. 出版商务周报，2016-04-21 (1).

表4-1(续)

活动名称	时间	地点	活动内容
书中奢侈品——四川典藏级图书展	4月中旬	成都购书中心	在书城开展"书中奢侈品——四川典藏级图书展"活动
阅读推荐活动	4月中旬	成都购书中心	邀请本地各行业大咖进行图书推荐,并以套书信息等方式呈现给读者
亲子阅读活动	4月18日至24日	王府井科华店	开展亲子阅读活动,以读书和讲座结合的方式进行
全民阅读进校园活动	4月18日至29日	成都地区、成都购书中心	作家(常新港、许诺晨、谷清平、许友彬等)进校园,开展读书讲座
	4月25日至29日	广元地区	
	4月18日至22日	成都、德阳地区	
	4月25日至30日	巴中地区	
	5月3日至7月	南充地区	
	5月3日至7日	资阳、内江地区	
	5月25日至6月3日	自贡、遂宁、眉山等地	
	5月9日至13日	成都地区、成都购书中心	
	5月23日至27日	成都、达州地区	
"把爱读出来"主题阅读分享会	4月23日	四川省图书馆学术报告厅	通过各种形式的阅读接触,写读后感
阅读体验活动	4月23日至24日	成都购书中心	活动期间,读者进行免费体验活动
读者沙龙《大自然探索》科普讲座	5月8日	四川省图书馆	川图读者沙龙活动
2016暑假读书活动	2016年7至8月	优课数字图书馆	在优课数字图书馆阅读,推荐书籍,进行展示和评论
2016年线上专题阅读活动	2016年全年	优课数字图书馆	根据学生兴趣进行书单推荐
"文轩周末读书会"名家讲座系列活动	全年(每周六、周日)	新华文轩零售区中心书店	各店不定期邀请相关知名学者举行讲座活动
"书香天府"——2016全民阅读暨书香七进系列活动	全年	新华文轩零售区中心书店	各地区中心店组织开展书香进机关、企业、学校、社区等"七进"系列全民阅读活动
"三家进校园(事企事业单位)"系列活动	根据客户需求可全年开展	四川省各地区中小学阳光阅读频道	在四川各地区中小学持续开展讲座及报告会

新华文轩作为"书香天府全民阅读"活动的主要承办单位之一,充分发挥自身的发行和出版优势,进行文化传播,策划和组织了一系列的阅读文化活动,营造了"随意阅读、快乐阅读、享受阅读"的读书氛围,进一步打造"书香天府"的全民阅读品牌,配合四川的阅读名片建设发挥了重要作用。可以说,在四川出版业的创意发展中,"书香天府全民阅读"具有创意引领标杆作用。

(二) 融合转型:文化和资本共舞

四川出版业在政策和市场的双重推动下,正实现着资本与文化的共赢发展。而图书数字出版的融合转型也呈现出积极、良好的发展格局。传统出版业与互联网技术的结合是出版环节中诸多要素的结合,不论是出版内容、技术应用还是资本的注入,都在形成一体化的组织结构和管理机制,这种融合转型所呈现的正是文化和资本共同作用下出版业新的生存局面。

四川出版集团的转型发展是文化和资本结合下的典型案例。2003 年 12 月 26 日,四川出版集团在成都挂牌成立;2008 年 11 月,集团整体转企改制组建四川出版集团有限责任公司,以出版业为主并兼营相关文化产业;2010 年 11 月,集团将下属 15 家全资子公司(其中出版单位 12 家)的国有股权转让给上市公司新华文轩出版传媒有限责任公司,并成为新华文轩第二大国有股东,集团开始向多元化转型发展;2011 年,四川出版集团将旗下出版业务注入新华文轩之后,定位转型为文化产业集团。历经转型的四川出版集团充分发挥财政资金和国有资本的杠杆和引导作用,吸引了来自全国各地各类产业机构的投资,对四川出版业和文化市场的发展起到了推动作用。①

四川出版集团的融合转型,采用"资本+实业"的双驱动发展策略,推进文化产业项目的孵化,相继投资了芒果 TV、"百视通"等项目,在文化主线的整体性牵引下,吸纳更多的资本,将四川出版的定位置于大的发展格局下,通过联动其他文化产业的共同发展,将四川出版业的发展蓝图进行大规模扩展。不论是在文化旅游、文化金融、文化教育、文化地产还是在影视娱乐方面,四川出版集团都在资本经营下将出版业与文化产业模块进行了一定的联系布局。四川出版集团主要采取了以下举措:一是项目布局体现四川文化特色,推动项目实施落地;二是建立三级投资体系,保障稳定的经济支持;三是通过多级资源整合,实现跨行业、跨区域的项目联动;四是实现"引进来,走出去",打造国际化合作平台,拓展文化影响力。

---

① 资料来源:四川出版集团官网,网址:http://www.scpg.net.cn。

转型后的四川出版集团增添了更多的营销渠道，在资金的运营和支撑上有了更多的选择权利，让资本和技术更好地为图书出版业、四川出版业的发展服务。

（三）数字化出版的业态升级

出版业的发展和进步是与技术的变革紧密联系的。进行产业要素的重组和专业分工的重构，充分将数字技术和互联网技术应用于传统的出版行业，是现阶段出版业的主要发展形势。而数字出版的成功主要基于对传统出版业三方面的创新：制度创新、管理创新、技术创新。技术创新是核心和关键所在，制度创新是作为前提条件存在的，管理创新是它们顺利进行的保障。

四川出版业正是在互联网思维的指引下，进行数字化的创意创新发展，其中的佼佼者是新华文轩出版传媒股份有限公司。新华文轩出版传媒有限公司旗下共有11家出版单位，在图书数字出版这一领域，各家出版单位进行了不同程度的开拓，各种优秀出版读物的出版和推广获得了读者的积极响应，如四川教育出版社结合当今数字化和新媒体技术所孵化的 AR 出版物项目是四川出版业在数字化技术应用上进行的一个重要探索。

2017年5月11日，第十三届中国国际文化产业博览会（以下简称文博会）在深圳开幕，新华文轩出版传媒股份有限公司旗下的四川教育出版社将"文轩地理 AR 教育探究解决方案（初中地理项目）"带到深圳文博会，当晚，中央电视台的《新闻联播》和新闻频道的《新闻直播间》对其进行了播出和介绍。该项目是根据国家课程标准，通过增强现实技术和3D影视等开发的一套初中 AR 学习课件，是对现有出版在售的纸质教辅进行的数字化升级，可以生动、形象地展示和剖析地理知识点，让平面的知识"活"起来，使读者在信息接受上有更好的触觉、视觉等感官体验，轻松地学习地理知识。

AR 出版物的固定装备一般是实体图书+手机或者平板+手机软件。四川教育出版社对 AR 技术的应用和开拓也如此，"文轩地理 AR 教育探究解决方案"由四川教育出版社和四川寰视乾坤科技有限公司合作开发，四川教育出版社主要负责图书内容、开发过程中涉及的资料的整理，以及对功能和用户相关需求的拟定，而技术开发的工作则由四川寰视乾坤科技有限公司承担。此次开发的是基于现有教辅纸质图书的手机软件，不单独售卖，等到所有功能及内容开发完成后，学生及教师等用户均可免费下载客户端，使用其提供的与本套教辅相关的 AR 技术服务，并可在移动端体验其他各种教材数字化升级的服务及内容。"文轩地理 AR 教育探究解决方案"亮相2018北京图书订货会后，形成良好的行业影响。

二、四川数字出版传媒有限公司的发展之路

2009 年 12 月，在原四川电子音像出版中心与四川出版集团数字出版事业部合并的基础上，成立了四川数字出版传媒有限公司（以下简称四川数媒）。该公司主要在按需印刷、内容资源库与数字阅读、网络原创平台等业务板块上进行了更深的开拓和创新。2016 年，四川数媒实现年利润同比增长 104%，营业收入同比增长 58%，资产总额同比增长 10.4%，呈现出良好的发展势态。①

在整个四川出版业的创意发展中，四川数媒的发展可以说具有一定的代表性，它从调整结构着手，顺应时代的发展潮流，一步一步发展壮大。从其发展来看，2010 年颇具转折意味，四川数媒正式归入四川新华文轩出版传媒有限公司旗下，这是四川数媒转型升级的一大举措。进入新华文轩后，四川数媒站在母公司的发展角度，充分结合当今国内外数字出版市场的整体发展趋势，对自己业务和定位进行审视和思考，通过调整自身的业务结构，在数字出版的发展中找到适合自己的方向。同时，四川数媒在原有保持传统出版的基础上，在新媒体出版、数字出版、互联网出版方面布局新的业务板块和实践模式。四川数媒的结构转型模式和发展路径大体可以概括为以下几个方面：

第一，全力打造"青春网"项目。2016 年 12 月 14 日，创新智慧校园服务平台"青春网"正式上线，在全省 128 所高校以及各中职院校开通。这种充分利用运营商和各方资源优势，将校园资源进行线上整合的模式受到众多学生和老师们的喜欢，同时也是符合当今新媒体平台下社交虚拟化状态的一种优质的运营模式。

第二，出版"双效"统一的电子音像网络制品。四川数媒是四川省唯一一家数字出版传媒公司，在数字出版上本身就具有优势，在依托母公司新华文轩发行渠道的优势下，2016 年，四川数媒共出版电子音像制品 200 种。

第三，与四川电信进行深度合作。四川数媒与四川电信合作打造"中国电信天虎云商文化城"，进行了顺利的运营。该项目不仅全面覆盖图书、音像、文创产品的实体销售，在电子书等数字产品的销售上也具有优势，大大拓宽了原本的销售渠道，提升了销售的经济利益。

第四，建立原创网络文学平台。四川数媒与四川省作家协会合作，在平台

---

① 佚名. 四川数媒：一家音像电子出版社的转型之路 [EB/OL]. [2017-03-02]. https://mp. weixin. qq. com/s? _ _ biz = MzAxNzAxNDcxMg% 3D% 3D&idx = 2&mid = 2650934532&sn = dd1497ce68d0fb7f156082a000ed5d7a.

施行网络文学的精品发展战略，每年进行定期的网络文学作品推送和宣传，对于整个四川省网络文学平台的打造起到了非常好的带头作用，同时，好的文学作品可以与川内出版单位进行合作出版。

第五，推出全球首款 AVR 儿童教育互动百科产品——《法兰克奇幻百科》。该作品在 2017 年的北京图书订货会上获得"十佳新技术应用奖"，中央电视台综合频道和新闻频道对其进行专题报道。在数字产品的开发上，四川数媒力图走在四川出版业的前列。

第六，按需印刷的升级项目支持。四川数媒旗下的"文轩快印"是获得国家财政重点支持的出版行业转型升级项目，从 2012 年 4 月正式运营以来，在书籍类、文件资料类和纪念册等业务板块上一直发挥着数字出版的技术优势，并将出版社的优势资源进行了按需重组，更好地进行数字化的按需印刷业务。①

三、四川出版业存在的问题及挑战

（一）用户需求变化对内容选择的挑战

随着互联网的发展，出版业的发展格局不断拓宽，数字出版运营平台不断更迭创新，电子书过渡到数字化技术出版以及互联网出版，出版业正在经历新的技术革命所带来的巨变，迎来了更加丰富多元的想象空间。对用户来说，出版物的内容选择会产生更多的"挑剔"，这种"挑剔"实则是用户需求的变化。

在四川出版业的发展中，以新华文轩出版传媒股份有限公司旗下的几家出版单位为例，每家出版社都是在自己社内核心的专业领域进行书籍出版，而如何前瞻性地了解用户的需求变化，选择优质的图书内容，是摆在各出版单位面前的关键问题。前两年的热播剧《琅琊榜》和《欢乐颂》，其原著小说是四川文艺社 2011—2012 年策划出版的，当时这两本原著小说的版税并不低，数十万的价格有些偏高，但四川文艺社毅然决定签下这两部书稿进行策划出版，在优质内容的策划选择上可以说是具有前瞻性。因此，优质内容的效果并不完全集中在当下，时间上具有的延续性会让部分图书的社会效益或经济效益在一定程度上得到深化和扩大。在这种情况下，出版社就要保持对图书策划选题的敏

---

① 周贺. 文轩旗下四川数字出版传媒公司：一家电子音像社的转型之路 [J]. 出版商务周报，2017.

感性，准确窥见用户的各种阅读需求以及心理的变化，这样才能在内容的选择上更具前瞻性。

（二）技术环境变化导致人才缺乏

在 2017 年，由中国新闻出版研究院与北京印刷学院联合举办的数字出版人才培养研讨会上，文化艺术出版社总编辑郝庆军的一席话，道出了当前诸多出版企业面对"互联网+"时代对数字出版人才渴求的共同心声。他谈到，传统的出版编辑不懂技术，数字出版编辑又不太懂文化审美，我们在这个时代所急需的就是数字出版的复合型人才。① 全国范围内的多家出版单位都面临这样的问题，四川出版业也不例外。传统的出版社在发展数字化业务的同时，也要注重数字人才的培养和队伍建设问题。这关系到两种出版业生态格局的重整与结合，进而关系到整个出版业的转型升级。

《加强网络出版服务管理规定实施办法》《新闻出版业数字出版"十三五"时期发展规划》《新闻出版广播影视"十三五"时期科技发展规划》对数字化出版转型升级做了明确规划。

四川出版业在进行创意发展和图书数字出版业开拓的过程中，需要创新体制机制，培养复合型人才。正如之前四川教育出版社在进行"文轩地理 AR 教育探究解决方案"的项目孵化时所提出的，在数字化时代的发展下，出版社对于人才的要求不仅限于对出版知识、学科专业知识、相关法律常识的了解，同时也需要人才对行业未来的发展趋势、行业动向、新兴领域与传统的融合发展方面有所了解，这也正是互联网时代数字出版对复合型人才提出的要求。

四、四川出版业创意发展的策略

（一）以政策为指引，推进出版业融合发展

2017 年，在成都举办的全省主题出版工作专题会上，提出要继续将振兴四川出版作为 2017 年布局的重点，要充分挖掘四川特有文化资源，发挥自身优势，提前策划选题，研究制定出版规划，确定重点出版项目，精心组织实施，努力扩大出版影响。② 在"振兴出版"的道路上，四川省出台了《关于振兴四川出版的意见》等多个政策措施。全省出版业要在政策的指引下，形成对"振兴"的共识，谋定而后动，着力推进出版业的融合发展。这种融合不

---

① 张雪娇. 数字出版人才亟需升级 专家：高校教育跟得上 [N]. 中国新闻出版广电报，2017-03-20（2）.

② 余如波. 振兴四川出版 川军"撸起袖子加油干"[N]. 四川日报，2017-03-11（1）.

仅是对互联网科技、数字化技术的融合，也是深刻挖掘优质和精品内容的融合，更加着力于精品出版，让优秀川版系列图书不断涌现，填补了出版领域的很多空白。在互联网时代，四川出版业的创意发展需要借助政策的东风，抓住市场机遇，谋求更好、更稳步的提升。

（二）打造优质出版，进行内容建设和机制创新

内容建设是一个任何时代都不会过时的话题，也是出版业在任何更新迭代的发展境遇下都不能忽视的关键性节点。四川出版业目前仍然面临着多方面的问题，如产业规模较小、出版精品较少、销量低、专业人才结构单一等。应做精品内容，这就关系到图书的选题策划。四川省多个项目入选了国家出版重点项目，相关的统计数据显示，2016 年，四川省 16 家出版社出版图书 12 000 余种，59 个项目入选国家"十三五"重点图书出版规划，其中有 3 个项目入选中宣部和国家新闻出版广电总局 2016 年的主题出版重点项目，有 11 个出版项目获得 2016 年国家出版基金的支持。① 这些出版项目获得各种荣誉和国家奖励支持的背后，正是四川出版业一直坚持优质出版的信念。巴蜀书社从弘扬和传承优秀传统文化的大局出发，在 2017 年拟定了 30 个重点项目，将巴蜀文化的选题作为图书出版的重中之重，在内容的建设上充分发挥自身优势，全力打造优秀出版作品。川内出版社将"巴蜀文化"置于自己的出版业务选择之中，在内容建设上结合自身优势、特点充分布局，这些正是四川出版业打造优质出版内容需要最先利用起来的文化资源。

四川出版业的发展现状呈现出五大明显的短板：一是出版总体思路不够清晰，缺少利润附加和产值，在经济效益和社会效益的发展上并不均衡；二是在出版经营和管理方面缺乏魄力，导致不能更好地创造性地开展各项工作；三是专业规划设计不足，中长期的远景规划力度不足；四是出版的体制和机制不够灵活，缺乏动力、活力，整个改革进程虽然效果明显，但总体来说还比较缓慢；五是出版的资源整合不够深入，在怎样更好地利用资本市场进行出版业的整体运作上还需要进一步探索。

（三）开发知识产权运营的新业态

从出版产业发展趋势来看，"知识产权（IP）"将成为新时期出版产业重要的价值增长点。目前，IP 运营在我国的发展尚处于初级认知阶段，IP 的运营模式仍在摸索，但是以网络文学为例，也有很多成功案例。而出版产业应将

---

① 余如波. 振兴四川出版 川军"撸起袖子加油干"［N］. 四川日报，2017-03-11（1）.

着力开发 IP 运营的新业态视为重要的发展目标。

在以数字技术为主导的时代，传统出版产业向数字出版产业的转型已成必然趋势。在现阶段，传统出版产业不会被数字出版产业替代，但是仍要看到数字出版产业的优势，积极探索数字出版产业的盈利模式，使传统出版产业与数字出版产业齐头并进，共同推动出版产业的转型升级，总体向着更为科学、健康的方向发展。

中篇　网络媒体

第五章　新闻类网站

新闻类网站一度是互联网时代信息传播的宠儿。随着移动互联网的快速发展，报纸、广播、电视等传统媒体纷纷朝新媒体方向转型发展。为了长远发展下去，目前国内外的各大新闻网站纷纷开启媒介融合之路，从 PC 端到移动端，从线上到线下，都在进行新一轮洗牌。

四川互联网呈飞速发展趋势。第四届世界互联网大会首次发布的《世界互联网发展报告 2017》和《中国互联网发展报告 2017》显示，四川省互联网发展水平排名全国第七位。《中国互联网发展报告 2017》首次设立并发布了中国互联网发展指数指标体系。评估标准包含基础设施建设、创新能力、数字经济发展、互联网应用、网络安全和网络管理六个方面。从各指标的比较来看，四川在基础设施建设和网络安全方面的得分都比较高，尤其是网络安全方面，其得分在总分排名前七的城市中是最高的。

《2016 年四川省互联网发展状况报告》统计数据显示，四川省网民有 3 575 万人，网民规模增长率排名全国第七，互联网普及率为 40%。截至 2016 年年底，四川使用手机上网的用户达到 3 343 万人，占四川总体网民的 93.5%。在网络新闻这一块，全省网络新闻用户规模为 3 020 万人，全省网民的网络新闻使用率达到 84.5%。① 继即时通信和搜索引擎之后，网络新闻成为第三大互联网应用。

近年来，区域性新闻网站数量不断增加。截至 2016 年年底，四川省新闻网站数量达到 400 多个，其中 30% 为商业网站及中央级网站的地方频道，70% 为地方性新闻网站，包含各地级市官方新闻网站。所谓地方性官方新闻网站，是指由各地党委政府（宣传部、新闻办）主办，或由同级党委许可的新闻单

---

① 佚名. 权威发布：2016 年四川省互联网发展状况报告 [EB/OL]. [2017-05-25]. http://www.sohu.com/a/143358111_676069.

位和新闻媒体主办，取得新闻登载资质，以从事互联网新闻信息服务为主业的网站。①

在媒体融合的巨大浪潮中，不论是商业型新闻网站，还是各级地方网站，都在积极探索媒体融合之路，本章将具体分析四川地区新闻类网站在移动互联网时代的转型趋势及路径，并对四川地区新闻网站的发展提出一些建设性的意见和建议。

一、四川地区新闻网站发展概况

1999 年，四川新闻网的成立是四川地区独立新闻网站发展的起点。随着互联网的发展，传播四川地区新闻信息的网站层出不穷，主要包含四大类新闻网站：省、市委宣传部直属监督下成立的官方新闻网站，如四川新闻网、宜宾新闻网、泸州新闻网等；中宣部监督下的中央新闻网站的地方频道，如人民网的四川视点、新华网的四川频道；大型商业网站的地方分支，如腾讯的大成网、新浪四川等；省、市级广播电视台以及报业等传统媒体主办的新闻网站，如四川广播电视台官网、成都电视台官网、四川在线、封面新闻网等。这几种类型的新闻网站成为四川网民获取信息的重要平台，也是海量四川新闻信息的集散地。

截至 2016 年年底，四川地区获得互联网新闻信息服务单位资格的地方性新闻网站达到 13 个，分别是四川新闻网、中国西部网、四川在线、天府热线、乐山新闻网、成都全搜索、四川网络广播电视台网、北纬网（雅安之窗）、宜宾新闻网、封面新闻、南充新闻网、遂宁新闻网、泸州新闻网。

《省级网站 2016 下半年传播力榜》显示，四川新闻网、四川在线分别在 PC 端、移动端、微博、微信等传播力榜单上都有所表现，其中，四川新闻网、四川在线还处在省级网站前列；在《城市网站 2016 下半年传播力榜》中，宜宾新闻网、成都全搜索进入综合传播力榜单前 20，在移动端传播力排行榜上更是挺进前 10。

就 2017 年上半年综合传播力、微博传播力、微信传播力榜单来看，四川地区的四川新闻网、四川在线、封面新闻网在省级新闻网站排名中位居前列；同时，宜宾新闻网、泸州新闻网、成都全搜索、乐山新闻网等也在全国城市网站排名中多次上榜。2018 年 1 月 30 日，中央网信办《网络传播》杂志发布的

---

① 刘洋，张军辉. 媒体融合背景下地方新闻网站的创新与发展——以湖北省为例 [J]. 中国出版，2015.

《中国新闻网站传播力 2017 年 12 月总榜》中，四川新闻网的综合传播力排名第 18。2018 年 9 月 6 日，在宁波召开的 2018 中国网络媒体论坛发布了 2018 年上半年中国新闻网站传播力榜单。在"省级新闻网站综合传播力"排名中，四川新闻网排名第 10。由此可见，四川地区的新闻网站呈现出蓬勃发展态势，不仅保证了 PC 端的用户流量，也在移动端不断突破，各大新闻网站的新媒体融合之路发展得如火如荼。

二、四川地区新闻网站媒体融合现状

根据长期观察和市场调研，目前比较受关注、同时涵盖不同类型的四川新闻网站主要有以下几个代表（见表 5-1），本章将从表 5-1 中的几类网站入手逐一分析四川地区新闻网站的媒体融合之路。

表 5-1　四川地区新闻网站详情

网站名称	四川新闻网	宜宾新闻网	人民网四川频道	腾讯大成网	新浪四川	四川在线	成都全搜索	四川广播电视台官网
域名	newssc.org	ybxww.com	newssc.org	cd.qq.com	sc.sina.com	scol.com.cn	chengdu.cn	sctv.com
主办	四川省委宣传部主管，川网集团主办	宜宾市宣传部主管	人民日报	腾讯网	新浪网	四川日报集团	成都市人民政府新闻办主管，成都传媒集团主办	四川广播电视台
网站类型	主流官方媒体	中央网站地方频道	商业媒体地方频道			报业媒体主办		广电媒体主办

（一）宣传部主管主办的新闻网站

1. 四川新闻网

四川新闻网是目前四川省内最大的综合性门户网站和重点新闻门户网站，并设立了各市州的地方频道，是西部地区最大的核心新闻源之一。四川新闻网积极宣传报道四川省政治、文化、经济及社会的各项活动，是国内外公众了解四川的重要窗口之一。四川新闻网早在 2000 年就对全省 102 家媒体进行了集中上网的整合。2001 年，由西部 12 个省、市、自治区政府新闻办和西部各重点新闻网站共同发起，由四川省委宣传部主管，组建了全国第一家跨省的"航母式"网络媒体——中国西部网，成为西部地区共同对外宣传的窗口。

2009 年 9 月，中共中央对外宣传办公室确定四川新闻网为全国首批十家重点新闻网站转企改制试点单位之一，四川新闻网传媒（集团）股份有限公司成立，其互联网信息传播业务发展获得新的动力。川网集团旗下包括了四川新闻网、四川手机报、中国西部网、麻辣社区、四川发布、新媒互联等子媒体平台。①

为抢占新媒体高地，四川新闻网在两微一端积极布局，陆续推出"大四川"客户端、"活色四川"微信公众号、"微观四川""慢要四川"微信、微博。"大四川"客户端依托四川新闻网的新闻内容，将网页新闻迁移到移动端，以"百县百端——四川本土最具特色的新闻客户端"为口号，在客户端发展初期，引入成都市、攀枝花市、泸县、中江县、岳池县等市县的新闻页面，涵盖新闻资讯和日常生活服务等内容，满足四川不同地区用户的信息需求。"活色四川"以"抢不完的耙活，吃喝玩乐，尽在其中"的态度为宗旨。"微观四川"则是集"新闻、评论、解读、故事、时政"于一体，每天将新闻推送给微信订阅用户。

2. 宜宾新闻网

宜宾新闻网是中共宜宾市委、宜宾市人民政府确定的市级网上对内对外宣传的重要阵地和窗口，是宜宾市委宣传部主管的宜宾地方重点新闻网站，是继宜宾日报社、宜宾市广播电视台之后又一权威主流媒体。"识宜宾，知天下"是宜宾新闻网唱响的宣传号角。2013 年，宜宾新闻网由单一的新闻网站发展成为集结宜宾新闻网、掌上宜宾客户端、宜宾手机报、互动宜宾论坛、宜宾发布政务微博与微信矩阵的宜宾新闻网新媒体集群，在宜宾新闻网页面徽标右侧设置相关的链接，通过超链接的方式为用户的信息获取提供便利。

宜宾新闻网是宜宾市主流网络媒体，作为宜宾市的时政之窗、市民之家，开设《宜宾要闻》《酒都民生》《酒都财经》《为民直通车》等子网站、频道和栏目，集新闻性、综合性、服务性和互动性于一体。宜宾手机报是宜宾市的本土手机报，开设《天气预报》《宜宾播报》《国内国际》等栏目。掌上宜宾作为宜宾市主流移动互联网站（手机新闻客户端），开设《宜宾》《新闻》《生活》《天下》等栏目。

（二）中央新闻网站的地方频道

目前，中国的大型新闻门户网站基本上都设立了各省的地方频道，如四川省有人民网四川频道、新华网四川频道、中国新闻网四川新闻等。由于隶属于中央级的新闻网站，受到官方母网站的制约和束缚，地方网站很难独立进行媒体融合，大多是跟随原本的新闻网站格局和媒体融合的步伐前进，主要作用依然是为主流媒体提供信息内容来源。例如，人民网的今日要闻中涉及社会生活

---

① 资料源于四川新闻网，网址：http://www.newssc.or。

的各个方面，包括医疗、经济、旅行、环境等，体现出选稿的亲民性，聚焦人民生活，关心人民生计，受众群体范围广。人民日报在进行媒体融合时，从互联网PC端到移动客户端，地方频道只负责提供当地的新闻内容，而技术更新和用户体验等方面的工作则由人民日报中心部门负责。

人民网四川频道延续人民网的红色页面基色，导航栏背景图中的卡通熊猫形象散发出浓浓的四川味道，以"人民日报看四川"为角度记录四川地区的新闻信息。人民网四川频道积极加入媒体融合浪潮，拓展"两微一端"的新高地。为迎合受众的信息获取习惯，人民网四川频道设置了手机版，并推出四川频道官方微信，使人民网四川频道的新闻内容实现了从网页到"两微一端"的跨越。在手机端与微信平台中，各具特色的栏目设置为有不同信息需求的用户提供了多元化的选择。

（三）全国商业性新闻网站的地方分支

与中央新闻门户网站相比，商业型网站的地方频道可以借助网站的巨大流量和平台的传播力，让地方新闻信息得到最大力度的传播。大成网作为腾讯网在四川的地方站，其网页端最开始依托QQ强大的用户量，用弹窗的形式每天实时推送当地新闻信息，进而提高网站流量。随着腾讯移动新闻客户端的推出，大成网入驻并成为其中一个"页卡"，通过精准的智能定位，实时推送信息，提升客户端的用户体验，不仅让四川手机网民随时随地获取新闻资讯，也很大程度地提高了用户的黏合度。继腾讯新闻客户端之后，腾讯又推出一款兴趣阅读应用程序"天天快报"，大成网顺势入驻，内容输出平台更加多样。除此之外，大成网还利用腾讯微信平台推出自己的微信公众号，实时推送新闻，并在公众号上设立"猛料"菜单，给用户提供了一个信息爆料的入口。

新浪四川作为新浪网的地方频道，和大成网一样，在新浪网已有的强大影响力基础之上充分地发挥自身效用。在网页端，新浪四川依然沿袭新浪地方频道的固定模板来设立统一栏目，地方频道的媒体融合步伐一致，创设新的电商链接页面，推出一些有特色的应用程序移动客户端。在移动端，新浪四川作为一大分支，为新浪新闻客户端提供内容支持，这和大成网借助于腾讯新闻如出一辙。和大成网不同的是，新浪四川没有像QQ、微信那样的用户基础，但在微博这一新媒体平台上，新浪四川借助新浪的扶持以及微博强大的社会传播力，打造了一个强势的信息平台。截至2017年，新浪四川的官方微博"粉丝"数已经接近150万人，并且发布的新闻信息互动性较高。除微博外，新浪四川还开通了"就爱大四川"的微信订阅号，在微信上建立"粉丝"社区和微信店铺，满足微信订阅用户多样化的需求。

纵观这些地方频道，除腾讯、新浪等大型商业网站的地方站由于商业网站的开放多元以及平台的优势而在媒体融合上做得较突出外，其他中央级门户网站的地方站大多按部就班地进行内容更新，技术和用户体验上并没有多大改变，因而流量相对较小。

（四）传统媒体主办的新闻网站

1. 四川在线

四川在线是经国务院新闻办公室和中共四川省委宣传部批准，由四川日报报业集团和中国电信四川公用信息产业有限责任公司共同发起创办的综合性专业新闻网站。四川在线作为川报集团的在线网站龙头，拥有着丰富、权威的一手新闻资源。

除网站常规的新闻版块，四川在线不断更新栏目，推出了"航拍四川""创客 PLUS""落户成都""ETC 安装""食美药安""双流机场航班""T2航站楼手册"等特色栏目和便民服务平台。同时开设了微博、微信公众账号，将网站上的"牙尖社""Fan 泛而谈"特色栏目对接到微信端，让用户在手机上就能看到当天的最新信息。其微信公众号还新增了小应用，用户可以快速查询关键词，找到自己想读的新闻内容。

2. 成都全搜索新闻网

成都全搜索新闻网是由成都传媒集团主办，成都市政府新闻办公室主管的城市门户网站，也是四川具有新闻采编资质的 10 个互联网信息服务单位之一。成都全搜索新闻网与传媒集团旗下诸多兄弟媒体深度融合，探索移动互联技术，通过发展强大的新闻采编和网络营销团队，借鉴网络传播规律做好新闻报道，建立新时期网络宣传新阵地。同时，网站积极整合政府和社会的相关资源，努力将自身打造成西南地区首屈一指的新型城市网络消费门户。

2017 年 12 月，中国电信四川公司在成都率先开通川内首个 5G 试点基站，预计 2020 年，电信在四川实现 5G 正式商用。在移动互联网时代，独家新闻和硬新闻已经不能够支撑起一个新闻门户网站。作为网络舆论的主要阵地，成都全搜索就如同成都市党委、政府的喉舌，也是党委、政府与老百姓之间沟通的桥梁。为突出网站的这一定位和属性，成都全搜索确定了编辑工作的三个原则，即准确表达、及时传播、生动呈现，及时、准确地以一种新的、网友易于接受的形式为他们提供新闻服务。

成都全搜索设有本地新闻、特色频道、生活服务等侧重于新闻服务类资讯的栏目，其将"更快、更多、更有深度的本地新闻"作为办网宗旨。为了对本地新闻进行快速、深度的报道，成都全搜索联通传媒集团内部其他媒体资源，做好统筹协作，建立了"商报-全搜索"互动微信群，将信息资讯更快地推送给用户。

3. 四川广播电视台网

四川广播电视台网是四川网络广播电视台的官方网站，是集新闻频道、四川频道、视频频道、电视频道、电台频率、电视机构于一体的综合性网站。作为 PC 端的信息窗口，四川广播电视台网拥有得天独厚的新闻资讯及视频资源，其一方面借助电视台这个权威机构进行内容采编，另一方面，与四川电视台各个频道的视频节目无缝对接，新闻内容丰富多样，尤其是在视频新闻方面具有很大优势。

早在 2001 年，四川电视台就创立了网站"神韵在线"，该网站是经四川省人民政府新闻办批准，由国家广播电视总局授权从事网络音视频传播业务的四川省第一家影视门户网站。"神韵在线"主要是为四川电视台招商，同时也有一些新闻资讯图片、视频新闻等。随着网站整体环境的逐渐恶化，"神韵在线"开始衰落，不再进行新闻更新。

（五）新闻网站与传统媒体关系

目前，四川地区新闻网站与传统媒体均有合作，有些网站仍由传统媒体集团提供资金。四川地区新闻网站与川内几家主要报纸之间的关系复杂，在最新发布的可供新闻网站进行内容转载的四川地区报纸名单中，川内的四川日报、华西都市报、成都商报、成都日报、成都晚报这几家报纸内容可以直接转载，而天府早报则借用四川在线的名义提供转载资质，此外，天府早报成为腾讯大成网的合作伙伴，新浪四川将华西都市报拉入阵营中。根据这几家报纸和省内几家热门新闻网站之间的联系，其合作关系如表 5-2 所示。①

表 5-2　各网站、报纸关系

网站名称	报纸名称	关系
腾讯·大成网	天府早报（川报集团）	合作
四川新闻网	成都商报（成都传媒集团）	提供转载资质
四川在线	四川日报、华西都市报、天府早报（川报集团）	集团成员
成都全搜索	成都商报（成都传媒集团）	集团成员

---

① 刘源. 四川地区新闻网站研究［D］. 成都：四川省社会科学院，2011.

三、四川地区新闻类网站转型困境

商业型网站的地方子网站依托其原有平台，获得了丰富的资源。中央级各大官方权威新闻网站的地方频道受制于母媒体，其媒体融合的探索受到各种因素的制约。独立运营的地方性网站经过十多年的大力发展，已具有一定的影响力，成为各级党委政府宣传和引导舆论的重要阵地，因而，对地方性新闻网站媒体融合的探索显得尤为重要也更具有针对性。以下着重讨论独立运营的地方性网站在媒体融合中的困境。

（一）办网机制之困

"地方性"无疑是地方性网站最突出的特点，同时也是互联网垂直新闻网站的发展方向之一。多年来，我国新闻网站都是以中央重点新闻网站为主导，以地方新闻网站为辅助，共同形成了商业网站百花齐放的网络新闻格局。但新媒体技术的迅猛发展使各大地方新闻网站现有的管理体制和运行机制面临新的挑战。

据统计，四川省地方性新闻类网站中，70%以上都是由各级党委政府或者传统主流官方媒体主管主办，在运营管理体制上有"半依附""完全依附""不完全独立的公司化运作"三种模式。四川在线、成都全搜索、封面新闻网等半依附于其所在传媒集团或传统媒体，利用母媒体的资源提供内容；而宜宾新闻网、泸州新闻网等市州级新闻网站大多受党委政府直接监管。大部分地方性新闻网站的建立都是依托于原有的新闻体系。随着移动互联网技术的飞速发展和市场经济环境的不断变化，商业网站来势汹汹，迅速占领了网络新闻的半壁江山。传统新闻网站受到了冲击，体制和机制受束缚成为新闻网站发展和转型的瓶颈，在某些方面制约着新闻网站的进一步发展。

（二）内容模块同质化

多年来，省级和地方性新闻网站以地域化特征分享互联网成果。四川新闻网被定位为"主流媒体四川门户"，四川在线被定位为"中国四川第一门户网站"，大成网担当着"四川城市生活服务平台"，成都全搜索被定位为"成都市新闻门户网站，成都新闻事件，不一样的成都生活网"，宜宾新闻网被定位为"国家一类新闻网站，宜宾主流网络媒体，宜宾权威门户"。这些网站都将自己树立成"门户"形象，但栏目设置上却大同小异。

同质化已经成为地方新闻网站目前典型的问题。虽然业界对内容同质化的"批评"一直不绝于耳，但各大新闻网站往往难以充分利用地域优势来挖掘有价值的新闻。随着《互联网信息服务管理条例》的颁布，越来越多的新闻网站拥有了独立采编新闻的权利。但许多地方性新闻网站由于缺乏资金供应，仍然无法生产出大量的独家新闻内容。

新闻网站在选稿实践中，除了要承担新闻媒介的共同责任外，还应结合自身的发展定位与读者对象的特征打造自己的专属特色。纵观四川省级类新闻网站，由于政策、定位等因素的影响，这些新闻网站大多转载传统媒体的新闻内容，"千网一面"的现象突出。

（三）新媒体人才缺乏

很多新闻网站的采编人员来自传统媒体，尤其是传统媒体创办的新闻网站，这些新闻网站在创办"两微一端"等新媒体平台时，又需要新的采编、技术和运营人员。新媒体人才的缺乏成为新闻网站发展的制约因素之一。

以新闻编辑为例，大数据时代背景下出现了各种新闻形式，网络新闻给传统的报纸新闻带来了强烈冲击。报纸和网络新闻编辑，无论是在实际操作还是编辑对象方面都存在一定的联系与区别。网络新闻编辑工作在某些方面是报纸新闻编辑工作的延伸，两者在编辑流程上有一致也有差异。网络新闻编辑与传统报纸新闻编辑的目标存在一个契合点，即为了更好、更准确地进行新闻信息的传播与舆论的引导，二者具有相同的社会意义。然而，网络新闻与报纸新闻在标题制作方面存在着明显差异。点击率是新闻网站的生存之道，新闻标题则是提高点击率的关键。网络媒体运用出彩的新闻标题吸引读者眼球，提高新闻点击率，但需要避免"标题党"现象。

四、新闻网站的发展策略

（一）明确定位，注重区域性用户需求

地方性新闻网站服务于区域性用户，要以当地用户为中心，明确网站的定位，既是信息窗口又是生活服务平台，切忌打着"门户"的旗号以偏概全。不同类型的地方性新闻网站在选稿时要依据自身锁定的领域，明确范围，对领域内的各项新闻信息进行细致报道，以新闻价值和法规政策为选稿判断的基础，满足受众各具差异的信息需求。各大地方性新闻网站还需利用权威影响力的优势，及原有的体制优势、内容资源、品牌优势，努力打造一个定位清晰、内容丰富的信息服务平台。

（二）紧跟"互联网+"，推陈出新

随着互联网的不断发展，地方新闻网不能单单停留在门户网站的形式上，而要紧扣"互联网+"实现网站形态转型，使网站不仅成为网友获取新闻资讯的窗口，同时还是集文化生活、政务经济为一体的综合性服务平台，进一步凸

显网站的功能价值。

2017 年 8 月 31 日，四川省经济和信息化委员会与腾讯研究院联合发布的《四川省"互联网+"数字经济指数报告》显示，四川省"互联网+"数字经济指数呈现出"总指数领先中西部、分指数超全国均值"的鲜明特点，总指数位居榜单第七，增速位居第四，仅次于福建、广东、湖北。

地方新闻网站作为展现区域性特色的网络媒体，不光拥有本地最丰富的新闻资源，同时还拥有其他民生经济资源，可以将这些经济资源转化成可利用的信息内容，并以板块的形式呈现给用户。地方新闻网站可以将金融服务纳入网站中，开发出一些当地的金融产品，比如本地一卡通，实现市民线上积分线下消费的模式；还可以扩大网站业务范围，让网站经营更加多元化，以提升网站盈利。

在"互联网+"的背景下，地方新闻网站的功能可以被无限放大，可将网站打造成面向本地的文化综合服务平台。例如，地方新闻网站作为该区域在网络上的形象代言，可以在网站上投放城乡宣传片，展示城乡改革规划的新图景，宣传本地的城乡形象。

（三）借势新媒体平台，增强用户互动

在不断变化的媒介环境中，地方新闻网站的管理者和从业者应转变观念，打破传统网站体制和机制的束缚，不断改革创新。地方新闻网站必须强化用户意识，充分利用微博、微信、移动客户端、自媒体平台等，实现 PC 端和移动端的无缝对接，同时利用大数据对用户进行全方位的研究分析，将用户需求摆在第一位，不断开发和升级具有独创性、个性化的新闻产品、数据产品，增强用户黏性，以进一步扩大地方新闻网站的传播范围，提升其影响力。

媒体融合如火如荼，地方性新闻网站要以新的姿态、新的理念去迎接挑战。四川作为西部大省，互联网发展迅速，地方性新闻网站已经成为人们获取信息的重要渠道，只有抓住机遇，改革创新，深谙新媒体传播理念，才能在日趋激烈的竞争中求得生存与发展。

第六章　政务微博

一、政务微博的概念

2016 年 9 月，国务院出台《关于加快推进"互联网+政务服务"工作的指导意见》，对"互联网+政务服务"工作做出整体部署。文件提出要在 2020 年年底前建成覆盖全国的整体联动、部门协同、省级统筹、一网办理的"互联网+政务服务"体系，提升政务服务的智慧化水平，让政府工作更有效率，让群众和企业办事更加方便、快捷。运用新技术、新平台成为各级党政机关发布工作、传播信息的重中之重。截至 2017 年 11 月，全国 70 个大中城市共提供 514 个政务手机软件，涵盖交通、社保、民政等多领域①，政府移动政务服务正逐步从单一向综合服务转变。成都市以 31 个政务手机软件数量排名全国第一。

所谓政务微博，是指代表政府机构和官员的、因公共事务而设的微博，是用于收集意见、倾听民意、发布信息、服务大众的官方网络互动平台。其主要目的在于通过与公众的良性互动，构建一个社会化参政、议政、问政的网络交流模式与平台。② 中国最早开通的政务微博是 2009 年湖南桃源县的官方微博"桃源网"，随后各级党政机关的微博逐步开通并被大众熟知。

中国互联网络信息中心（CNNIC）发布的第 42 次《中国互联网络发展状况统计报告》显示，截至 2018 年 6 月，经过新浪平台认证的政务机构微博达到 137 677 个。政府、社会团体、党委、检察院等机构纷纷开设政务微博。其中，政府开设的政务微博数量最多，共开通 89 832 个，其次为社会团体，共开通 34 141 个。政府开设的机构类政务微博中，公安机关开设的政务微博数

---

① 佚名. 成都推出 31 个政务 APP 数量排全国第一 ［EB/OL］.［2017-11-29］. http://www. wccdaily.com.cn/shtml/hxdsb/20171129/63361.shtml.

② 孙旭. 哈尔滨市微博运营管理的综合效应评价研究 ［D］. 哈尔滨：东北农业大学，2018.

量最多，为 19 476 个。①

目前，政务微博的规模继续稳定增长，朝着矩阵化、专业化、垂直化的方向发展，逐步形成全面覆盖、各级联动的新局面。政务微博的人格化探索，也让公众得到更亲民、更高效的服务。

二、四川省政务微博发展状况

（一）政务微博数量

第 42 次《中国互联网络发展状况统计报告》显示，截至 2018 年 6 月，中国内地共有 31 省、自治区、直辖市开通政务机构微博。其中，四川省共开通政务微博 9 469 个，全国排名第三。②

随着移动互联网时代的到来，"互联网+政务"战略得以深入实施，2018年四川省政务微博再创佳绩。在人民日报发布的 2018 年第三季度微博影响力报告中，四川位居全国省份政务微博竞争力排行榜第一，成都斩获全国城市政务微博竞争力第一。此外，四川省有 11 个城市跻身城市政务微博竞争力排行前 100 名。2018 年 8 月 3 日在天津滨海新区举行的 2018 "效·能"政务 V 影响力峰会上，@成都发布位列全国十大外宣微博第一名，@四川发布、@微成都分别获得全国十大外宣微博第六名、第七名。@四川发布、@成都地铁、@成都高新荣获"最佳正能量微博"奖。

政务微博发展水平不仅与经济发展水平和人口基数呈现一定的相关性，与全省的网民规模也有一定关系。《2017 年四川省互联网行业发展报告》显示，2013—2017 年，四川省网民总体规模保持增长，从 2013 年的 2 835 万人增长到了 2017 年的 3 815 万人。5 年间，全省网民绝对人数增长接近 1 000 万人。可见，四川政务微博发展潜力巨大。

（二）政务微博地区分布

四川省所在的中西部地区在 2017 年的城市移动政务服务中进步较大，但整体水平依旧低于东南沿海地区。四川省政务微博分布态势整体较为分散，没有形成规模性和区域性的"超越"格局。

2016 年，四川省 21 个市州的政务机构微博开设情况为：成都市作为四川省省会，截至 2016 年 12 月 31 日共开设政务微博 3 074 个，遥遥领先其他 20

---

① 第 42 次《中国互联网络发展状况统计报告》[EB/OL].［2018-08-20］. http://www.cac.gov.cn/2018-08/20/c_1123296882.htm.

② 同上。

个市州的微博数量，从整体上带动了其他城市的移动政务发展。排名第二的是德阳市，共开设489个微博，展现了该市政务微博运营的不俗成绩。微博数量超过200个的还有达州、遂宁、绵阳和广元，分别位列第三和第六名。而资阳市和攀枝花市则表现不佳，微博数量均未超过70，排在全省末两位。

（三）政务微博部门分布

微博数量位居首位的部门为政府机构，其开设微博数量占比为44%，与其他机构相比，优势明显，这表明四川省各级政府积极致力于搭建微博平台，将政府声音有效地传递给用户，同时保证民众发声渠道，更好地为群众服务。公安系统、司法系统和涵盖多个部门的其他机构均以11%的相同比例获得并列第二名。在四川省所有政务部门的微博分布总量中，以上四类机构已然占据近八成的比例。除此之外，微博数量比重相对较大的是医疗卫生机构，占比为6%，其微博发展状况仍有待改善，以进一步提升省市居民获取医疗方面信息的速度，并丰富其在医疗方面的知识量。市政部门、招商和气象部门的微博数量最少，仅以1%的比例居部门排名末位，这表明市政、招商和气象部门仍有较大的发展潜力，需要进一步保证民众能在短时间内获取城市的相关信息，提高民众的幸福感。

（四）"粉丝"数、活跃度分布

近年来，政务微博活跃度持续攀升，其内容、形式和互动力都有较为明显的变化，微博平台已发展成各级政务部门快速发声、披露信息、疏导舆论、稳定民心的重要阵地，在提高精准服务、实现官民互动中发挥着越来越重要的作用。据《2017四川政务新媒体大数据报告》（简称报告）显示，四川省政务微博"粉丝"量大于100万的政务微博共7个，占0.70%；"粉丝"量大于50万小于100万的共8个，占0.8%；"粉丝"量大于10万小于50万的共71个，占6.90%；"粉丝"量大于1万小于10万的共191个，占18.60%；"粉丝"量小于1万的共750个，占73.03%。

在省直属部门政务微博中，四川旅游微博以1 826 202的"粉丝"量占据省直部门政务微博"粉丝"数量的榜首。市（州）政务微博中，成都发布微博的"粉丝"量达到6 523 990个，斩获市（州）政务微博"粉丝"量冠军。县（市、区）政务微博中，新都资讯微博以1 167 851个"粉丝"量登上县（市、区）政务微博"粉丝"数量排行榜第一。

报告数据显示，2016年11月1日至2017年10月31日，四川省直、市（州）、县（区、市）的十一类职能部门政务微博被转评1 012万余次，单个账号平均被转评总量为 9 854 次，日均转评 27 次。政务微博与民众的互动有待进一步增强。①

四川省政务微博发展并不均衡。全省大部分政务机构虽开通了微博账号，但新媒体运营效果欠佳，没有借助微博平台进行有效的政策宣传和舆论疏导。在此方面，四川省政务机构还应进一步提高沟通的有效性，倾听民众声音，为民众办实事。

三、四川省政务微博运营案例

2017 年以来，全省各级政务微博不断完善微博服务功能，利用微博搭建公众参与新平台，省内政务微博线上线下、跨地区、跨部门联动的服务能力明显增强，政务微博运营成为政府各职能部门日常工作的重要组成部分。人民网舆情监测室发布的《2017 年年度人民日报·政务指数微博影响力报告》从传播力、服务力、互动力、认同度四个维度评价政务机构官方微博。该报告显示，成都以 88.02 分的明显优势荣获"城市政务微博竞争力排行榜"第一名，成都市 80 个政务微博荣登 79 个奖项榜单，其中成都发布位列全国十大外宣微博第一，成都地铁位列全国十大交通运输微博第三，成都共青团位列全国十大团委系统微博第二，成都服务荣获 2017 年度十佳矩阵应用案例和十佳快速响应案例奖项，金牛服务荣获 2017 年度十佳基层政务微博奖项。② 可见，四川省政务微博的发展走在全国前列，故选取以下几个案例进行分析，为其他政务微博的发展提供参考。

（一）成都发布官方微博

成都发布作为成都市人民政府的官方微博，在全国党政新闻发布微博中竞争力排名第一，及时为成都市民提供各类蓉城本地的信息，以其幽默风趣的语言、及时的互动回复吸引了大批"粉丝"，被称为"内地最火的政府微博"。

成都发布一是致力于打造城市名片，宣传巴蜀文化。2016 年 7 月底 8 月初，为了宣传集熊猫主题墙画、熊猫座椅和熊猫头型拉环等元素于一身的成都地铁 3 号线，成都发布官方微博相继发布多篇博文，并配发现场图片，推动宣传成都创意名片，创建城市品牌，在新浪微博上的舆论热度持续走高。

二是围绕本市重大活动及热点事件，利用多元化的信息表达方式传播。

<hr />

① 佚名.《2017 四川政务新媒体大数据报告》新鲜出炉 你想要的干货都在这里 [EB/OL]. [2017-12-07]. http://scnews.newssc.org/system/20171207/000838575_2.html.

② 佚名. 成都获城市政务微博竞争力第一名 [EB/OL]. [2018-05-14]. http://mini.eastday. com/mobile/180123200245441.html.

2018 年 2 月，成都发布官方微博以手机界面为展示媒介，制作了天府绿道、祝贺新春、城市总规、轨道交通、蓉漂、天府文化等 9 组海报，在微博获得 93.8 万的阅读量。2018 年 3 月和 4 月，结合公园城市打造和天府绿道建设，成都发布官方微博与 22 个区（市）县政务新媒体联动开展“花开蓉城 绿满天府”的活动，让市民在春季赏花、出游、踏青系列活动中，随手拍蓉城春天的美景，活动提升了成都发布官方微博的热度，话题阅读量达 765.4 万次，讨论数达 6 036 个。①

三是联动公众力量，共同发声。2018 年全国两会召开前，成都发布官方微博联合本地有影响力的青年歌手和高校学生一起打造《新天府 i 成都》MV，以他们的视角展现他们心中成都独一无二的品质和气质，阅读量达 43.2 万次，转发量达 1 700 余次。②

（二）成都地铁官方微博

2016 年 7 月底，成都地铁 3 号线开通试运营，成都地铁官方微博早早就为这条被称为“盼达号”的 3 号线造势，从直播新闻发布会到开展有奖互动活动，凸显了较强的新媒体运营能力。随着央视主流媒体的转发，“盼达号”成了新一届的网红，其熊猫主题列车萌翻网友，一度在微博上刷屏。另外，成都地铁官方微博会定时、定期发布地铁时刻表、开通时间、乘坐攻略等服务类微博，受到用户较高的关注。

（三）成都共青团官方微博

成都共青团官方微博是共青团成都市委官方微博，2016 年共发微博 9 021 条，阅读总数 3.67 亿次，转发总数 22.61 万次，点赞总数 38.84 万次。截至 2017 年 12 月，共发微博 48 941 条，在全国十大团委系统微博中排名第二。多年来，成都共青团官方微博的运营可以用“触手可及，无时不在”这八个字概括，其致力于组织青年，引导青年，服务青年，为青年维权，在青少年群体中拥有较高的人气。成都共青团官方微博一直坚持做到回复每一条私信，为广大青少年网友解决问题、提出建议，这项服务也是成都共青团官方微博的一大突出特色。每天晚上 11 点至凌晨 1 点，在这个青年最容易迷茫的时间段，成都共青团官方微博通过微博主动搜索关键词如“迷茫”“好烦”“想不开”等，看到网友发布相关状态就会主动评论或私信交流，热情开导劝说，帮助青少年网友舒缓情绪、解决问题，这在某种程度上增强了“粉丝”黏性。成都共青团官方微博向网民承诺：每天晚上，只要在凌晨 2 点前发私信，都能在第一时间得到回复；微博管理员手机 24 小

---

① 佚名. 成都获城市政务微博竞争力第一名 [EB/OL]. [2018-05-14]. http://mini.eastday.com/mobile/180123200245441.html.

② 同上。

时开机。据统计,成都共青团官方微博平均每年处理私信达上万封,每周深夜陪聊(最晚到凌晨三四点)2~3次。这样一对一的聊天,已经成了成都共青团官方微博的特色,获得众多网友的青睐,很多网民在遇到问题时都会通过私信寻求帮助。对于某些寻常党政内容,成都共青团官方微博的报道形式别出心裁,例如制成一张图读懂、九张图读懂等形式,更加生动地帮助青少年群体理解相关内容。

(四)成都服务官方微博

2016 年,四川省成都市人民政府政务服务中心官方微博成都服务,凭借89.93 的服务力指数获得市民网友的广泛好评。2017 年 1 月 19 日在广州举办的"创新·协同·共治——2017 年政务 V 影响力峰会"上,成都服务荣获微博矩阵"协同共治"奖,"成都模式"被誉为全国政务微博发展的模板之一。一直以来,成都服务官方微博紧紧围绕中心工作,精心构建成都市宣传窗口,全面传递民生信息,服务百姓生活。

2017 年 8 月 4 日下午,成都服务官方微博监测到一条热门微博,有网友称7 月 22 号在成都著名景点宽窄巷子买到了疑似福寿螺的小吃,在得到博物杂志微博的确认后,这条微博转评赞数很快超过了 3 万条。成都服务官方微博在当日下午 4 点 57 分将这条微博转发至成都食药监官方微博,并进行了情况说明和相关沟通,建议市食药监局公开回复。成都食药监官方微博在当日下午 5 点进行公开回复称:"向各区(市)县食药监局进行了风险提示,要求相关从业单位加工食物时一定要严格按照操作规定执行。待调查清楚后,将联合媒体开展执法查处行动,同时将邀请水产专家对大家进行科普。"①成都服务官方微博第一时间转发该条微博,并号召矩阵成员集体转发。大多数网友纷纷点赞,一时间成都服务官方微博成了网友口中"别人家的政府"。

自 2013 年以来,成都服务官方微博着力打造"互联网+城市"的城市智慧治理新模式,以"绣花"的态度实践城市精细化、智能化管理。成都服务官方微博陆续开通微博、微信、支付宝、应用程序客户端等渠道,并集合 94家市级部门及企事业单位,联动市县乡村四级政务新媒体账号,形成一个涵盖4 600 余个政务新媒体的账号,覆盖成都全领域、全区域的政务服务矩阵,7×24小时持续在线为在蓉企业和广大市民提供举报投诉、办事咨询、信息查询等政务服务。② 据统计,经成都服务官方微博自主处理及转办事项共计 11 345 件,

---

① 官方回应成都宽窄巷商家出售福寿螺 不属禁售食品[EB/OL]. [2017 - 08 - 16]. http://news.sina.com.cn/c/nd/2017-08-07/doc-ifyitayr9409934.shtml.

② @成都服务:政务服务型"功夫熊猫"养成记 [EB/OL]. [2017 - 05 - 10]. http://weibo.com/ttarticle/p/show? id=2309404105905095491812

办理束 10 380 件，正在办理中有 965 件，办理结束率达 91.5%。

四、四川政务微博发展存在的问题

随着"互联网+"时代的到来，微博舆论环境对我国产生着越来越重要的影响，政府可以通过新媒体发声强化服务人民的功能，同时也面临着网络空间对社会秩序以及社会治理的挑战。四川省政务微博发展中主要存在以下问题：

（一）数量逐年增长，质量参差不齐

近年来，四川省政务微博账号数量逐年增长，其中不乏像成都发布、成都服务、成都地铁、成都共青团、成都高新等这样的优秀政务微博，它们在每年全国政务微博榜单上能跻身前列，但同时也存在很多传播力、服务力、互动性较差的微博，比如说有些"僵尸微博"一年到头也不发话；有些赶潮流盲目开通的微博，没有原创内容；有的微博千篇一律，没有个性和特色，发布的内容与自己的服务领域不沾边；有的微博在突发事件、舆论引导上反应迟钝，与网民群众脱节。

（二）成都一枝独秀，地区发展不平衡

2017 年四川政务微博城市竞争力指数如表 6-2 所示。

表 6-2　2017 年四川政务微博城市竞争力指数

排名	地区	传播力	服务力	互动力	竞争力指数
1	成都	97.94	80.15	87.39	88.02
2	巴中	69.30	46.36	56.71	56.87
3	自贡	67.17	39.58	58.51	54.58
4	宜宾	69.18	41.36	53.77	54.05
5	绵阳	67.97	40.75	52.64	54.04
6	眉山	70.52	40.57	52.64	53.78
7	遂宁	64.68	40.01	58.32	53.76
8	广安	69.22	33.59	60.04	53.54
9	德阳	69.18	39.32	52.25	52.80
10	南充	67.18	37.55	55.50	52.72

资料来源：《2017 年年度人民日报·政务指数微博影响力报告》。

从这一数据表不难看出，成都政务微博竞争力排名第一，紧随其后的是巴中、自贡、宜宾等，但是不论在竞争力总分上，还是在传播力、服务力和互动力上，第二名巴中都与第一名成都相去甚远，而后面的第二名至第十名差距都较小。成都地区政务微博发展及运营都较好，四川其他城市及地区却"拖了后腿"，政务微博数量和影响力都较小，比例严重失调。

（三）时效性不足，互动力还需提升

政务微博出现的时间较晚，缺乏丰富的运营经验以及成熟的发布机制，不少政务微博出现信息发布时效性不足、缺乏官民互动等问题。特别是在重大舆论面前，不少政务微博反应迟钝，甚至不表态、不做回复，导致舆论持续发酵，谣言肆意传播。

政务微博不仅用于宣传官方政策、实时更新政府资讯，还可以收集民意，实现官民互动，搭建一个社会化的政务交流平台。四川省政务微博在全国虽然表现不俗，《2017年年度人民日报·政务指数微博影响力报告》显示，在省份政务微博榜单中四川省位居榜首，但在互动力方面低于第二名江苏省；在城市政务微博榜单中，成都市虽然排名第一，但是在互动力指数上仍低于第二名南京市。由此可见，四川省政务微博在互动力上可以借鉴其他省份的有益经验，以实现进一步的提升。

五、四川政务微博运营策略

（一）健全政策法规，提高舆论引导水平

为了改变部分政务微博一盘散沙的失序状态，相关部门应健全政务微博运营的政策法规，明确职责归属，切实对政务微博进行督导督查，提升政务服务效能。

有的政务微博被网民"@"以反映问题，却经常不理不睬；有的收到不在其职权范围内的问题，不是推三阻四就是不搭理不回应；有的虽进行正面回应，却态度敷衍或表现失当，既解决不了问题，又破坏了政府的公众形象。针对这些情况，上级政务微博应及时催促，进行策略指导，线上线下协调处置，促使群众问题及时得到解决；同时，政务微博内部也要协同响应，准确定位，快速落实责任主体，帮助群众联系"沉睡微博"部门，发挥矩阵联动效应；从根源做起，提升政务微博运营人员素质，培养其媒介素养，做到合理分工，调配得当。

在面对突发事件或舆论热点事件时，政务微博要主动发声，积极参与，及时回应，在谣言扩散前及时引导舆论向真相靠近，安抚民众情绪，维护理性的公共舆论秩序。

2017 年 6 月 24 日，四川省阿坝州茂县叠溪镇新磨村新村组富贵山山体突发高位垮塌，事发后，救援活动的进展状况一直是各方关注的焦点。作为四川省阿坝州茂县县委宣传部的官方微博，微茂县官方微博全程跟进，用文字、图片、视频、航拍等多种形式，第一时间向社会各界公开救援现场的最新情况。这些微博获得网友大量关注，其相关微博累计阅读量超过 4 700 万次。除发布救援进展外，微茂县官方微博还在评论中耐心解答网友们的疑问，提醒网友不要擅自前往灾区救援。面对"救灾军车被强收费""救援水平落后"等质疑，微茂县官方微博迅速发博辟除谣言，政务机构的及时发声不仅让谣言不攻自破，也有效促进了灾难面前人心的凝聚。微茂县官方微博在这次应急发布中的专业性与高效率获得了大量网友的赞许。微茂县官方微博密切关注救援与安置活动的进展，及时发布权威信息，辟除谣言，在灾难面前切实发挥了政务微博在信息公开和舆论引导方面的重要作用。

微茂县官方微博的做法值得效仿，其他政务微博在面对突发事件或舆论热点事件时应主动出击、积极参与，做好信息公开及舆论引导工作。

（二）升级服务功能，健全联动机制

当前，政务微博不应只单纯地提供信息服务，而应将单一的模块化服务升级成聚合化的平台建设，应用大数据思维使政务微博发挥多元化的价值和力量。政务信息公开和共享是政务微博的重要功能，某一单一部门或单位掌握的信息量毕竟有限，在传递政务信息甚至解决突发事件或舆情热点事件时，需要多部门联合发力来提升微博问政的效果。

在升级服务功能方面，四川公安官方微博在私信栏开设户政查询、治安业务和出入境三大服务板块，创新政务服务方式，融入"智慧服务"元素，广大市民网友足不出户就可以办理相关业务，方便快捷。平安泸州官方微博的私信栏同样设置了平安泸州、业务咨询和便民服务栏目，市民可以在线进行违章查询、航班查询、火车余票查询和出入境等业务咨询，做到了切实为群众考虑，提高了服务效率。在加强体制内协同方面，四川旅游官方微博注重微博地域联动，始终保持与各大景区和当地自媒体之间的良性互动。峨眉山景区官方微博、乐山大佛景区管委会官方微博、九寨沟管理局官方微博和青城山都江堰景区官方微博等账号都经常出现在其微博内容中，联动的形式实现了四川旅游品牌的全面覆盖，将四川旅游资源最大限度地传播到目标人群中，在提升目的地知名度、深化地域特色、强势助推四川旅游等方面起到了明显的效果。

四川政务系统官方微博可以从内容建设、传播技巧和服务提供等方面，打通官方微博的壁垒，同一地域范围和职能范围乃至跨行业、跨地区的政务微博要形成合力，联动发展四川新媒体建设，共同打造民意发布的集散地、权威政策的传声筒和虚假新闻的降噪器。

（三）运用多种传播方式，形成传播合力

如今微博的信息发布内容已不再局限于140个纯文字，政务微博更应该综合运用漫画、动漫、短视频、移动直播、VR等多种传播手段提升宣传效果，扩大传播范围，增强影响力。随着移动互联网的迅速发展，短视频、直播等生动、直观的方式越来越受到欢迎，这一传播手段也越来越多地被运用到政务服务中来。

在四川政务微博中，遂宁公安官方微博巧用直播，带网民群众一起走进遂宁警营，参观战训基地，为直播平台带来了正能量。2016年8月4日，遂宁公安官方微博用秒拍视频推出防范通讯诈骗系列宣传片《好生点》，用说唱的方式劝告市民防诈骗，幽默诙谐地向市民介绍了新型骗术，视频一经推出，传播量突破万级，深受广大网友喜爱。四川公安官方微博相继举办"四川最美警察"和"四川特巡警大比武"两大活动，向广大网民群众展现了四川警察忠诚、忘我、勇敢的坚韧形象，微话题"四川最美警察""四川特巡警大比武"分别获得微博阅读量750万次和1 266万次，让网民了解四川警察，感受公安的温暖。

单一传播手段并不能满足受众日益增长的信息诉求，政务微博更应主动借助新媒体渠道，采用聚合化的传播方式提升传播效力，生动、灵活地落实民生服务，各机构或部门形成合力，通过传播打造品牌，提高网民关注度，从而凝聚共识。

（四）维持"粉丝"黏性，切实关切民生

四川省政务微博"粉丝"数超过10万的账号已达110个，其中9个是"粉丝"超过百万的微博大号。政务微博仅仅通过卖萌、搞活动不能吸引稳定的"粉丝"，政务微博要以个性化的内容和优质的服务，吸引"粉丝"主动关注。比如成都服务官方微博，7×24小时的工作制，通过整合各级各类政务新媒体资源，集中在网络上为市民提供办事咨询、问题反映、建言献策的渠道，切实提供用户体验，吸引了大量"粉丝"主动关注。这些政务微博"粉丝"大号目前已不用费心思考如何吸引"粉丝"，而是享受网民主动提供信息和线索的"粉丝红利"。很多政务微博在运营过程中形成了独特的风格和富有特色的品牌，有了专属的形象和标签，能带给网民良好的使用体验，增加"粉丝"

的数量。

如今，众多新媒体平台竞争日益激烈，基于优质"粉丝"的社交资产依然是各微博账号争夺的核心。在继续保持原有"粉丝"黏度的基础上吸引更多的新"粉丝"关注，是未来政务微博运营需要考虑的重要问题。政务微博只有提供个性化的资讯，满足群众多样化多层次的信息需求，及时回应舆论关切，解决群众问题，成为网民眼中独一无二的"小编"，才能奠定扎实的群众基础，实现长远发展。

第七章　高校新媒体

高校媒体的发展是社会媒体大发展的一个的缩影。高校媒体同样经历了从纸媒到广播电视媒体再到互联网媒体的时代。在不同时期的媒介生态环境下，媒体的发展呈现出各自的特点。现在的新媒体载体，不限于微信、微博等我们熟知的社交媒体，还包括各类媒体化的视频、直播网站，比如哔哩哔哩网站、YY语音等。这些新出现的媒体载体实现了内容、关系、服务的不断升级和融合。

一、高校媒体的发展

（一）传统媒体

在互联网普及前，各大高校进行文化传播和建设的载体是各类传统媒体，如报纸、传单、海报、横幅、黑板报、校园广播和校园电视台等。

报纸从诞生开始就是人类社会进行信息传播的重要形式。每个高校都有校报。报纸编辑部一般在学校宣传部领导的指导下进行工作，内容与学校的政策方针和重大活动一致。与我们平日阅读的都市类报纸和日报不同，一般高校办的报纸出版周期相对较长，出版量小，信息量小，信息相对滞后。由于发行的覆盖面不足和发行的工程量较大，校报在学生中缺乏影响力。在新媒体迅速发展的情况下，这些纸媒也结合互联网推出了可在学校官网查看的电子版，在一定程度上方便了学生的阅读。

在各大高校仍能看见传单、海报等传统纸媒，新媒体时代，这些传统的纸媒依然是学生进行宣传工作的利器。但是这些宣传方式大都存在耗费人力、物力，以及宣传范围有限等弊端。

校园广播内容轻松活泼，播放时间固定，因而也有一批固定听众。其优势是内容生产周期短，能保证内容新鲜性，可以根据听众的反馈对内容进行及时调整。从某种程度来说，广播的传送是具有一定强制性的，身处广播播放范围内的学生无法选择拒绝收听广播。校园电视台也普遍存在于各大高校，但相对于社会上的电视台来说，其内容制作周期较长，而且制作能力有限，导致内容、质量参差不齐，影响力有限，在高校媒体中存在感较低。

以上传统媒体并没有随着新媒体时代的到来而没落，目前仍存在于各大高校。

（二）新媒体

最初出现的校园网络媒体是学校门户网站。近年来，各高校除自己的官网外，还有教务处网站、财务处网站等各种为学生服务的网站。各大高校的官网逐渐取代了校报的文化旗帜地位，可以更及时、更全面地向学生和社会展示学校的形象。一些高校校园论坛更是成为同学间不可或缺的交流平台。

移动互联网诞生以来，数字媒体的社交功能凸显，以微博、微信为代表的新兴媒介逐渐代替了具备即时通信、基础社交功能的数字媒体。微信、微博等社交媒体不仅丰富了高校的媒体形式，而且拉近了学生与学校之间的距离。

近年来，媒介融合的大趋势也体现为高校新媒体平台的产生。各大高校的微博、微信官方账号几乎都是由原来的传统媒体部门运营管理。校园报纸和校园电视台的内容可以及时地放在微信公众账号上供师生阅览，实现了内容、渠道、人才和管理的融合。这样的融合可以使传统校园媒体中活跃且时效性要求高的内容及时被师生知晓。刊登时效性要求不高、具有深度的文章和新闻，可使传统校园媒体和新媒体实现优势互补。

二、高校微博的发展状况

（一）微博的发展

中国的微博平台兴起于 2010 年，并呈现了迅猛发展的态势，经由多轮的优胜劣汰，在所有的微博平台中，新浪微博一家独大。

微博改变了人们获取信息的方式，并逐步习惯于"碎片化"的阅读。2018 年 2 月 13 日，新浪微博发布了《2017 年第四季度及全年财报》，截至2017 年 12 月，微博月活跃用户增至 3.92 亿，其中 93% 来自移动端。2017 年，微博月活跃用户净增长 7 900 万人，同期微博日活跃用户增长到 1.72 亿。与此同时，微博的用户渗透率也进一步提升。中国互联网络信息中心（CNNIC）公布的报告显示，2017 年微博用户使用率提升至 40.9%，较上一年上升 3.8 个百分点。①

（二）高校微博的发展

微博时代的降临给高校宣传工作带来了重大改变，各大高校相继开通官方微博，将微博作为高校宣传的重点窗口。对于高校而言，微博是一个资源整合、宣传、公关的舆论阵地，在招生、咨询、就业等多个方面都有重要作用。对于学生而言，微博是集学习、交友、娱乐等功能于一体的社交网络平台。学校的官方微博成为学校与学生之间上传下达、互动沟通的信息分享和社交的平台。

2012—2013年，微博几乎覆盖全国的所有高校。《2016年中国高校政务新媒体发展报告》发布的数据显示，在全国范围内，开通学校官方认证的微博账号的高校数量已经占中国高校总数的40.6%；中国有1 168所高等学校开通学校官方认证的微博账号，所有的985和211高校全部包含其中。985和211高校的官方微博账号运营质量和水平较高，包揽了年度高校官方微博传播力前十强。

校园红人开始随着微博的兴起而大量出现。《2016微博校园红人榜&白皮书》公布的数据显示，2016年微博校园红人的"粉丝"规模达到1.24亿。数据统计发现，微博高校用户数量2014年比2013年下降10.3%，而2015年则有较大幅度增长，涨幅高达26.35%，2016年数据又逐渐回落。② 这几次的大起大落，从本质上讲并不是微博平台或者高校微博出现了某些问题，而是随着每年的招生与录取人数的基数的波动，正常地变动。

（三）高校微博的功能

1. 官方宣传平台

发布学校的官方新闻是高校官方微博最基础的功能，因此，高校官方微博首先是一个极具权威的"新闻发言人"。从扩大视野来看，高校官方微博更是一个学校宣传平台，对学校的招生宣传、形象塑造等方面起着积极作用。

相比于在传统的校园报纸、官方网站等渠道发布信息的时效性低和覆盖人群少的问题，通过高校官方微博可以更加便捷地使信息快速地发布，同时覆盖更广的人群。不少高考学生和考生家长也会通过学校的官方微博、微信公众平台来更好地了解学校。"微博迎新""微信迎新"不仅能全方位展示学校风采，

---

① 佚名. 微博月活跃用户达3.92亿 移动端活跃用户占比升至93% [EB/OL]. [2018-02-13]. http://www.chinanews.com/cj/2018/02-13/8448747.shtml.

② 微博：2016微博校园红人白皮书及榜单 [EB/OL]. [2016-11-22]. http://www.199it.com/archives/530320.html.

更能让考生和家长感到亲切和舒适。

2. 报道校园生活

官方微博是老师、同学以及外界了解学校的一个重要窗口，因此在内容设置上，校园生活应当是官方微博内容的"主旋律"。不论是校内外重大的新闻事件，还是校园生活、服务类信息，以及各大学生组织、社团开展的校内文体活动，甚至校园风云人物都是官方微博关注的主要内容。官方微博虽大多隶属于党委宣传部等部门，但它不应当成为一个"高处不胜寒"的宣传平台，而应该是一个"接地气"的内容生产平台。

除了学校的重大新闻、重要通知公告，官方微博应多关注校园内学生的身边事，契合开学、迎新、大学英语四六级、期末考试、节日、毕业季等不同的时间节点推出有意义、有深度的内容。能够引起学生强烈共鸣的内容才能获得更多的转发和评论，也有利于塑造官方微博的口碑。

3. 校园意见领袖与舆论应对

作为在学校内具有一定影响力的官方媒体平台，高校官方微博应当起到意见领袖的作用，正确引领大学生思潮，引导同学关注正能量的人和事。尤其是当突发事件发生时，要第一时间回应，表现出高度重视的态度，及时公布事件进程，应透明化、公开化，正确引导舆论，打击谣言，及时辟谣，降低事件的负面影响。

4. 服务师生

微博突出的功能是它的互动性，高校官方微博不能只是类似通知、新闻的简单发布，更要注重和"粉丝"在评论、转发等方面的互动。有关学校生活的通知、公告应做到发布及时、解答准确。高校官方微博的运营者应当定时查看微博私信，及时回复，帮助师生解决遇到的问题。还应该多发布一些有利于老师和同学们学习、生活的干货内容，比如讲座信息、论文写作指南、资料搜索引擎、优秀图书推荐等，条件允许时还可以举办一些线下活动。官方微博不仅是一个新闻发布的平台，更应是一个互动性很强的服务平台，要做到切实服务师生。

三、四川高校微博发展状况

（一）四川高校微博的特点

1. 总体数量较多

四川目前共有高校 109 所，其中本科院校 51 所，有 48 所本科院校开通了官方微博，有 3 所尚未开通官方微博。专科院校有 58 所，共有 45 所开通了官方微博，有 13 所尚未开通官方微博。总体来说，四川共有 93 所高校开通了官方微博，16 所尚未开通官方微博，开通官方微博的高校占比达到了 84.4%，在数量上处于全国前列。值得一提的一个现象是，这些未开通官方微博的高校大多有团委、学生会、社团、协会等开通的官方微博。所以从整体上来讲，四川高校都较为重视官方微博的发展。

2. 部分高校微博竞争力强

《2016 年中国高校政务新媒体发展报告》中提到，四川大学、西南交通大学两所川内高校荣获年度高校官方微博传播力前十强，在全国前十强高校中占据两席地位。就目前的运营状况来看，这两所高校在清博大数据的微博传播指数（BCI）每周的周榜和每月的月榜中依旧名列前茅，成都大学、成都理工大学、西华大学也极具潜力，几度跻身周榜前列。

微博发布的 2017 年第三季度的财报显示，微博平台 2017 年的日活跃用户数较上年同期净增约 3 300 万人次，达到了 1.65 亿，而在这之中，有 5 200 万个学生账号，适龄家长人数达 1.88 亿人，还有 18 万教育机构或教育从业者账号。① 大学生用户数量靠前的省市分别为北京、上海、广东、江苏、四川、山东、河南等。由此可见，雄厚的受众基础为四川高校微博的发展创造了有利条件。

3. 个别突出，整体不均衡

表 7-1、表 7-2 为四川省内部分高校官方微博的注册时间、关注数、微博数、"粉丝"数统计表，以上数据截至 2017 年 12 月 12 日。

表 7-1　四川省内部分高校官方微博情况（一）

微博 ID	注册时间	关注数(个)	"粉丝"数(名)	微博数(条)
四川大学	2013 年 7 月 15 日	512	206 945	10 305
电子科技大学	2014 年 1 月 17 日	565	283 933	7 921
西南交通大学	2011 年 10 月 19 日	521	234 025	20 779
西南财经大学	2014 年 6 月 12 日	556	50 649	6 138
西南石油大学	2011 年 4 月 19 日	587	35 131	8 628
西南民族大学	2014 年 8 月 26 日	603	22 944	7 417
西华大学	2010 年 4 月 13 日	674	60 482	12 676

① 佚名. 微博教育已开展 MCN 合作计划，联动教育机构利用流量引导转化 [EB/OL]. [2017-11-02]. http://www.jutui360.com/view-4931.html.

表7-1(续)

微博 ID	注册时间	关注数（个）	"粉丝"数（名）	微博数（条）
成都大学	2010年8月15日	699	69 977	18 880
成都信息工程大学	2014年10月25日	501	45 266	7 610
四川农业大学	2013年11月1日	528	58 615	9 917

表7-2　四川省内部分高校官方微博情况（二）

微博 ID	排名	微博数（条）	被转（次）	被评论（次）	原创（次）	点赞（条）	BCI
2017. 11. 5—11. 11							
西南交通大学	1	99	2 223	2 251	79	4 441	1 136
成都大学	2	98	701	3 183	69	3 790	1 082
四川大学	3	58	1 655	851	53	5 299	1 047
西华大学	4	54	680	1 152	52	1 832	1 004
成都理工大学	5	67	358	1 162	63	2 232	976
2017. 11. 12—11. 18							
四川大学	1	68	2 935	1 419	61	8 989	1 126
西南交通大学	2	106	1 806	1 662	84	4 585	1 104
四川师范大学	3	64	2 926	933	58	4 090	1 090
成都理工大学	4	68	448	1 969	67	3 480	1 028
成都大学	5	77	219	1 818	72	3 163	982
2017. 11. 19—11. 25							
西南交通大学	1	125	2 990	2 861	111	7 845	1 184
成都大学	2	101	818	1 882	97	5 179	1 077
四川大学	3	63	1 972	825	57	5 835	1 062
四川师范大学	4	67	712	1 027	62	2 749	1 010
成都理工大学	5	59	273	785	59	2 286	937

　　从表7-1、表7-2可以看出，西南交通大学、四川大学等高校整体发展较为突出，BCI传播指数较高。

　　以西南交通大学为例，根据其官方公布的数据显示，西南交通大学于

2011 年开通官方微博，2013 年开始品牌化运营，同年成立新媒体中心，微博、微信共累计"粉丝"30 万余人，其中微博"粉丝"超过 25 万人。西南交通大学官方微博开博至今，已发布微博近 2 万条，微博话题和图文阅读量数以亿计。在教育部新闻办公室、清博指数等各类排行榜上，西南交通大学新媒体综合影响力指标数次冲榜全国第一，连续 4 年获评全国教育系统新媒体宣传综合力十强、中国大学最具影响力新媒体十强等全国性荣誉称号。

但与此形成强烈对比的是，除去排名靠前的几所高校外，四川省内其他高校的官方微博处于发展相对滞后的状态，BCI 数值均不超过 1 000，甚至跌破850。例如成都医学院，微博"粉丝"为 1 万人左右，微博数为 5 000 余条，并且几乎每条微博转发、评论和点赞的数据都不超过 100 次，传播的效果不佳。

因此，从整体上来说，四川省内高校官方微博的发展呈现个别突出、整体发展还不均衡的状况。省内各高校应广泛开展校际交流，分享成功经验，协同发展，共同进步。

（二）四川高校微博发展模式

大多数学校的官方微博由党委宣传部主管，个别由团委主管。大体运作模式都是由指导老师负责，某一学生组织自主运作，有明确的分工和组织性。虽说各校的官方微博都是独立运营的，但是会成立一些联盟来抱团发展。

1. 四川高校新媒体联盟

四川高校新媒体联盟成立于 2014 年 12 月，是在教育部思政司、教育部新闻办和四川省教育厅的支持和指导下，由四川省内 25 所高校参加联盟，聚力融合，按照"创新、融合、共享"的原则发起并成立的。其官方网站在简介中写道："播报行业资讯，分享运营干货，点评高校新媒，促进整体发展。"四川高校新媒体联盟的成立为四川高校官方微博打通了相互交流学习的渠道，实现了资源共享，并且具有教育部门官方的大力支持与资源投放，为四川高校微博的共同发展奠定了坚实的基础。

2. 四川高校网络发展联盟

四川高校网络发展联盟成立于 2016 年 5 月 26 日，联盟由共青团四川省委宣传部指导，电子科技大学、微博校园共同发起。四川高校网络发展联盟是一个专门为高校网络文化建设搭建的交流、共享、提高、互助的合作平台。联盟深入实施"青年网络文明传播使者培育"计划，积极引导广大青年弘扬主旋律，传播正能量。由于电子科技大学在传播技术方面颇有成就，因此该联盟大多从新媒体传播技术方面为四川高校新媒体发展注入新力量。

3. 新浪微博校园渠道

新浪微博校园渠道是新浪微博针对校园专门成立的一个部门，其作用是为了推广微博和增加微博用户数量，挖掘潜在客户，细分市场，扩大影响力。

微博校园由共青团中央和新浪微博共同建立，其目的是丰富学生课余生活，弘扬社会正能量。微博校园通常会根据当期不同的社会热点策划不同的线上活动，如高考季、母亲节等，也会定期举办一些在线讲座。同时，每年微博校园都会举办若干大型线下活动，例如每年春季举办的"绿植领养活动"、每年秋季举办的"迎新活动"等。

微博校园渠道分为大区、省级、校园三个层级，以西南大区为例，西南大区包括四川、重庆、贵州、云南四个省，每个省都有省级主管、城市主管、人力资源顾问（HR）、城市微博运营、校园大使。校园大使是每个学校的推广人员，负责新浪大型活动落地，微博大屏幕推广等。HR 的职责是对每个校园大使进行考核，传达公司任务，进行培训。城市微博运营负责所在区域校园账号的运营，成都的校园账号为"@成都校园"。城市主管的职责是管理所在区域的所有校园大使统筹安排工作，承接各类活动，整理数据等。微博校园大使不太多的地区不设置省级主管。以四川为例，成都城市主管负责管理川内所有高校大使。校园大使、校园渠道运营、HR、城市主管均由在校大学生担任。

4. 高校学生微博协会

高校学生微博协会又称微博协会或新浪微博协会，是新浪微博在校园驻点的存在形式。自 2011 年首家微博协会成立至今，全国已有 300 多所高校成立了微博协会，发展态势稳步提升。

高校学生微博协会是由学生自发组建的，接受学校团委或者党委领导的，有组织、有纪律的学生组织，并且加入新浪在校实习生体系。高校学生微博协会能够为大学生思想政治教育提供网络平台，为高校学术交流及微博应用开发提供技术性指导和媒体资源支持，为学生提供绿色实习通道等。

在高校学生微博协会协助举办校内活动的过程中，新浪微博官方渠道能够提供活动推广、微博大屏幕支持、技术指导等诸多资源。以微博大屏幕为例，它已经成为校内举办大型活动必不可少的一个环节，微博大屏幕在实际操作中有非常强的暖场能力，还具有投票和抽奖功能。但是近几年，微信对此功能的开发力度明显大于微博。

5. 微博大学训练营

微博大学训练营是微博校园推出的一项品牌活动，旨在通过走进高校，让优质校园媒体人与行业内优秀导师进行顶尖新媒体思维的碰撞，搭建一个多方对话平台。校园媒体人可以获得导师的面对面指导，了解新媒体行业生态，提升一线校园新媒体人才的实操业务能力，进而推动新媒体在高校的发展。2017年5月20日，微博大学训练营成都站在电子科技大学开班，以"做更好的自己，做更好的传播"为主题。相比于上文所述的联盟，微博大学训练营更多地促进了各个高校微博运营团队之间的情谊。

（三）四川高校微博优秀案例

1. 大学生绿植领养活动

大学生绿植领养活动是由共青团中央、微博校园、中国绿化基金会联合发起的一项公益活动，旨在提升大学生的环保意识。2010—2017年，活动已开展7年，980万名大学生通过该活动领取了共计1.5亿颗怀抱绿色的种苗。

大学生绿植领养活动覆盖全国2 200所高校，四川省内各高校官方微博也积极参与到此项公益活动中。比如，四川师范大学采取线上线下相结合的宣传方式，同学们可以在微博中点击申领种苗，填写学校名称，之后在线下活动现场就可直接把绿色植物的种苗、小花盆和营养土带走。绿植种植出花朵之后还可以发微博"@"四川师范大学，官方微博会抽取一些同学，送他们精美礼品。绿植领养活动，以公益为切入口，精准定位校园用户，带动用户参与活动，并通过线下的活动沉淀口碑，以赠送小礼品的方式激励用户参与活动，在进行公益的同时进行良好的品牌传播。

2. 四川农业大学"水军"

这里的水军并非指收钱发帖的网络水军，而是对四川农业大学学生微博传播力的一种称赞。这个称号来源于一次校园活动。电影《万物生长》主创发微博称要走进一所高校和同学们亲密接触，并且会根据大家在微博评论的热情程度来选择去哪所高校。令人没想到的是，这条微博下面五万条热门评论全部被"四川农业大学"攻占，凑巧的是，第二天苏有朋也发了一条微博称要根据大家的评论来选择电影《左耳》宣传要走进的高校，下面的评论区又被"四川农业大学"占领。此前来过四川农业大学举办活动的刘同、饶雪漫也纷纷喊话苏有朋，让导演考虑一下去四川农业大学。最终，电影《万物生长》主创亲自回应称"四川农业大学的同学们好得行，梦想还是要有的，万一实现了呢？"因此，大家都说是川农学子刷微博刷来了明星，他们也凭借强大的刷屏能力被戏称为"川农水军"。据四川农业大学的学生们透露，"川农水军"之所以如此强大，是因为他们有一个爱刷微博的张强副校长，他们已经习惯于通过刷微博来表达诉求。

从这个案例中我们可以看到，学校领导重视新媒体，愿意让学生通过微博来表达诉求，既能更好地了解学生的思想，又能培养学生对学校的认同感。

3. 西南交通大学 120 周年校庆

2016 年 5 月 15 日是西南交通大学建校 120 周年的日子，但早在一年前的同一天，西南交通大学微博团队就展开了 120 周年校庆的策划，长线宣传了西南交通大学官方微博充足的原始积累，在关键时间节点重点宣传，让西南交通大学官方微博质量和数量大幅提升。西南交通大学新媒体积极创新、精心策划、主动作为，校庆晚会、纪念大会微博实时高清面向全球直播，创造了百万点赞新纪录和微博过亿的话题阅读量。西南交通大学推出了校庆系列原创，包括"把交大唱给你听""画给你看""读给你听""舞给你看""绣给你看"等多篇精彩图文。西南交通大学新媒体还进行了制作校庆表情包、校庆专属头像、校庆系列手机屏保等一系列线上线下活动，用不同的表现形式展现西南交通大学的风貌，展现"交大人"的风采。西南交通大学官方微博通过多渠道、多层级的新媒体联动，创造了高校新媒体传播校庆的新模式。

西南交通大学校庆宣传在新媒体的应用方面进行了多方尝试，真正做到了"72 变玩转 120 周年校庆"，此次校庆宣传还入选了四川省 2016 年度教育系统十佳教育新媒体案例。

四、高校微博发展的建议

高校微博是高校宣传部门的一个工作重点，如何将其运营好是需要跟随时代发展不断探索前行的。目前，只有部分高校微博能够维持在清博大数据指数 BCI 系数的中上等水平，大多数高校微博依旧有着巨大的上升空间，只有较少数的高校微博还未形成体系，处于搁置状态甚至被放弃。在此提出几点关于高校微博发展的建议。

（一）积极运用新技术

新媒体在本质上讲是新技术，如今的微博功能不仅是图文发布那么简单，尤其是 2016 年，直播、短视频等相关业务一夜腾飞。在短视频这个领域，国内市场竞争激烈，为了紧跟新媒体时代潮流，微博在视频领域进行了大力的资源投放。微博日均短视频播放量同比增长最高可达 159%。高校官方微博应紧跟潮流，创作官方大力支持的内容。

高校官方微博要积极运用新技术，比如在重要活动或学术讲座、晚会中进行微博实时直播，可以为因故而不能到达现场的受众提供便利，也有利于微博的"粉丝"增长。再比如拍摄学校场景的 VR 照片，让浏览照片的人可以跟随镜头立体地"走进"学校，还可以在某一地点留下你想说的话。这种形式不仅可以使已毕业的学生怀念母校，增加学生的归属感，也能让外界了解学校的校园风貌。

（二）打造优质内容

许多高校的官方微博内容大多流于形式，除了学校新闻，就是励志鸡汤，不受欢迎的内容必定得不到好的传播效果。对老师和学生来说只有真正有意义的内容才能得到广泛的关注和传播。高校官方微博在发布内容时应通过话题分类来区别新闻、通知、评论等不同类型的微博内容，这样不仅能方便发布者对微博进行归类管理，用户在搜索某一类需要的信息时也会更加便捷。

微博在发展过程中逐渐取消了140字的限制，微博长文章也渐渐受到大家的欢迎。与140字的普通微博相比，由于没有字数的限制，长文章在内容的表达上更加具体，可以使用户对信息的阅读、理解更为深入，加深用户对内容的理解和认识，同时还可以对文章进行转发、评论、点赞、收藏，甚至进行打赏。高校官方微博可以发布具有优质内容的微博长文章，或者与微信公众号进行内容共享，这样可以防止微信内容的闭塞，进行更加广泛的传播。

（三）更新时间规律化，提高原创性

一些高校官方微博在更新时间上没有规律，有时一天更新很多条，有时又好几天都不更新一条，或者寒暑假时直接停止更新。不规律的更新时间会影响微博的传播效果和影响力，让"粉丝"对其失去兴趣。因此，高校官方微博应注意让更新时间和大学生作息时间相吻合，固定板块在同一时间更新，这样有利于培养"粉丝"的阅读习惯。在寒暑假期间，也应当保持更新，提醒同学们度过一个安全、丰富的假期生活。

在内容原创性方面，高校官方微博要发布许多学校的新闻、通知等内容，但要注意发布的形式，不能只是简单地复制网站或文件上的内容，要尝试用一些更易接受的语言发布。尽量多发布原创微博，形成自己的内容和特色，才有利于聚集"粉丝"，即使在转发别人的微博时，也要加上自己的评论、转发语，不要直接转发。

（四）注重互动性，增强用户黏性

要想培养"粉丝"黏性，高校官方微博需要观察"粉丝"的注意力大多在哪里，可通过大数据分析建立"粉丝"画像。此外，和"粉丝"的互动也很重要。不论是私信、评论还是"@"，要多多和"粉丝"进行互动，有利于培养"粉丝"的忠诚度。同时还应做到关怀用户，增强用户黏性，无论是寻人寻物，还是就业服务，甚至心理疏导，只有真挚的互动才能换来用户的信任和支持。作为高校新媒体平台，高校官方微博要做到服务师生，关怀用户，增强平台和"粉丝"之间的黏性，这样才能称得上一个优秀的校园媒体平台。

在选题方面，多从学生身边的事入手，比如食堂的饭菜、洗澡的热水、创新创业培训，或者学校里的流浪猫狗。看似着眼很小的话题，实际上由于贴近学生的平时生活，往往更能引起较多的关注和共鸣。

（五）合理安排经费，发放"粉丝"福利

就目前来看，几乎所有品牌化运营的官方微博都投入了一笔数额不小的运营经费，每年从几万元、十几万元到几十万元不等，如何最有效地运用经费，实现最优的费效比，也是运营官方微博部门所需要仔细考虑的问题。经费的使用大致包括以下几个方面：一是年度评比的奖金，二是运营人员的基本补贴，三是"粉丝"福利。需要注意的是，学生加入团队更多应看重自身的发展及平台带来的机会，而非单一的金钱补贴，切勿本末倒置。在经费充足的时候，高校官方微博可以通过微博抽奖平台、微博热评等方式给"粉丝"发放福利，这有利于吸引新"粉丝"，增强已有"粉丝"的黏性。

四川高校官方微博一部分起步很早，早在2010年就已经注册，距今已有七八个年头，就整体发展而言，还有很长的路要走。虽说西南交通大学、四川大学等高校的新媒体影响力在全国排名较为靠前，但四川高校官方微博的整体发展与全国其他高校相比还有一定的差距。取得一定成果的高校应起到带头作用，帮助其余高校提升、进步。

五、高校微信公众号

高校微信公众号是高校新媒体运营的主要组成部分。本章通过对四川高校微信公众号的发展背景和现状研究，分析微信公众号运营对校园工作的影响，探索如何更好地将公众号运营应用到高校工作的方方面面，以提高校园工作效率，丰富校园生活。

（一）高校微信公众号的发展背景

1. 手机等互联网移动终端的普及

近年来，随着移动互联网的飞速发展，人们的工作和生活方式发生了极大变化，手机和电脑等终端设备成为人们日常工作和生活中必不可少的工具。中国互联网络信息中心（CNNIC）发布的第42次《中国互联网络发展状况统计报告》显示，截至2018年6月30日，我国网民规模达8.02亿，互联网普及率为57.7%。其中手机网民规模达7.88亿，网民通过手机接入互联网的比例高达98.3%①，移动互联网的主导地位进一步强化。随着高校移动互联网的普及，学生网民的数量以及使用手机上网的学生数量不断增加，这为高校新媒体发展提供了技术支持以及用户需求。

2. 微信媒介的快速普及

2011年1月，微信以即时通信的媒介定位诞生。根据微信团队在成都腾讯全球合作伙伴大会上发布的《2017微信数据报告》，截至2017年9月，微信的平均日登录用户已经高达9.02亿，较2016年增长17%。公众号月活跃账号数达350万个，较2016年增长14%，月活跃"粉丝"数达7.97亿。② 微信小程序呈现快速发展的态势，已发布的小程序覆盖的服务类目达到200个以上。微信用户群体中，18~25岁的比例高达45.4%。微信用户群体职业分布调查结果显示，学生群体占比为19.7%。可见，当代大学生中使用微信的人数极其庞大。微信公众号成为微信的主要服务之一，近八成的微信用户关注了公众账号，几乎每个行业、每个群体都有相关的微信公众平台。微信公众平台的迅速发展促进了校园媒体微信公众平台的发展。2017年4月，四川省高校微信公众号的榜单显示，当月活跃的四川省高校微信公众号有394个，分别来自98所高校。

3. 大学生受众群体的需求

当代大学生群体多是90后或95后，作为生活在小康社会的一代，他们最低层次的生活需求已得到满足，该群体目前最需要解决的是社交需求、尊重需求以及自我实现等高层次的需求。根据移动互联网时代场景营销的理念，需求为某种消费场景创造了机会。当今的移动互联网社交场景带来了对高校微信公众平台的需求。微信公众号是一个平台，把有相同兴趣相同需求的人聚集在一起形成一个社群。在大学中，有实际存在的一个个社群，依托微信公众平台形成了许多虚拟的社群，满足学生的各种需求。

当代大学生群体最明显的特征是"族群化"：他们可以在互联网上找到属于自己的部落，他们愿意加入兴趣社群，与和自己有相同爱好的人一起讨论交流；经济实力不够又想要出去看一看的学生可以在微信平台上找到志同道合者

---

① CNIC. CNNIC发布第42次《中国互联网络发展状况统计报告》. [EB/OL]. [2018-08-20]. http://www.cac.gov.cn/2018-08/20/c_1123296859.htm.

② 佚名. 微信9月平均日登陆用户数破9亿，月活跃老年用户5 000万 [EB/OL]. [2017-11-09]. http://finance.sina.com.cn/roll/2017-11-09/doc-ifynsait6775419.shtml.

组团出游；喜欢美食、汉服等小众文化的学生群体可以在学校找到或建立相应的平台实现自身的需求。这也使当代大学生对高校新媒体产生了需求，他们需要从各类新媒体平台上获取与自身相关的最新信息，也需要通过新媒体来反馈意见，以满足对信息的需求。

（二）全国高校微信公众号发展态势

掌上易数发布的《2016 中国高校新媒体蓝皮书》显示，2016 年高校新媒体中微信公众号覆盖率最高。2016 年校园微信公众号数量达到 80 000 个，其中官方微博占比为 34.4%。知名校园微博数量有近 40 000 个，知名校园直播播主数量、校园头条号等数量近万人。微信公众号和其他新媒体比起来，无论从数量还是影响力上来说，都是更为有力的传播手段。全国高校微信公众号覆盖大学生数量达 3 398 万人。在学校分布方面，截至 2016 年，高校微信公众号主要集中在本科院校，占 76%，是专科院校的 3.1 倍。通过对全国高校新媒体的调查发现，2016 年高校微信公众号运营团队人数为 21~50 人和 50~100 人的各占 30%。①

自 2013 年至今，校园微信公众号的数量一直处于增长态势。2015 年是高校微信公众号爆发式增长的一年，增长率达到 83.77%。很多高校团委以及学生会等学生组织有专门的部门负责微信公众号的运营，而且还配备了指导老师和经费。2016 年和 2017 上半年，高校微信公众号数量仍处于增长状态，但增长速度放缓，低于社会性微信公众号的增长速度。

由掌上大学微信第三方的统计数据分析得知，高校单个微信公众号的"粉丝"数量持续增长，2015 年平均每个公众号每月自然新增关注人数为 98 人，2016 年平均每月新增关注人数达 206 人，公众号的关注度和覆盖率持续增加。根据 2016 年高校微信公众号"粉丝"数量分布图可知，"粉丝"数为 1 000~5 000 名的公众号比例最高，"粉丝"数为 10 000~20 000 名的公众号占比达 5.32%。对校园公众号而言，"粉丝"数为 10 000~20 000 名的可定义为"腰部号"，"粉丝"数为 20 000 名以上的可定义为"头部号"。2016 年高校微信公众号的头条平均阅读量达 680，阅读量为 1 000~3 000 次的公众号占比达 11%。②

总体来说，微信公众号以其高覆盖率、高增长速度成为高校新媒体中极具

① 资料来源：《2016 年高校新媒体蓝皮书》，网址：https://max.book118.com/html/2017/0723/123686883.shtm。

② 同上。

影响力的媒介形式。高校微信公众号影响力如此之大，是因为它的高覆盖率、内容的多样性以及与用户的高互动性，成为校园各类社团和组织用来宣传自己和组织活动的重要平台。

（三）微信公众号对高校工作的影响

1. 影响高校的思政教育

高校微信公众号对于高校思政教育来说利大于弊，用好微信公众号，可以达到事半功倍的效果。它可以丰富高校思政教育工作的内容，提高思政教育工作的灵活性。要利用好高校微信公众号，加强对思政教育教师的信息素质培养；积极建立思想政治教育主题的网络平台，优化思政教学手段，注重大学生网络素质的提高，发挥思政教育的积极作用。

2. 影响大学生的价值观

和个人生活有关的资讯是受众订阅微信公众号最需要的内容之一。高校微信公众号中的内容与学生的物质和精神生活息息相关，对其的关注和阅读几乎成为了学生的日常所需，高校微信公众号内容会在潜移默化中影响大学生的价值观。

高校微信公众号给大学生打开了一扇了解校园工作的窗户。它有利于拓展价值观塑造途径，有利于提高学生的价值判断力，优化大学生的价值观。要合理利用高校微信公众号，正确发挥高校新媒体在塑造大学生价值观方面的作用。

3. 提高大学生就业率

四川省内高校微信公众号都涉及与就业相关的信息，四川大学有"川大就业"，西南交通大学有"西南交大就业"，西南民族大学有"西南民族大学招生就业处"等。各大高校学生可以通过微信公众号了解学校招聘会的最新信息，这在一定程度上拓宽了就业信息的传播渠道及传播范围，提高了大学生的就业率。

公众号发布的就业信息也涉及技能培训方面，影响学生未来的就业方向。微信公众号提供的技能培训，一种是微信公众号官方的培训，微信公众号会对自身的成员进行系统化培训，第二种是对学生实战经验的培训，这种培训的可操作性和实用性极强。

大学生群体对新事物的认知度及接受度较高，凭借其丰富的想象力、年轻人的执着和专业知识，成为微信公众号开发、应用、推广的主要对象。高效微信公众号为学生提供了一个很好的平台，增强了大学生的人际交往能力、创新能力和实践能力。

六、四川省高校微信公众号

（一）发展现状

1. 数量占比在全国较低

《2016 中国高校新媒体蓝皮书》显示，全国高校微信公众号的发展从区域分布来看，以经济发达的东部、南部地区的人口大省为主要阵地。根据数据统计，截至 2016 年 11 月底，中南地区的高校微信公众号数量占比高于华东地区，为 36.9%，华东地区为 25%，华北地区为 14.3%，而西南地区排在西北、东北之后，占比为 7.1%。从全国范围内来讲，西南地区高校微信公众号的数量占比并不高。

高校微信公众号在各省市的发展情况为：广东省以 14.98% 的占比远远领先于其他省市，紧接着是浙江占 7.95%，山东占 7.45%，北京占 5.28%，而四川以 3.17% 的占比排在第 13 位。可见四川省内的高校微信公众号数量占比仍较低。

2. 部分微信公众号竞争力强

由清博大数据 2017 年 5 月的官方大学榜可知，排名前 100 的高校官方微信号中，四川高校官方公众号占 8 个，分别是西南交通大学（第 10 名）、四川大学（第 11 名）、电子科技大学（第 22 名）、四川传媒学院（第 37 名）、四川农业大学（第 63 名）、西华大学（第 76 名）、西南民族大学（第 81 名）。

西南交通大学在 2017 年 5 月份获得的总阅读量超过 45 万次，头条阅读量超过 39 万次，平均每条消息的阅读量为 10 782 次，总点赞数为 8 776 次，微信传播指数（WCI）为 886.98，公众号数量为 21 个。四川大学在 2017 年 5 月份获得的总阅读量超过 37 万次，头条阅读量超过 35 万次，平均每条消息的阅读量为 13 245 次，总点赞数为 7 388 次，WCI 指数为 861.18，公众号数量为 13 个。电子科技大学在同时期获得的总阅读量超过 24 万次，头条阅读量超过 24 万次，平均每条消息的阅读量为 9 233 次，获得的总点赞数为 5 265 次，WCI 指数为 799.65，其微信公众号总数量为 39 个。四川传媒学院获得的阅读量超过 22 万次，头条阅读量超过 21 万次，平均每条消息的阅读量为 9 320 次，获得的总点赞数为 1 708 次，WCI 指数为 722.77，微信公众号总数量为 2 个。四川农业大学获得的总阅读量超过 18 万次，头条阅读量超过 17 万次，消息的平均阅读量为 4 606 次，获得的总点赞数为 5 691 次，WCI 指数为 673.53，微信公众号数量为 11 个。纵观四川高校微信公众平台的发展，除了在数量上有劣势之外，部分高校微信公众平台在阅读量、点赞量方面优势还是比较明显的。

3. 和国内排名靠前的高校相比有一定差距

以清博数据平台 2017 年 5 月的数据为例，排名第一的高校微信公众号是浙江大学，浙江大学在 2017 年 5 月获得的总阅读量超过 182 万次，头条阅读量超过 137 万次，平均阅读量为 35 091 次，总点赞数为 45 956 次，WCI 指数高达 1 122.43，浙江大学拥有的公众号数量高达 64 个。在 5 月榜中，四川高校中排名第一的西南交通大学公众号数量只有 21 个，四川大学公众号数量为 13 个，其他各类数据和浙江大学相比也相差较多。

4. 与学校发展情况紧密相关

掌上易数数据平台发布的 2017 年 4 月的四川高校微指数排行榜上总共有 98 所高校，表 7-3 列出的是排行榜中位居前 15 位的高校和排行榜中居后 15 位的高校及其微信公众号的运营情况。

表 7-3　各高校排名及其微信公众号运营情况

排名	学校名称	公众号数（个）	总阅读量（次）	平均阅读量（次）	头条阅读量（次）	总点赞数（次）	学校概况
1	西南交通大学	15	587 473	39 165	555 075	19 228	211，特色 985，理工科
2	四川大学	17	600 115	35 301	540 025	9 013	211，985，综合类
3	四川传媒学院	8	271 906	33 989	267 828	2 107	普通本科，艺术类
4	电子科技大学	15	301 964	20 131	255 750	5 683	211，985，理工科
5	西南民族大学	12	232 767	19 398	210 983	5 761	普通本科，民族类
6	四川农业大学	9	223 166	24 797	202 622	7 506	211，农林类
7	西南财经大学	21	218 694	10 414	191 878	4 533	211，财经类
8	西南石油大学	15	258 746	17 250	174 951	7 303	普通本科，理工类
9	成都理工大学	11	203 265	18 479	170 562	5 631	普通本科，理工类
10	西华大学	10	155 636	15 564	152 576	6 946	普通本科，综合类
11	成都中医药大学	8	202 299	25 288	146 346	3 022	普通本科，医药类
12	四川师范大学	11	146 054	13 278	131 212	4 478	普通本科，师范类
13	中国民用航空飞行学院	2	131 995	65 998	130 941	1 923	普通本科，理工类
14	西华师范大学	9	126 541	14 061	125 583	2 941	普通本科，师范类
15	西南医科大学	9	204 470	22 719	106 537	5 107	普通本科，医学类
84	川北幼儿师范高等专科学校	1	7 300	7 300	3 801	423	高职，师范类
85	四川华新现代职业学院	3	4 140	1 380	3 599	98	高职，综合类
86	四川职业技术学院	1	29 029	29 029	3 483	426	高职，综合类

表7-3(续)

排名	学校名称	公众号数（个）	总阅读量（次）	平均阅读量（次）	头条阅读量（次）	总点赞数（次）	学校概况
87	内江职业技术学院	2	3 390	1 695	3 390	97	高职，综合类
88	四川汽车职业技术学院	1	3 669	3 669	3 386	98	高职，理工类
89	成都信息工程大学银杏酒店管理学院	1	2 217	2 217	2 072	70	高职，管理类
90	南充职业技术学院	2	2 437	1 219	1 550	70	高职，综合类
91	四川文轩职业学院	2	3 745	1 873	1 181	62	高职
92	四川商务职业学院	2	1 188	594	1 160	63	高职，财经类
93	四川化工职业技术学院	1	939	939	763	29	高职，理工类
94	四川建筑职业技术学院	1	742	742	742	17	高职，理工类
95	四川应用技术职业学院	1	560	560	437	14	高职
96	成都艺术职业学院	1	267	267	257	35	高职，艺术类
97	四川机电职业技术学院	1	71	71	71	4	高职
98	四川文化产业职业学院	1	49	49	49	2	高职，综合类

从表7-3可以看出，高校微信公众号发展状况和高校发展水平密切相关。

（1）本科类院校微信公众号发展水平较高

排在排行榜前面的高校都为本科院校，排在前几名的是211、985院校。而排在排行榜后面的院校基本为高职院校。这和学校学生数量、学校对新媒体发展的政策等各种因素密切相关。通过对比发现，学校微信公众号发展水平和学校类别基本没有关系，电子科技大学和西南交通大学均为理工类院校，但它们微信公众号的传播影响力都比较大。

以清博数据平台2017年5月的官方大学榜为例，上榜的四川高校有西南交通大学、四川大学、电子科技大学、四川传媒学院、四川农业大学、西华大学、西南民族大学。这几所高校所拥有的微信公众号中，WCI指数最高的是西南交通大学的官方账号。该学校官方微信公众号由于其覆盖量较大和信息的重要程度较高，因此影响力也相对较大。

（2）发展水平差异较大，发展不平衡

2017年4月的榜单中，排名第一的学校西南交通大学有15个公众号，总阅读量将近60万次，平均阅读量接近4万次，总点赞数接近2万次，而排名相对靠后的高校的微信公众号数量小于4个，大部分高校微信公众号的总阅读数超不过4位数，最低的阅读数量仅两位数。由此可见，四川高校微信公众号发展的差距还是比较大的。

（3）高校微信公众号种类繁多

清博数据平台统计的四川大学有 13 个公众号，西南交通大学有 21 个公众号，西南财经大学有 25 个公众号。以西南财经大学的微信公众号为例，其 25 个公众号中有学校官方账号"西南财经大学"；有学院微信公众平台"西南财经大学继续教育学院""西南财经大学会计学院"等；有学生组织微信公众平台"西财学生社团服务中心""西南财大研究生会"；有学校部门微信公众号"西南财经大学图书馆""西财就业""西财校招"等；有团委主管的"青春西财"。西南财经大学公众号的类型基本覆盖了学校各部门。

（4）部分高校微信公众号利用率低，传播资源浪费

以西南财经大学的微信公众号为例。清博数据平台上显示的西南财经大学的 25 个公众号中，WCI 指数超过 500 的只有 3 个，超过 400 的只有 8 个。

（5）内容侧重点各不相同

四川高校微信公众号文章大致分为四类，一是和学生生活相关的，二是介绍本校同学老师的，三是有关学校所获荣誉的，四是对学校进行介绍的。受众对文章的喜爱类型大致相似，主要集中在上述四个方面。但是通过梳理上述四所高校排名前 10 的文章发现，各个高校发布文章的侧重点不同。西南交大侧重于发布介绍交大的内容，川大侧重于发布有关学校同学的内容，电子科技大学侧重于发布有关学校荣誉的内容，而四川传媒学院侧重于发布和学生生活相关的内容。

（二）运营趋势

1. 数量将持续增长，影响力将进一步扩大

从全国统计数据来看，高校微信公众号一直呈增长态势。而且，显然川内很多高校的微信公众号数量没有达到平均水平，鉴于微信公众号的发展方兴未艾，四川高校微信公众号数量将进一步增长是必然的。随着微信公众号便捷性和重要性的进一步提高，在未来，微信公众号的影响力必将进一步扩大。

在中国，移动互联网时代，最大的网民群体是学生，手机等移动终端设备上网比例远超 PC 端上网比例。大学生群体越来越多地从微信公众平台获取各种有效信息。因其传播成本几乎为零，公众号文章的传播量和传播速度远远超过传统媒体，因此微信公众号也逐渐成为官方甚至教育部门的宣传渠道。但是要想充分发挥微信公众号的宣传作用，就要真正做到"外塑品牌、内聚人心"，尊重微信公众号的传播特点，用"分享共赢""用户至上"的互联网思维和"以人为本""人才为先"的理念推动微信公众号的发展，让高校新闻宣

传更接地气，有人气，显大气，使高校微信公众号可以在官方宣传上发挥越来越重要的作用。

2. 利用微信公众号资源，发挥其应有的作用

从前文数据中我们可以了解到，并不是所有的高校微信公众号都有良好的传播力和影响力。部分公众号发布频度低，内容质量不高，"粉丝"少，阅读量少，影响力非常小甚至可以忽略不计。在未来高校微信公众号的发展中，应该继续大力支持主要微信公众号的发展，同时兼顾影响力较小的微信公众号的发展，充分发挥公众号的价值。

3. 提高川内高校微信公众号在全国的影响力

东部沿海地区的高校微信公众号发展水平较高，川内高校微信公众号发展水平和部分东部沿海地区的高校微信公众号发展水平相比还有一定差距。川内高校微信公众号可以从公众号运营者、受众、传播效果、反馈等几方面下手，找到自身缺陷，努力弥补自身不足，增强自身竞争力。

第八章　车载移动电视

如今，在很多城市，堵车成为一种常态，越来越多的人选择通过乘坐公交或地铁等公共交通工具出行，车载移动电视日渐兴盛，成为"行走的传播工具"。

车载移动电视的核心是移动数字信号，采用当今世界先进的数字电视单频网技术（地面数字电视广播方式系统），通过无线数字信号的发射、地面接收的方法来进行电视节目的传播。移动中的交通工具只要安装了相对应的接收设备，并且使用规定的适当尺寸的液晶显示屏，就可以即刻接收到来自移动电视独家提供的各式各样的数字电视资讯信息。

移动电视针对的对象群体是一个较为特殊的人群——移动人群。这部分人群的移动模式一般较为固定，在移动过程中恰好处于传统电视覆盖的盲区，因此成为移动电视主要的传播对象。目前，移动电视覆盖公交车辆、地铁站台及车厢等，拓宽了传统媒体——电视的覆盖范围。

一、发展概况与特征

（一）成都地铁公交发展概况

《四川省"十三五"综合交通运输发展规划》（以下简称《规划》），明确了"十三五"期间四川省综合交通运输发展的目标是：全省综合交通运输建设规划完成投资 10 300 亿元。其中铁路完成 2 300 亿元，公路完成 4 800 亿元，水运完成 200 亿元，民航完成 900 亿元，城市轨道交通完成 2 100 亿元。到 2020 年，基本建成"互联贯通、功能完备、无缝对接、安全高效"的现代综合交通运输体系，建成西部综合交通枢纽。覆盖更广泛、结构更优化、衔接更顺畅、服务更优质、运行更智慧、生产更安全、发展更绿色，适应全面建成小康社会的需要。①

1. 地铁

"十三五"规划提到，四川省 17 个市州会相继规划并启动建设城市轨道交通的相关项目，包括简阳、绵阳、宜宾、泸州、内江、达州、广元、乐山、眉山等，谋划与成都无缝对接的交通战略，包括现代有轨电车、轻轨、地铁、快速公共交通等形式。

截至 2017 年，成都已经规划了 46 条轨道交通，总里程达到 2 450 千米，是目前全国规模最大的城市轨道交通线网规划。随着地铁 4 号线二期、首条机场专线地铁 10 号线、首条环线地铁 7 号线的开通，成都地铁正式迈入"井+环"线网时代。2018 年 2 月 28 日，成都地铁线网单日客运量达到了 331.41 万乘次。高乘次意味着观看车载移动电视的乘客的数量庞大，这些乘客流动在不同的地铁线路和公交线路上，成为车载移动电视的传播对象。

成都地铁一般有 6 节车厢，一个车厢内有两个车载移动电视，分别位于车厢两侧，地铁移动电视屏幕上是中英文对照显示的，右上角有"Metro TV"的标志。公交车上一般有两个车载移动电视，分别位于车内的前后两端。目前，成都公交车和车站已实现大部分覆盖免费行动热点（Wifi），2015 年成都公交提供"巴适公交"手机软件，可供乘客查询公交车辆的位置、车次等信息；从 2010 年 9 月 27 日下午 4 时开始，公交开始全面接驳地铁；2016 年新增 20 条线路，无缝对接地铁 4 号线。成都地铁也在逐步实行 Wifi 全覆盖，目前已实现移动、联通、电信 4G 网络全覆盖，自 2017 年 4 月 6 日起，成都市民乘坐成都地铁 1、2、3、4 号线时可以免费试用成都联通提供的 4G 免费流量。

2. 公交

随着成都地铁的飞速发展，公共交通线路也随着地铁的发展而改变，多条公交车线路受到新开通地铁站口的影响，进行相应的便民调整。新开公交线路往往会与地铁线路同步开通运行。

目前，成都市道路建设取得了非常显著的成绩，在较短的时间之内就对一些重要路口与街道进行了拓宽和改造，已经建成了蜀都大道，一、二、三环路，绕城高速公路等多条重点公交线路。2017 年，成都提升了常规公交服务水平。已布局完成常规公交线网，新增了公交地铁换乘接驳点，加快了公交场站的建设，覆盖了城区公交服务。如已开通运营的金凤凰大道快速公交

---

① 四川省政府新闻办.《四川省"十三五"综合交通运输发展规划》新闻发布会 [EB/OL].[2017-04-10]. http://www.sc.gov.cn/10462/10705/10707/2017/4/10/10419591.shtml.

（BRT）、日月大道快速公交，并且新开及新调整的公交线路40条以上，新增公交延时服务线路10条以上。①

（二）成都车载移动电视发展概况

目前，成都市车载移动电视的发展呈现出"三足鼎立"的局势，其一是成都华视移动电视，这是成都电视台和华视传媒的共同产物，也是最早在成都开通的移动频道。2005年5月18日，成都移动数字电视公交频道开通，成都电视台移动频道实现首播。其二是CCTV移动传媒，这是由巴士在线传媒与中央电视台合作开展的移动电视业务，于2007年12月18日正式开播。其三是四川广电星空数字移动电视，于2006年9月29日开播，它是四川省广电集团开办的移动数字频道，也是全国首家实现全省覆盖的移动电视。

四川广电星空长虹数字移动电视约7 000套终端，80%覆盖成都市二环内，占成都总线路的75.5%，日覆盖317万人次，长时间、高频次播出，每天从早上的6点至次日凌晨1点，播出时长大约为19小时。除了公交车，车载移动电视还覆盖了成都出租车、成都红旗超市门店（全覆盖），增值资源还包括高校校车、卖场接送车、四川航空接送车、8座卫星城市。三个车载移动电视的运营主体，在地铁车厢电视、地铁站台电视和站厅电视、公交车载电视等空间相互竞争和共存，成为人们移动生活中碎片化信息的来源之一。

四川广电星空数字移动电视的栏目包括：《今晚8：00》《成视新闻》《气象预报》《唱响星空》《星空放映室》《星空城市剧场》《星空快乐坊》《妙哥说事》《星空汇生活》《星视听》《星空爱生活》《星空娱乐淘》《星空微电影》《星空综艺派》《仁品星空放映室》《星空城市剧场》《星空魅力剧场》《美食成都》等。

巴士在线的电视栏目分为常态节目、特刊节目以及特别节目等。常态节目有《华语巴士音乐榜》《影视赞着看》《我拍秀》《游戏风云榜》《哎呦我好红》《爸爸厨房》，特刊节目有《巴士大人物》《影响力100》《旅行游GO乐》《游戏泡泡堂》《我爱微电影》《我爱大美丽》，特别节目包括《芭娜娜小姐》《频道宣传片》《4亿大明星》《明星节日祝福》等。

地铁移动电视与地铁报《新城快报》同属地铁传媒公司。地铁电视Metro TV一般包括视界、娱乐、科普、咨询等栏目，资讯包含"一周热微博""一周排行榜"等，还有"百部看四川"的节目设置，介绍四川文化如杜甫草堂的

---

① 佚名. 成都将于2022年全面建成智慧交通体系［EB/OL］.［2017-06-27］. http://www.chengdu.gov.cn/chengdu/home/2017-06/27/content_930121224ce44640a21551a44193b0a1.shtml.

历史背景。另外，成都地铁还发起"书香漂流"活动，以图书的借阅和传递，来提升现代人阅读的兴趣和频率，很大一部分人就是通过地铁电视的宣传得知该活动，进而参与到活动中。2017 年 6 月 7 日起，成都地铁传媒地铁电视频道正式与"二更"视频携手，为地铁乘客们开创全新生活记录类栏目，让人们观看到地道的成都故事。

（三）车载移动电视的特征

1. 强制收视

在一个封闭的车厢中，无论是公交还是地铁上的移动电视都只有一个频道，乘客没有机会和权利掌握"遥控器"，公交或地铁的密闭空间，也使得受众只能处于被动的接受状态。同时，车载移动电视也是人们用来打发乘车时空闲或无聊时间的手段之一，除了专心致志的"低头族"外，仍有许多其他愿意观看移动电视的乘客，他们或多或少地被移动电视所播放的娱乐性内容、广告内容吸引，在打发时间的同时获取信息。这说明，车载移动电视具有一定的到达率和收视率，而对此起作用的正是密闭的空间环境。

这是一种传播的垄断，利用空间的垄断来达到传播的效率。这种垄断在移动互联网的迅速发展下有着逐渐被打破的趋势，但依然产生了极大的效果。车载移动电视有利于人们放下手机，将对手机的注意力和依赖性转移，融入周围的环境。

2. 覆盖广、移动性强

公交车和地铁的客流量一直保持着较大的基数，且运行时间较长，通常情况下，公交车的运行时间一般为 6:30AM 至 11:00PM，夜间公交车则另当别论，地铁的运行时间一般来说也是 6:30AM 至 11:30PM。在最能体现"时间就是金钱"的当代社会，"堵车"会带来时间上的消耗和浪费，越来越多的民众选择公交或者地铁这样的出行方式，这使车载移动电视的内容得到了较好的传播。

自 2016 年起，随着城市的扩建和发展，成都地铁建设突飞猛进，公交线路和公交车数量不断增加和改变，车载移动电视的覆盖范围扩大，得到了进一步的发展和推广。

3. 碎片化

公交电视和地铁电视是典型的分众化媒体，其碎片化的特点体现在生存环境、传播环境上：一是媒介市场的碎片化导致了受众的时间、场地甚至思考模式的碎片化，而移动电视的传播对象在年龄、文化程度、收入等方面更是存在较大的差距。二是传播时间和空间的碎片化，因传播对象的流动性和随机性极大，故电视的传播时间被乘客的乘车时间和停留时间所分割。三是受众分散的注意力。受网络信号等状况的限制，公交电视与地铁电视有时会因为网络基站覆盖率的问题，或由于列车的高速行进而容易出现信号中断和画面闪烁的现象，需要等待一些时间来进行缓冲，才能恢复收看，这显然会给观看者造成不适，分散了观看者的注意力。

二、车载移动电视存在的问题

（一）传播形式单一，重复率高

1. 电视内容原创性少

一些电视内容简单，不需要受众花费时间、精力去理解。但也正是这种简单，导致了一些电视内容低俗和无意义。在公交电视和地铁电视上，新闻信息显然被忽略。新闻信息通常以字幕的方式在最下方滚动，由于人们没有盯着流动性文字阅读的习惯，极少有人会注意到这些新闻。受众注意力被聚焦在微博热搜排行榜等相对有趣的内容上，这些内容出现的频率较低，出现的时间较随意。

2. 节目编排不合理，广告节目制作粗糙

车载移动电视没有对时间、线路、站点的设定进行有特色的编排规划，有时候广告的放送过于频繁，且同一广告在同一时间的重复率可达到 5 次之多。应重视广告内容，激起用户消费欲望。乘客乘车时间短暂，车载移动电视节目内容板块较小，而广告却占据了较多时间，一些受众刚刚才被节目内容吸引而投入情绪时，就被突然出现的、冗长的广告打断，这势必会引起受众的不满，进而对电视节目内容产生抵触情绪。

3. 节目传播单向

目前的车载移动电视节目虽然涵盖了多种多样的节目类型，但具备高质量内容的节目依旧缺乏，加之频道选择权不在受众的手中，遇到广告无法调频，在密闭的空间中，受众只有看与不看的权利。而电视是声画并茂的，即使不看画面，受众也能听到电视上播放的内容，尽管只是几个关键词的拼凑，这种垄断和"非人性化"的特点也会影响受众对节目的关注度和满意度。

（二）传播对象不可控

1. 受众对车载移动电视媒体存在逆反心理

其原因包括以下这些方面：受众的实际感受与内容差距过大；广告与新闻"事实"虚假或同实际事实相悖；受众对传播者不信任；对传播内容与其实际需要不相适应而产生反感，对不当传播形式产生反感，对传播情景不适产生反

感；陈词滥调超出受众的心理承受限度等。① 公交电视和地铁电视的内容和形式方面存在的问题，正是引发受众逆反心理的主要原因。

2. 受众数量庞大，具有较大的随机性和临时性

车载移动电视媒体的收视群体数量庞大且流动性强，加之受众对节目的个人需求以及自身情况，如教育程度、兴趣等存在差异，对车载移动电视节目内容的要求也不尽相同，乘客的差异性是车载移动电视媒体需要考虑和重视的问题。人们的乘车行为本身具有较大的随机性和临时性，观看电视只是为了打发时间，当途经各个站点时，可能因中途下车不能继续收看节目，其观看行为自然也具有很强的随机性，这就导致了受众观看电视的时间长短不一。

（三）手机媒体的强势竞争

由中国互联网络信息中心与四川省互联网信息办公室联合发布的《2016年四川省互联网发展状况报告》显示，截至 2016 年年底，四川省使用手机上网的用户达到 3 343 万，占四川省总体网民的 93.5%，手机依然是四川网民的首选上网设备，上网比例远超台式机（65.8%）和笔记本电脑（33%）。2016年，根据 QuestMobile 的监测数据，当年四川省网民手机应用在线时间最常的应用类型为即时通信类，其次为在线视频类和手机浏览器类，通过对前十名的应用类别进行区分发现，社交、娱乐、购物三类需求是推动四川省网民持续使用手机上网的主要因素。②

现代人对手机的需求极大，"低头族"正成为公交和地铁上的一大景观。公交和地铁乘客使用手机的行为大致可以归纳为以下几种，一是社交类，使用微信、QQ、短信和微博等社交工具，乘车的同时进行人际交流、信息传递和接收；二是观看类，浏览小说、新闻资讯，观看已缓存的电视剧、综艺节目等；三是娱乐类，玩游戏和听音乐等。

比起车载移动电视播放的大量广告内容，人们更愿意通过手机在网络中搜索自己感兴趣的信息。免费 Wifi 的覆盖和免费流量的供应，为人们使用手机媒体提供了更多的便利。人们在以下几种情况可能会选择观看车载移动电视，一是没有座位的时候，站着需要拉好扶手，且人群拥挤，这种时候可能会选择不玩手机观看电视节目；二是在公交和地铁上看手机会出现晕车的情况；三是结伴而行的人群，伴随聊天节奏，偶尔观看电视节目。除粗糙、低俗的电视广告内容无法吸引受众注意力之外，人们已经养成了对手机的依赖和习惯，就连

---

① 张鸿梅. 地铁媒体受众逆反心理研究 [D]. 广州：暨南大学，2009.

② 佚名.《2016 年四川省互联网发展状况报告出炉》手机网民超九成 [EB/OL]. [2017-05-24]. http://scnews.newssc.org/system/20170524/000782472.html.

新浪微博手机客户端的标语都是"随时随地"，手机的便捷性和高使用率对公交电视和地铁电视形成强势的竞争，从而造成受众的大部分注意力流失。

三、车载移动电视发展的对策建议

梅罗维茨将社会场景看作一个信息系统，他认为，媒介场所与物质场所是同一信息系统的组成部分，共同构筑人们的社会交往模式和信息传播模式。公交和地铁所营造出来的空间，作为一种公共空间，为人们提供了一个社会交往的物质场所，这个场所改变了人们的信息接触与传播方式，从而形成了一种虚实相生的信息流动模式。① 一方面，在相对封闭的环境中，人们通过互相交谈、观看移动电视等方式实现信息流动，这是一种"现实交往"；而另一方面，人们通过社交媒体的传播，呈现了移动化和社交化的特点，用户在虚实场景中切换。在这种新的融合场景下，如何让移动电视媒体焕发出新的生命力，值得我们好好思考。

（一）契合媒体特性，突出"快乐乘车"的理念

移动电视媒体应立足城市、依托城市、侧重城市、服务城市，积极传播地域文化，展现本地魅力，突出地方特色，吸引广大群众去消费，提高地区的经济发展实力。车载移动电视的大多数受众是在本地生活、工作的居民，对所在城市的文化有一定的认同感。成都地铁近几年就在地铁站和地铁车厢内布置与蜀文化相关的内容，有利于城市文化的传播，但在移动电视中，乘客观看到地方色彩浓厚的节目的几率较低。成都车载移动电视若能有效调节本土内容的播放频率，引人关注，便能成为展示成都城市良好形象的一个窗口。

（二）细分受众，满足大众需求

在引进播放节目时，要考虑公众需求，提高节目质量，增强其创新性，把握传播节奏，突出其短小、精干、犀利的特点，杜绝质量低劣的节目出现。乘客具有相对固定性，这里的"相对"指的是有这么一群人，比如上班族和学生，他们每天乘车的时间几乎是固定的且集中在早晚高峰期，相比其他随机性较大的乘客群体来说，这类人群的兴趣和习惯是比较好把握的。成都车载移动电视可以根据不同时间、路线和人群，以及可能掌握的乘车人群的集中特点，来考虑移动电视节目的设置和安排。比如：在早高峰时段，针对学生群体和上班族，提供新鲜的新闻资讯等服务性较强的节目；针对中老年人群出行的其他时段，可以安排一些适合他们收看的健身节目或是养生类节目；在晚间的放

---

① 陈红，王佳炜. 移动互联网时代地铁媒体的场景化 [J]. 当代传播，2015（7）.

学、下班时段，可播放一些娱乐资讯或轻松搞笑的节目，让辛苦了一天的学生族与上班族放松一下心情。另外，由于地铁路线的不同，乘客特点也存在一定的差异，对此需要进行更加细化的分析，来调整电视节目。

（三）利用人们对手机的依赖，增强互动性

电视媒体长期的缺点就在于与受众的互动性不足。成都车载移动电视首先可借助媒体融合的力量，建立车载移动电视的社交媒体平台，如开通微博、微信公众号，根据受众的建议和意见，从而对自身的节目设置进行适当、及时的调整。杭州等地已设有专门的移动电视网站，但成都还没有建立一个整合此类信息的专门网站或组织。移动电视设立反馈渠道，通过官方微博、微信，收取公众对电视节目的意见与建议，让公众在乘车期间就能发表意见，并合理采纳其意见，以此来改进节目，以获取受众更多的关注。

（四）合理调整和编排节目内容

在激烈的传媒市场上，"内容为王"已经是不言而喻的事实，如何让移动电视内容持续吸引人们的注意力并且保持新鲜感，变被动接收为主动观看？除了要在原创内容上下功夫外，还要根据对公交和地铁受众的分析，在以下几个方面进行强化和设计：一是新闻资讯。信息爆炸时代，尽管信息接收处于超负荷状态，人们对新闻资讯的需求仍是极高的。二是生活资讯类。由于公交和地铁属于公共交通工具，因此，车载移动电视应考虑从服务市民的角度出发，提供切实、便利的生活资讯类信息。三是娱乐短片。目前，成都公交和地铁已经有意识地播放娱乐性的内容，比如微博 TOP 榜、搞笑短视频等，给人以轻松、舒适的感觉，不易遭到受众的排斥。应注意以下几点：

1. 弥补语言信息的缺失

由于公交和地铁收视环境具有特殊性，车辆具有移动性，且乘客频繁上下车，以及嘈杂的环境对电视声音有消解的作用，乘客注意力容易被分散。人潮拥挤的车厢里，人们难以看到小屏幕上播放的内容，就会产生莫名的不适感，从而将注意力转移到其他方面。成都车载移动电视可以借用无声电影的妙处，屏幕文字在交代时间、介绍背景、人物对白方面发挥着重要的作用，把屏幕文字图形化，让观众看到的屏幕文字可"读"，可"看"，可"感"，减弱观看环境移动性带来的不适感。

2. 把握栏目时长，控制节目节奏

广告收入是车载移动电视生存和发展的依据。成都车载移动电视应注重节目的"短小精干"。由于乘客短暂性的停留和乘坐，节目内容应短小、精练，让受众的注意力可以在一个极短的时间内被吸引，为此要把握好内容长度、情绪长度和节奏长度，以画面精美、声音明朗、字幕显示清晰为追求目标，使观众领会其中表达的深层意义，进而产生共鸣。注重内容的多样化，有效减少纯广告播出的频次，使节目能有效吸引乘客的注意力。

在如今"碎片化"的传媒时代，四川车载移动电视虽然仍存在着一些不足，但只要把握其碎片化的传播特点，遵循其特有的传播规律，运用个性化的传播手段，生产有价值的媒介产品，扬长避短，就一定能赢得受众的青睐。

第九章　旅游新媒体

一、经济发展促进旅游业的良好发展

近年来，我国国民收入随着国家经济的快速发展而持续增长，国民的物质生活水平得到空前提高，消费能力显著加强。越来越多的人们愿意走出去，这对我国的旅游业来说，好比是打了一支"兴奋剂"。

（一）我国旅游业快速发展

2015 年，我国出游人数就已经超过 41 亿人次，人均出游达到 3 次，在 41 亿的游客人数当中，国内自由行人数占比达到 96.5%，该数据与 2014 年相比增长了 0.1%。随着国内交通便利程度、景点规范化水平等相关条件的不断改善，我国游客出游时，更加喜爱"自由行"的方式。2015 年，中国出境旅游人数达到 1.17 亿人次，其中出境自由行人数占比为 62.5%，与去年相比下降了 1.6%。

2016 年，我国旅游业蓬勃发展。国内旅游人数为 44.4 亿人次，收入为 3.94 万亿元，分别比上年增长 11% 和 15.2%；入境旅游人数为 1.38 亿人次，实现国际旅游收入 1 200 亿美元，分别比上年增长 3.5% 和 5.6%；中国公民出境旅游人数达到 1.22 亿人次，旅游花费 1 098 亿美元，分别比上年增长 4.3% 和 5.1%；全年实现旅游业总收入 4.69 万亿元，同比增长 13.6%。全年全国旅游业对国内生产总值（GDP）的综合贡献为 8.19 万亿元，占 GDP 总量的 11.01%。旅游直接就业 2 813 万人，旅游直接和间接就业 7 962 万人，占全国就业总人口的 10.26%。[①]

2017 年，国内旅游市场高速增长。国家旅游局发布的信息显示，国内旅游人数达 50.01 亿人次，比上年同期增长 12.8%；入出境旅游总人数为 2.7 亿人次，同比增长 3.7%；全年实现旅游总收入 5.40 万亿元，增长 15.1%。全年

---

① 徐万佳. 全域旅游推动旅游经济实现较快增长 [N]. 中国旅游报，2017-11-09（1）.

国际旅游收入达 1 234 亿美元。①

（二）四川旅游业日渐繁荣

具有丰富旅游资源的四川省紧跟步伐，旅游业日渐繁荣。2018 年 1 月 25 日召开的四川旅游工作电视电话会议发布的信息显示，四川共接待国内游客近 7 亿人次，达到 6.69 亿人次，接待入境游客 336.17 万人次，同比增长 9.9%，实现旅游外汇收入 14.47 亿美元，同比增长 16.7%，旅游总收入超过 8 900 亿元。② 四川位于中国西南部，向来有着"天府之国"的美誉，四川省省会城市成都，位于四川盆地西部，夏无酷暑，冬无严寒，具有丰富的自然资源，自古以来为许多文人墨客青睐。近几年，成都更是变成了一个"网红"城市，被称为"来了就不想走"的城市。四川因为其丰富的旅游资源，吸引了越来越多的游客，似乎所有的游客都有机会在四川寻觅到自己钟情的景色：热爱自然风景的游客，会被风景瑰丽如同奇幻世界一般的九寨沟以及秀甲天下的峨眉山吸引；钟情于历史的游客则能够在金沙、杜甫草堂、望江楼公园等处获得巨大的乐趣；想要体验时尚却又舒适的都市风光的游客，一定会喜欢春熙路和太古里；想要静静品味风光的人，可以在青城山和都江堰得到片刻的宁静……这些人们耳熟能详的景点让四川成为最受游客们喜爱的省份之一，此外，四川还有着极为丰富的非物质文化遗产，这也成为吸引广大游客的一大亮点。

四川是一个拥有多元民俗文化和风情的多民族省份。此外，四川还拥有着三国文化、古蜀文化、诗歌文化，宗教文化和以川菜为代表的美食文化等各种文化。四川省历史悠久、物产丰富、民族众多，这些特点让四川成为非物质文化遗产产生和传承的地方。据有关统计数据显示，在联合国教科文组织的保护名录中，四川省有 4 项非物质文化遗产，在国家级非物质文化遗产保护名录项目中有 139 项非物质文化遗产来自四川。四川省的非物质文化遗产数量在全国范围内名列前茅。成都的"国际非物质文化遗产博览园"和"国际非物质文化遗产节"让非物质文化遗产成为四川旅游的一个新的代名词。

二、新技术、新媒体与智慧旅游

（一）旅游信息化数字化的产物：智慧旅游

互联网时代，所有的产业都在与各类新媒体产生出千丝万缕的联系。互联网的快速发展给旅游产业带来了机遇和挑战。互联网因其传播的即时性、便利

---

① 唐任伍，徐道明. 新时代高质量旅游业发展的动力和路径 [J]. 旅游学刊，2018.

② 佚名. 2017 年 7 亿人游四川 旅游总收入 6 900 亿元 [EB/OL]. [2018-01-25]. http://news.ifeng.com/a/20180125/55451660_0.shtml.

性、全覆盖性，使得传统的旅游模式开始向智慧旅游模式发生转变。旅游业顺应时代形势，发生了巨大的转变。

智慧旅游是旅游信息化和旅游数字化的产物，也被称为智能旅游。就是利用云计算、物联网等新技术，通过互联网/移动互联网，借助便携的终端上网设备，主动感知旅游资源、旅游经济、旅游活动、旅游者等方面的信息，及时发布，让人们能够及时了解这些信息，及时安排和调整工作与旅游计划，从而达到对各类旅游信息智能感知、方便利用的效果。① 2012 年，北京、武汉、成都、南京等 18 个城市被国家定为首批 "国家智慧旅游试点城市"，成都是唯一入选的西部城市。

（二）四川智慧旅游建设成果

四川省智慧旅游建设成果正逐步显现。目前，四川各主要景区均设有实时视频，并可通过四川旅游运行监管及安全应急管理联动指挥平台进行监测。不仅如此，各景区的等级评价、天气状况、景区的承载量、景区实时人数、门票销售情况、旅行社相关数据等运行状况都可通过此平台监测并随时查阅，以便实时掌握景区情况。该平台采取了 "平急结合" 的模式，实现了多种状态下的多种管理功能：平时作为旅游综合管理平台，注重完善信息采集机制，整合各类旅游相关信息；在发生紧急情况时，可作为旅游管理部门旅游应急指挥的指挥中心，进行应急指挥，从而提高平台的处置紧急事件的能力，保障游客的生命财产安全。②

（三）新媒体影响旅游消费者

结合当下的实际状况，从旅游消费者的角度来看，消费者们在获取旅游信息（包括景点信息、旅游攻略等）、购买景点门票、安排旅行食宿等过程中，越来越习惯于借助新媒体平台来完成相关安排。同时，游客还能够借助新媒体平台在网络论坛中寻找结伴旅游的同伴，俗称 "驴友"。结束旅行之后，游客还可以通过新媒体平台将旅途过程中的见闻以图片、文字、视频的形式进行分享，由此可见新媒体日渐成为人们获取和分享旅游相关信息的最为重要的渠道。

新媒体的出现和应用，日益显著地影响着旅游者、消费者的行为，越来越多的旅游企业投身到新媒体的营销中，通过多种多样的网络营销方式来提升自身对新媒体上的营销能力。同时，新媒体作为一个多项互动的平台，方便相关

---

①　杨华. "智慧旅游" 的发展与旅游专业课堂教学方法改革探讨 [J]. 旅游纵览（下半月），2014（5）：84.

②　冯超颖. 四川智慧旅游建设成果多 [N]. 四川日报，2017-08-02（2）.

从业者搜集消费者的意见和信息，改善自己的管理方式，提高服务质量，消费者的反馈成为营销决策的重要依据。相关的旅游管理组织开始重视新媒体，加大对新媒体营销的投资，通过微博、微信、移动客户端以及电子商务等手段，经营自己的旅游品牌。

从政府旅游局、各大旅游景点的角度来看，需要通过新媒体平台对外发布旅游信息，在互联网上构建自身的公众形象，吸引潜在旅游人群，更好地推动旅游业的发展。在如今的大数据时代，新媒体平台上的信息和内容呈现出多样化的特征，这些数据的不同反映出潜在消费者消费倾向的不同，是旅游行业的风向标。消费者在结束旅游后会在线上平台做出对目的地、酒店、餐饮、娱乐、购物、旅游服务等的相关评价，这些评价成为可以用于大数据分析的一系列重要的深层次的数据资料。

三、在线旅游网站上的四川旅游

最初的在线旅游主要以互联网为载体，侧重于旅游业务的预订功能。为旅行社和旅游企业搭建了预订平台，并提供产品和销售系统，比如说较早的飞猪、携程网等。随着竞争的日益激烈，各个旅游网站开始走多元化服务的路线，如提供在线咨询、在线导游服务等。2016年，中国在线旅游市场交易规模达5 934.6亿元，增长率为34%，线上渗透率为12.1%，较2016年提升1.4个百分点。根据易观国际发布的《中国在线旅游预订市场季度监测分析2018年第一季度》可知，2018年第一季度，中国在线旅游预订市场交易规模达到2 255.95亿元，交易规模环比增长了2.5%，同比增长了7.4%。由以上数据可以看出，我国在线旅游交易规模增速较快，从线上交易旅游产品情况来看，旅游消费者侧重于产品的精细化和个性化，而随着移动互联网时代的到来，在线旅游将会更加注重社交场景。

马蜂窝是中国自由行服务平台代表之一。该网站的核心就是"自由行"，给广大用户提供了全球范围内六万多个旅游目的地的相关信息。在马蜂窝上，旅游攻略是以网站官方名义发布的，供广大用户以PDF或图片格式下载，攻略内容涉及目的地的相关介绍、景点推荐、路线推荐、食宿推荐等。马蜂窝的官方攻略中，关于四川的旅行攻略有10余册，主要分为三类：以四川省内非物质文化遗产为主要线索的《四川非物质文化遗产》一册，以《成都》《绵阳》《广元》等地名为名的攻略五册，此外还有以《九寨沟》《稻城》等景点为名称的攻略。在所有攻略当中，《成都》攻略于2016年2月更新，其下载总次数已经超过四百万次，位列所有攻略之首，《九寨沟》攻略的下载次数也超过两百万次,《成都》与《九寨沟》两册攻略是目前为止四川地区相关攻略中最受欢迎的攻略。马蜂窝上的攻略以官方名义发布,而游记则由千千万万的用户以个人名义撰写,旅游游记的写作与分享是马蜂窝的一大亮点。在马蜂窝上,关于四川的旅游游记已经超过七万篇,在诸多游记中,成都、九寨沟、黄龙等地名以及美食等关键词出现的频率较高。

四、新浪微博、微信上的四川旅游

人们交流信息的方式,随着互联网通信技术的发展而不断进步,旅游者们以互联网为依托,发布相关旅行攻略、游记、点评,用文字、图片、音视频等,生动、立体地为其他潜在旅行者介绍目的地信息。具有强交互关系的微信朋友圈是相对封闭的个人社区,微信中的用户是相对真实的、私密的、有价值的。因此,微信环境使得朋友圈的口碑营销成为趋势。微信的传播模式,使得这些享受过优质旅游资源的客户,愿意向其他人分享他们的快乐,从而一传十十传百。这种病毒式营销使用户的口碑成为隐形的宣传,影响用户朋友圈里的潜在客户,效果极好。

作为 Web 2.0 时代新式开放型网络社交平台,微博不同于传统媒体,它集自我传播、人际传播与大众传播于一体。和微信不同的是,微博基于公开的平台,更偏向于垂直的市场细分领域。

四川省旅游类官方微博主要包括四川省旅游发展委员会、市(州)县旅游局、旅游景区、旅游机构人物等自媒体账号。四川省旅游发展委员会官方微博、微信建立至今,对全省旅游产业各类重大节庆活动进行了及时报道,同时为游客出行提供了全面、及时的旅游咨询服务,新浪微博"粉丝"数达 110万,微博数达 18 万余条[①],受到了广大网民和旅游爱好者的关注和好评。

值得注意的是,除了正面的宣传报道之外,负面的报道在开放平台上的传播速度更快。互联网不仅仅是游客了解旅游信息的平台,也是他们维护自己合法权益,曝光旅游市场不合理、不合法现象的平台,对旅游业来说,是一把双刃剑。因此,在微博平台上,旅游从业者需要更注意自我形象的树立,要有危机公关意识,归根到底,要提高自己的服务质量,在源头上下功夫。

五、新媒体时代下四川旅游的发展策略

四川相关职能部门对四川的整体旅游形象有了规划和管理的意识,并已经

---

① 资料来源:四川旅游发展委员会新浪微博(https://weibo.com/sichuanlvyou? is_hot=1)。

开始进行有关的工作。这些部门在各种互联网平台上，比如微博、微信、移动客户端等，对四川旅游进行着大力的宣传，但需要注意的是，在网络宣传营销的同时，也要注重网络口碑，以及公共营销体系进一步的建立和完善。建议设立一个营销传播共同体，将政府、企业、第三方平台串联起来，由旅游行政主管部门主导，通过各方在共同平台上推送旅游消息，而不是某一方的单方面宣传，由于第三方平台加入，使得更多的游客能够在上面进行发帖、评论，从而强化宣传效果。该共同体的功能也不仅仅局限于此，还要注重各方面利益的平衡发展，具有适当的舆论监督作用，为旅游行政主管部门提供第一手的咨讯信息，预防突发事件带来的危害，塑造并维护好四川旅游的整体形象。

"打铁还需自身硬"，旅游产品与服务的基本前提是要保证本身的品质，只有让消费者享受到真挚的服务，才能形成好的口碑。根据相关调查，网友在旅游中进行投诉的大部分理由是服务人员态度恶劣，没有高质量的旅游产品，比如酒店环境差、景区游览价值小等。所以要从根本上解决问题，给游客提供优质的、有特色的旅游服务以及产品。除此之外，还需要依托网络平台，充分利用网络营销工具。现在已经不是"酒香不怕巷子深"的时代，而是需要用现代高科技的传播手段来增强四川旅游的影响力、吸引力。要丰富营销内容，结合四川特色文化，比如大熊猫、川剧、金沙、川西民族文化等，把握时代脉搏，洞悉潮流前沿。

下篇　新媒体经济

第十章 网络文学

自中国网络文学进入 IP 时代以来，许多机构或个人利用网络文学作品的 IP，大力生产影视、动漫、游戏等产品，收益颇丰。网络文学的兴起繁荣了文化产业。

四川的网络文学发展融入了中国网络文学产业的大势之中。通过梳理四川省网络文学的发展现状，不难看出，目前，四川省的网络文学产业有着独特的优势，但也存在着诸多问题。因此，不论是文学网站和网络文学作者本身，还是网络文学作协和网络文学研究中心等组织，都有必要发挥优势，解决问题，为四川网络文学的进一步发展做出贡献。

2017 年，四川网络作品综合排名与浙江同居全国第二位。① 四川籍网络文学作者数量排名全国第 5，占全国总数的 5.9%；② 其中知名网络作者天蚕土豆（原名李虎，四川德阳人）以 4 600 万元的版税位居 2016 年中国网络作家富豪榜第二名；四川籍作者写作并产出的网络文学作品数以万计，以《斗破苍穹》《琅琊榜》《三生三世十里桃花》为代表的精品频出。由此可见，四川的网络文学产业正在蓬勃发展。

一、四川网络文学发展历程

网络文学在 20 世纪 90 年代初兴起，但直到 2015 年 6 月 10 日，四川才成立四川省网络作家协会。此后，四川地域的作家开始从"单打独斗"转变为"抱团作战"，而在此之前，四川籍网络作者虽呈"全国分散"状，却始终贯穿于中国网络文学发展之中，中国网络文学的成长得益于四川籍网络文学作者

---

① 佚名. 2017 年度四川省优秀网络小说 30 部，看看都有哪些？［EB/OL］.［2018-03-22］. http://news.huaxi100.com/show-135-983757-1.html.

② 佚名. 2016 年网文江湖群英谱——中国网络文学作者洞察报告［EB/OL］.［2016-12-27］. http://report.iresearch.cn/report/201612/2696.shtml.

和读者的促进。

（一）萌芽阶段：1991—1998 年

1991 年 4 月，北美留学生在海外创办了第一份中文电子周刊《华夏文摘》，长篇小说《奋斗与平等》在该网站连载，是第一部中文网络小说。而后，世界上第一个中文新闻讨论组 ACT、第一个中文网络文学刊物《新丝语》、第一份中文网络诗刊《橄榄树》等中文网络文学刊物、网站在海内外陆续创办，形成了第一批中文网络文学作品和最早的网络文学汇集阵地。

此阶段的网络文学作品多数由精英阶层创作，作者少且精，偏向于传统文学，虽有一系列成果问世，甚至有个人文学网站创办，但仍属于小众爱好范畴，此阶段的成果对网络文学产业的后续成长起到了启蒙作用。

（二）初始阶段：1998—2001 年

1998 年 3 月，我国台湾网络文学作者痞子蔡的网络小说《第一次亲密接触》红遍大江南北，将"网络文学"一词带入大众视野。8 月，上海榕树下计算机有限公司成立，这是全球第一个中文原创作品网站，也是中国最早的文学网站雏形。而后，凤鸣轩小说网于 2000 年在成都市成立。网站成立之初只是一个以论坛形式存在、转载小说的个人网站，后来逐渐成长为国内老牌原创网络文学网站。

在此阶段涌现出了大量网络文学作品、作者和网站，虽仍属部分志趣相投的青年不以营利为目地相互分享、交流文学爱好的小众圈子，但已经有了产业发展的雏形。至此，中国网络文学产业进入初始发展阶段，创作者也由萌芽阶段的精英阶层下移到普通大众，作品文本开始迎合大众的喜好，出现了一批如《七月与安生》《悟空传》等具有现代网络文学色彩的作品。

（三）发展阶段：2001—2013 年

网络文学由"爱好者圈子"阶段进一步扩大，开始引起社会尤其是文艺界的关注，众多知名网络小说如《悟空传》《搜神记》等陆续出版并风靡一时，这也推动了文学网站的商业化初探，即走网络小说出版之路。这一阶段，知名写手慕容雪村开始在"天涯论坛"连载小说《成都，今夜请将我遗忘》。该小说讲述了 20 世纪 70 年代一群成都青年的生活故事，于 2003 年由天津百花文艺出版社印刷成纸质书籍并销售，并于 2007 年改编成电视剧《都是爱情惹的祸》，其小说和电视剧均引起广泛好评。

2002 年，"读写网"第一个开始尝试将流量变现，即走小说付费阅读道路，而后，"起点中文网"将这一制度引入并确立了整个行业的收费标准，使网络作者职业化成为可能，至此，网络文学形成产业链。2008 年，盛大网络大规模收购文学网站，成立子公司"盛大文学"，网络文学进入了全面商业化阶段，开始探索以网络小说文本为中心开拓影视、动画、动漫、游戏等上下游IP产业链的模式，并取得初步成绩。

与此同时，学术界对网络文学的研究兴起，产生了中南大学、四川大学、苏州大学三个网络文学研究阵地，而后，北京大学、西南科技大学、山东师范大学等网络文学研究中心也相继异军突起。

（四）繁荣阶段：2013年至今

网络文学经过以上阶段的发展，已经成为网络文艺的重要部分，也是主流文化的组成部分。截至2013年年底，中国网络文学活跃用户达到4.3亿人，这意味着，三分之一的中国人正在阅读网络文学。① 网络小说的衍生品涵盖了电视、电影、话剧、图书、音乐、游戏等几乎所有的大众艺术形式。

2014年10月15日，习近平总书记主持召开文艺工作座谈会并做重要讲话。在讲话中，习近平指出："互联网技术和新媒体改变了文艺形态，催生了一大批新的文艺类型，也带来文艺观念和文艺实践的深刻变化。由于文字数码化、书籍图像化、阅读网络化等发展，文艺乃至社会文化面临着重大变革。要适应形势发展，抓好网络文艺创作生产，加强正面引导力度。"2014年10月召开的文艺工作座谈会就曾打破惯例，邀请2名网络作家参加。

2015年10月19日，新华社的《中共中央关于繁荣发展社会主义文艺的意见》中，首次提出要"大力发展网络文艺"（包括网络文学、网络自制剧、网络动漫、依托网络小说改编的影视作品等），标志着网络文艺被肯定，并在整个文化产业中占据着重要的位置。

网络文学作者也逐渐得到主流媒体的认可。自2010年起，网络文学作家就开始被陆续吸纳到中国作协中去，并自2016年起开始对网络小说进行排名；2013年10月，中国首家培养网络文学原创作者的公益性大学——网络文学大学在北京成立，莫言出任该大学名誉校长；宁波、浙江、安徽、四川、河北等多地网络文学作家协会相继成立；网络文学行业的商业组织牵头呼吁保护版权，政府出台政策来为网络文学保驾护航。与此同时，网络文学监管再度加强，2014年4月，由全国"扫黄打非"工作小组等部门联合发起"净网2014"行动，引发网文界地震，众多文学网站被查，大量书籍下架或被封，多名作者被拘禁，多家文学网站相继关闭。曾经红极一时的"高干文""官场

---

① 佚名. 政治局提"大力发展网络文艺"有何深意？［EB/OL］.［2015-09-14］. http://culture.people.com.cn/n/2015/0914/c87423-27582695.html.

文""黑帮文"等类型小说题材被禁，贴吧被封，因而相继没落，网络文学创作开始倾向"娱乐圈""异界大陆""公路文"等相对安全或充满"正能量"的领域。截至 2016 年年底，网络文学用户数达到了 3.33 亿，国内网络文学产值达到 90 亿元。40 家重点网络文学网站驻站作者超过 1 760 万人，作品总量达 1 454.8 万部，作品数达到 175 万种。①值得一提的是，近年来我国网络文学阅读习惯由 PC 端开始逐渐转移至移动端，中国网络文学逐渐在海外走红。

二、四川网络文学发展现状

根据中国音像与数字出版协会 2018 年 9 月 14 日发布的《2017 年中国网络文学发展报告》可知，到 2018 年，全国的网络文学读者已经超过 4 亿人，平均"阅龄"为 4.9 年。② 网络文学正在告别"小众"时代，四川作为中国网络文学发展的重镇之一，拥有良好的资源优势，也有着巨大的发展潜力。

（一）四川网络文学的发展动态

2014 年 11 月 28 日，"四川省网络文学研究中心"在西南科技大学挂牌成立，该中心是四川省首个研究网络文学的基地。四川省网络文学研究中心主要研究与四川网络文学相关的问题，主办四川网络文学研究中心网站，出版《四川省网络文学发展年度报告》，每年面向全国发布网络文学研究课题，接受全国或四川企事业单位关于网络文学问题的咨询。③ 2014 年 12 月 25 日，中共四川省委宣传部、四川省作家协会组织召开了"坚持正确创作方向、全心服务人民群众"——四川省网络作家学习贯彻习近平总书记文艺工作座谈会重要讲话精神专题会议。会议剖析了四川网络文学的现状，60 余位川籍网络作家发出了抱团唱响主旋律的呼吁，会议透露 2014 年年初开始筹建的四川网络作家协会将于近日正式"立项"。本次会议后，四川省作协抓紧制定四川网络作家协会的筹备工作方案及《四川省推进网络文学发展的意见》，大力营造利于四川省网络文学发展的条件。时任省委常委、宣传部部长吴靖平指出要打造出一支属于四川的"网络文学川军"。④

2015 年 6 月 10 日，四川省网络作家协会成立，并举行了第一次常务理事

---

① 佚名.网络文学年产值已达 90 亿元 专家：不能完全用金钱来衡量 [EB/OL]. [2017-04-03]. http://culture.people.com.cn/n1/2017/0413/c22219-29207845.html.

② 张毅君. 2017 年中国网络文学发展报告 [R]. 北京：中国音像与数字出版协会，2018.

③ 佚名.四川省网络文学研究中心在西南科技大学挂牌 [EB/OL]. [2014-11-28]. https://sichuan.scol.com.cn/ggxw/content/2014-11/28/content_9836356.htm.

④ 佚名.四川将打造一支影响全国的"网络文学川军" [EB/OL]. [2014-12-26]. http://scnews.newssc.org/system/20141226/000523313.html.

会。会议选举周小平为主席，聘任阿来为协会名誉主席，协会集合了四川网络文学最有影响力的作家、网络文学平台运营人，并审议通过了四川省网络作家协会章程。2015 年 7 月 30 日，四川省作家协会正式发布 2015 年度四川文学作品影响力排行榜，网络小说作为一个单独门类进入榜单。2015 年 10 月 31 日，四川网络文学发展研究中心第一届年会"网络文学的现状与未来"在西南科技大学召开，来自全国各地的学者、网络文学作者、传统文学作家、业界代表人士等参加了此次会议。会议探讨了网络文学研究现状、网络文学与传统文化、网络文学制度化、网络文学监管等议题，取得了丰硕的研讨成果。

2016 年 3 月 25 日，成都网络作家卷土成为游戏《地下城与勇士》小说版的执笔人选，为该游戏撰写官方小说。2016 年 4 月 27 日，第 19 届华鼎奖中国百强电视剧满意度调查百强榜单揭晓，由成都籍网络作家海宴原著改编的古装剧《琅琊榜》荣登榜首。2016 年 10 月 15 日，四川省网络文学作家协会主席、网络作家周小平，参加习近平总书记主持召开的文艺工作座谈会，习近平总书记勉励他。2016 年 8 月 31 日，成都市互联网文化协会、博瑞集团·成都天骄文化传播有限公司、成都古羌科技有限公司（看书网）在博瑞·创意成都大厦联合举行"成都市网络文学联盟启动仪式暨联盟 IP 对接转化会"。2016 年 12 月 17 日，四川网络文学发展研究中心第二届学术年会在西南科技大学召开，年会以"全球化语境下的网络文学中国经验"为主题。来自全国各地的 40 余名学者、专家、代表参加了会议。研讨共分四场，内容涉及新时期的网络文学、网络文学受众、网络文学的商业性及技术性、网络文学的现状及未来等。

2017 年 4 月 8 日，四川省网络作家协会第一届理事会第三次会议于 4 月 8 日在成都召开。会议审议通过了《四川省网络作家协会第一届理事会第三次会议工作报告》《2016 年四川省网络小说影响力排行榜》《网络作家积极参与脱贫攻坚"万千百十"文学活动倡议书》《四川省网络作家协会第一届常务理事会第三次会议决议》。会议决定让袁野同志担任四川省网络作家协会副主席。2017 年 5 月 16 日，首届"金熊猫"网络文学奖颁奖典礼在成都举行，"金熊猫"网络文学奖是四川省内首个网络文学行业奖项，旨在挖掘、培育潜力网络作家及作品，鼓励、扶持优秀 IP，发掘作品，延伸价值，此次颁奖典礼吸引了各界人士前来参加，并评选出了多部优秀作品。

2018 年 3 月 22 日上午，在成都召开的四川省网络作协第一届理事会第四次会议上，四川省网络作协常务副主席邓子强通报了 2017 年四川网络文学的发展情况："2017 年，四川省网络作协精品力作竞相发展，据《2017 猫片·胡润原创文学 IP 价值榜》和《2017 猫片·胡润原创文学 IP 潜力价值榜》显示，四川网络作家天蚕土豆的小说《斗破苍穹》位居第一名，海宴的《琅琊榜》名列第五，唐七公子、林海听涛等 7 位网络作家上榜，四川网络作品综合排名与浙江同居全国第二位。"

（二）作者量多且质优

艾瑞咨询于 2016 年发布了中国网络文学作者洞察报告，报告基于艾瑞对 16 家文学平台的监测，2016 年 1 至 10 月，累计网络文学作者数量为 142.4 万，其中，四川籍网络文学作者数量排名全国第 5，占全国总数的 5.9%。[①] 从理论上来看，四川籍网络文学作者大约有 8.4 万人，然而由于网络文学作者的准入门槛较低，且出于隐私性、流动性、匿名性等方面的考虑，并不能对其精确统计出一个具体的数字。

四川籍网络作者人数众多且质量优异，小有名气的有近 500 位，其创作内容覆盖言情、耽美、校园、玄幻、历史、仙侠、修真、异世等网络文学门类，其中不乏一些"大神"级写手单独开创出某种网络小说类型并引领潮流。四川籍网络作者中最为出名的当属起点中文网签约作者"天蚕土豆"。"天蚕土豆"本名李虎，四川德阳人士，笔名取自于四川一款知名小吃，2009 年 4 月，天蚕土豆在起点中文网连载长篇网络小说《斗破苍穹》，并凭借此作一夜成名。《斗破苍穹》多次再版，被改编成网络游戏，并荣登 2016 年中国泛娱乐指数盛典"中国 IP 价值榜-网络文学榜 top10"，同时，在《2017 猫片·胡润原创文学 IP 价值榜》和《2017 猫片·胡润原创文学 IP 潜力价值榜》中，《斗破苍穹》位居第一名，天蚕土豆也多次荣登中国网络作家富豪榜，并位居前列。

2015 年，电视剧《琅琊榜》风靡全国，并一举斩获国内外诸多奖项。其原著作者海宴为四川成都人，该小说最初连载于晋江原创网（现名"晋江文学城"），引起巨大争议后转至起点女生网，成为权谋类小说经典代表。《琅琊榜》多次再版并拍摄成同名电视剧，引发全国热议，于 2016 年荣获第 19 届华鼎奖中国百强电视剧满意度调查百强榜单榜首，海宴也依靠此剧成功转型为影视行业编剧。在《2017 猫片·胡润原创文学 IP 价值榜》和《2017 猫片·胡润原创文学 IP 潜力价值榜》中，《琅琊榜》名列第五。

2017 年年初，电视剧《三生三世十里桃花》风靡一时。其原著作者唐七（曾用笔名"唐七公子"）为四川成都人，该剧除被改编成电视剧外，其 IP

---

① 佚名. 2016 年网文江湖群英谱——中国网络文学作者洞察报告 [EB/OL]. [2016-12-27]. http://report.iresearch.cn/report/201612/2696.shtml.

还被改编成电影、游戏、插画集、漫画等，形成一系列以 IP 为核心的产业链。此外，该书原著被翻译成繁体版、英语版、越南语版、泰语版等远销海内外，为我国文化输出做出了贡献。

（三）理论引导，制度护航

2014 年 11 月 28 日，"四川省网络文学研究中心"在西南科技大学挂牌，从理论上指导四川省网络文学更好地发展。

网络文学伴随着互联网的出现而产生。其初期的主流阵地主要集中在海外，一群精英们出于对文学的热爱，在网络平台上进行相互交流和创作，其创作内容涉及诗词、散文、小说等，是传统文学的"网络版"。而随着互联网的普及，1998 年，我国台湾作者"痞子蔡"所写的《第一次亲密接触》的走红使得"网络文学"这个词走进广大网民视野，网络文学也开始从小众精英领域普及大众，并成为普通大众的主要活跃阵地。随着网络文学产业的发展，学界开始出现少数几篇有价值的论文，但是依然缺少广泛的理论性关注，直到 2008 年，《网络文学概论》问世，才建立了网络文学的研究体系，并形成了以四川大学、中南大学、苏州大学为阵地的研究中心。

网络文学自出现以来，因商业化程度高而不免出现"三俗"（低俗、庸俗、媚俗）现象，因此，对网络文学提供正确科学的引导必不可少。四川省网络作家协会成立，可以从地域上将四川籍网络作者团结起来，使他们发挥良好的带头作用，进一步提高网络文学创作的质量，产生出更多高质量的文本。

四川省网络作家协会的出现给网络作者们提供了许多切实的服务。在网络文学行业，大部分作者没有受到过系统的文学训练，四川省网络作家协会举办文学写作讲座，给网络写手们传授写作技巧，并开展沟通会、采风等活动，方便写手们相互交流经验引发他们的写作灵感。

（四）网络文学写作向良性发展

1. 从"单打独斗"到"抱团取暖"

四川省网络作家协会成立，除为网络作者提供切实帮助之外，也从地域范围上将四川籍网络作者们聚集在一起，从原来的"单打独斗"模式转变成"抱团取暖"模式，一方面取长补短、共享资源，激发创作活力，另一方面共同发声，提出网络写手的利益诉求。

2. 从"表层"到"深度"

网络文学经过数年的发展逐渐走向成熟化，虽然入行门槛依旧低，但激烈的竞争和读者品味的提升无形中提高了对作者的要求，网络文学的内容不再肤浅，而开始注重内涵，向"深度"写作发展。前期网络文学的那种单纯追求

"爽""虐""甜"的浅显内容，逐渐演变为对社会的深度思考；网络文学的分类也开始细化，千篇一律的帝王将相、商业巨子、修仙天神等内容减少，天马行空的虚无想象开始转向医疗、教育、体育竞技等各行各业；网络文学作者动辄上万字的功利性写作，变成动笔之前数月时间的细致思考。

3. IP 衍生平台构建，加快作者转型

随着网络文学产业的发展，以网络小说为优质 IP 核心的产业链逐渐形成，如动漫、游戏、影视、动画等。《花千骨》手机游戏、电视剧《琅琊榜》等都是在行业内甚至全国范围内引发争议的现象级作品。

因此，网络作者不再满足于做一个单纯的写手，而开始以 IP 为中心向各行各业延伸，以寻求更多元化的职业发展。例如成都网络文学作者海宴，在创作完网络小说《琅琊榜》之后又担任电视剧《他来了，请闭眼》和《琅琊榜》的编剧。网文作者星辰陨落创建了文学创作公司，为川军文学事业做出了贡献。德阳的作者天蚕土豆亦亲自担任网络小说《斗破苍穹》所改编的网络游戏《斗破苍穹 OL》的高级制作人兼首席架构师。

4. 文化气息包容

艾瑞咨询发布的《2018 年中国网络文学作者白皮书》显示，从网络文学作者的地域分布来看，二、三线城市作者的数量占比远远高于一线发达城市，这也与二、三线城市较一线城市生活节奏慢、竞争压力小、消费水平相对较低有关。①

四川自古以来文风浓郁，省内文化氛围包容、和谐，有着良好的素材资源和浓厚的人文气息，生活环境悠闲舒适，更易于激发作者的创造力，可以说为川籍作者提供了丰富的写作素材和优良的创作环境。川籍作者依托于四川浓厚的文化底蕴开始了一系列创作，不少作者的文本中都不乏四川元素。

三、网络文学发展现存的问题

（一）抄袭盗版现象猖獗

抄袭、盗版的现象猖獗问题不仅仅存在于四川网络文学领域。根据艾瑞咨询网络文学损失模型的计算结果可知，2015 年，盗版网络文学如果全部按照正版计价，PC 端付费阅读的损失达到 36.1 亿元，移动端付费阅读的损失达 43.6 亿元，合计 79.7 亿元；2016 年全年，盗版网络文学如果全部按照正版计

---

① 艾瑞咨询. 2018 年中国网络文学作者白皮书 [EB/OL]. [2018 − 05 − 09]. https://www. sohu.com/a/231021087_204078.

价，PC 端付费阅读的损失达到 29.6 亿元，移动端付费阅读的损失达 50.2 亿元，合计 79.8 亿元。目前，网络文学盗版呈现出集团化、专业化、程序化、流水化的特点，集中体现为"盗贴"和"盗打"两种形式，即将以图片格式呈现的 VIP 阅读章节被截屏并发布到其他网站，同时，把 VIP 阅读章节的内容发布到其他网站。盗版网络文学利益链条越来越紧密，正在朝网格化发展；盗版网络文学网站的游击战术更加普及；盗版网络文学网站手机客户端伪装化、付费化；网络文学衍生的盗版市场不断发展。[①]

（二）重商业价值，轻文学价值

商业价值与文艺价值的平衡是一个由来已久的话题，在文学方面亦是如此。网络文学作为一种商业化程度极高的文艺作品，为迎合大众的喜爱而持续存在，因此，它的商业价值属性要远重要于文艺价值属性，这也正是其被传统文学界诟病的地方。

虽然"阳春白雪"和"下里巴人"是传统文学和网络文学的代名词，并无高下之分，然而网络文学的创作者和阅读者遵循的是大众的需求，不免会因过度迎合大众喜好而创作出大量的"三俗"作品。网络文学的商业价值值得肯定，目前，网络文学文本也正朝着"深度化""现实化"发展，但具有深度的文学精品仍为少数，大多数作品的文学价值仍旧不高。因此，提高网络文学的文学价值刻不容缓，文学作为一种媒介，具有潜移默化的教育大众的作用。

（三）一些网络文学不符合相关政策

政府对网络文学行业的监管有积极的意义：一方面，规范了行业秩序，引导作者生产出更多充满"正能量"的作品；另一方面，为行业提供了许多切实的服务，扶持网络文学及其相关产业的发展。

网络文学由普通大众写作，供普通大众阅读，满足大众的需求，被看作一种亚文化，是对精英宣扬的主导文化的一种抵抗，网络文学的作者和读者通过营造一个"异托邦"世界来宣泄对主导文化的不满，以及群体的自我认同，曾经红极一时的"官场小说"就是其典型代表。

"官场小说"是描写主角在官场中摸爬滚打的生活的小说。此类小说偏向现实主义，从侧面揭示了现实官场生活的黑暗与虚伪。

然而，《宦海沉浮》《官路风流》等曾经红极一时的官场小说由于存在种种问题，近年来销声匿迹；"高干小说"（描写高级干部子弟生活的小说）、

---

① 艾瑞咨询. 2016 年网文江湖群英谱——中国网络文学作者洞察报告 [EB/OL]. [2016-12-27]. http://report.iresearch.cn/report/201612/2696.shtml.

"黑帮小说"（描写现代黑道帮派类型的小说）等，也因为存在种种问题，违反相关规定而受到限制，甚至相关贴吧被解散，"官场""高干""黑道"等标签也从各大文学网站相继撤除，网络文学的视野逐渐转移到"娱乐圈""鬼怪灵异""异世大陆""古代言情"等领域。

（四）四川文学网站质量不高，IP产业链对接不完善

目前，四川有书得网、凤鸣轩、看书网等数家文学网站，其中以2000年成立的老牌文学网站凤鸣轩和人民网旗下的看书网为典型代表。在"站长之家"于2017年5月19日统计的中国小说排行榜中，居于首位的是上海阅文集团旗下的起点中文网，而凤鸣轩和看书网分别位居第183名和190名，这并非一个非常可观的成绩。

以凤鸣轩和看书网为例来窥探四川文学网站的发展全貌。凤鸣轩成立于2000年，有着良好的品牌优势，看书网是人民网旗下的子网站，有着良好的资源优势，但两者依托"大神"云集的四川省，却未曾将自身的优势发挥出来，只能屈居于中国原创文学网站的中下游。对于文学网站来说，优质IP是网站的灵魂，而仔细对比四川文学网站与国内顶级文学网站，不难发现，四川文学网站文本内容繁杂且质量平庸。看书网未能很好地将受众进行"分众"，没有网站的"特色"，反而盲目跟风，一味地希望"做大做全"，最终沦为二流；凤鸣网虽然进行了"分众"，主打"女性向"网络小说，但是文本质量略显低俗，缺少高质量文本或"大神"写手。

四川不乏影视、游戏、动漫等相关产业公司，却未能和四川所产出的优质IP形成产业链，最终，优质IP所带来的巨大经济利益只能拱手让于他人。以天蚕土豆的代表作《斗破苍穹》为例，作者为四川德阳人士，作品却发表于上海阅文集团旗下的起点中文网，该小说的漫画改编权授予北京知名漫画作者任翔，其动画由阅文集团和腾讯视频共同出品，其电影由万达影业改编，其电视剧由万达影视、新丽传媒制作，由腾讯视频播出，其网络游戏改编权交给搜狐畅游，其手机游戏由北京华益天信开发，其网页游戏由北京万游在线制作。因此《斗破苍穹》带来的巨大经济利润几乎全部归属省外公司。

四、四川网络文学发展策略

（一）立足本土强强联合，优化产业资源配置

四川有很多大神级写手，掌握诸多优质IP，然而"墙内开花墙外香"，以优质IP为核心产生的上下游产业链的终端受益者往往是四川省外的企业。因此，不妨将省内的优质IP卖给省内企业，强强联合，共同带动四川省文化产

业发展。

想要促进四川省网络文学 IP 产业链的发展，最重要的是要打造中国一流的文学网站。在网络文学行业，优质 IP 的所有权并不在作者手里，而是在作者所签约的文学网站手里，只有作者成为该网站独当一面的"大神"，才可能获得比普通签约作者多一些的话语权。因此，想要打造四川 IP 产业链，第一步也是最重要的一步是打造国内一流的精品文学网站。

四川省内的文学网站背后依托着丰厚的资源，然而网站的 IP 内容繁杂且质量平庸，因此，四川省内的文学网站必须要尽快做出改变。

一是进行受众分众化。网络文学被简单地分割成了"男生向"和"女生向"两大类，这是两种几乎泾渭分明的受众群体。在文学网站成立之初就需要对二者进行选择，这样才能更精准地定位受众群体，更有针对性地生产出优质作品。

二是打造精品特色，吸引高质量作者入驻。省内文学网站内的作品跟风严重，几乎随潮流进行写作，出彩之处不多。因此，不妨从"类型文"入手，打造高质量的"类型文"，并做成网站的"招牌特色"，以此打响名气，之后趁热打铁，"栽好梧桐树，引来金凤凰"，吸引高质量作者入驻，以此确保网站源源不断地生产出高质量的文本。

三是完成上下游 IP 的开发、对接。文学网站凭借点击、订阅和打赏获得的利润并不高，真正的利润源于优质 IP 的后续开发。在网站打响名气并拥有一批高质量 IP 后，可由政府牵头与四川省内相关企业强强联合，共同开发优质资源，带动四川省文化产业的发展。

（二）加大官方扶持力度，出台政策保护川籍作者权益

四川省要做大做强文学网站，并同其他本土企业强强联合，形成产业链，共同开发优质资源，离不开官方组织的扶持。例如，在四川省内文学网站转型之前，可以从四川省网络文学研究中心单位寻求理论帮助，探讨网站应当如何定位和发展，并对具有潜力的网站写手进行写作培训；四川省网络作协可以联系优秀作者入驻文学网站，让其为网站的长久发展出力；此外，相关官方组织也有义务进行牵线，配合搭建上下游 IP 产业链渠道，使优质 IP 得到更好的开发利用。

"四川省网络作家协会"的成立是为了培养出一支"网络文学川军"，因此，官方部门有义务保护"网络文学川军"的权益，也有义务提高"网络文学川军"的质量。正如前面所说，目前网络文学行业依然存在着许多失范行为，如盗版盛行、文学网站"店大欺客"等。因此，政府不妨出台相关政策，

打击抄袭、盗版等行为；规范行业行为，保护作者权益，谨防文学网站出现"店大欺客"的现象；完善网络文学上下游产业链渠道；设立奖项并依靠资金支持来推动网络文学健康发展；放开对网络文学的苛刻监管等，以此为"网络文学川军"保驾护航，推动四川省文化产业更好地发展。

（三）理论指导制度护航，提高网络文学质量

目前，虽然四川网络文学已经生产出一批如《斗破苍穹》《琅琊榜》《三生三世十里桃花》等脍炙人口的作品，但这些作品的文学价值依然有很大的提升空间。

网络文学一直以入行门槛低、速成、媚俗而被人诟病。随着我国网络文学产业的发展，网络文学产业逐渐得到主流官方的认可并陆续成立"正规军"，但其文本质量依然参差不齐，绝大多数作品仅仅是跟风而作，缺乏深度的理性思考，浮夸、媚俗的作品泛滥，使得网络文学行业表面繁荣，实则文本内容缺乏文化、艺术底蕴，难以成为"经典"之作。

因此，"四川省网络文学研究中心"和"四川省网络作家协会"等单位有必要给四川网络文学提供切实的帮助，引导四川网络文学"川军"创作出一系列能够兼具文学价值和商业价值的"经典"作品，例如开办文学写作讲座、提供网络文学行业发展数据分析、成立"互助小组"激励"老人"带"新人"等。

（四）健全机制，加强网络文学版权保护

目前，对盗版的打击依然是网络文学产业的一大重点。对此需要从立法、政府、企业、用户、行业等方面共同努力。

在立法层面上，立法机关应当针对侵权盗版行为，确立法律条例，明确法律的适用范围，让被侵权者维权时有法可依；在政府层面上，政府应当针对互联网环境，成立专项的管理组织，打击盗版，推进法律实施，维护版权收益；在企业层面上，应当加强自我审查和防盗机制，使盗版团伙无计可施；在用户层面上，树立正确的版权意识，主动抵制盗版，让网络文学盗版者无利可图；在行业层面上，企业应遵守行业规范和道德准则，建立联结的平台，共同维护行业准则，分享维权经验。

（五）紧追时代步伐，善于利用新媒体

新媒体时代，自然要运用新媒体进行营销。如借鉴某些文学网站，建立微信公众号，定期推送知名或新兴作家及其相关作品，也可申请新浪微博官方账号，并且为每一位签约作者申请实名认证账号。

作者可积极利用这些社交媒体，与读者进行互动，作者一方面可以从中找

寻自身的问题，创造出更多读者喜欢的作品，另一方面可增强读者的参与感。

多渠道宣传作者及优秀作品，有利于吸引"粉丝"，可建立一个基于"粉丝"群体的作者群体，既能使作者拥有一定的"粉丝"群体，也能吸引"粉丝"群体关注作者所属的网站，促进网站的发展。

（六）加强与本土高校合作，挖掘新兴作家群

四川部分高校设有戏剧影视文学等相关专业。经过长期的培养，部分学生已经具备一定的文学素养，并且在许多微电影、剧本大赛等比赛上获得了颇多荣誉。网站可以与其进行合作，优势互补。寻求更多的合作开发方式和产品创新方式。

网络文学网站还可以通过筹办网络文学作品比赛等方式，与本土高校合作，发掘出更多的新兴作家，为四川网络文学发展提供源源不断的新鲜血液。

第十一章　网络大电影

互联网正在改变电影生态，孕育出具有互联网基因的新的电影产品形式——网络大电影。网络大电影是互联网+电影的产物，其必备要素为：符合电影规律、符合国家相关政策法规、时长要超过 60 分钟，同时必须是在互联网首次发行。①

近年来，网络大电影的发展受到广大投资商、电影制作商以及网民的关注。作为传统影业的补充，网络大电影满足了观众、投资商、制作商的多方需求，其发展初期"野蛮生长"，现如今形成生态体系，发展势头迅猛。

一、四川网络大电影的发展现状

（一）产量与市值

网络大电影的前身是微电影，根据四川微电影艺术协会提供的数据，2013—2015 年，四川微电影产出数量增长迅猛。2013 年，四川微电影生产总量仅 50 部，2014 年增至 370 部，到 2015 年突破 1 000 部，微电影总量达 1 180 部之多。

产值高低是衡量微电影产业发展良好与否的重要指标之一。从图 11-1 中可以看到 2013—2015 年四川微电影的收入状况。

---

① 佚名. 四年时间，网络电影从"群魔乱舞"到精耕细作 [EB/OL]. [2018-09-28]. http://www.sohu.com/a/256608707_114988.

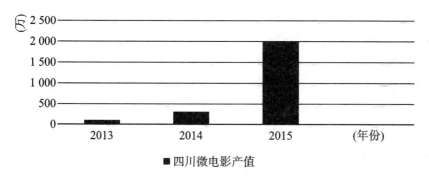

图 11-1　2013—2015 年四川微电影产值

四川微电影的产值自 2013 年迈上 100 万元的台阶；2014 年，四川微电影收入为 300 万元，占三年产值总额的 12.5%；2015 年，四川微电影产值激增至 2 000 万元，占三年总产值的 83.3%，与同期全国微电影总产值的 1 亿元相比，四川微电影总产值占比约为 20%。从占全国微电影整体产值的份额来看，四川微电影产值整体比重较大。而从全国微电影产值总额的排名来看，三年间四川微电影的产值收入均处于前列，四川也成为全国最有影响力的微电影产地之一。微电影几年来的发展为网络大电影在四川的发展奠定了基础。

艺恩咨询发布的《2016 中国网络大电影行业研究报告》对网络大电影市场进行了分析。从宏观上来看，中国在线视频会员市场规模可达 402 亿元，2016 年网络大电影投资规模预计为 5.1 亿元。截至 2016 年 6 月，网络大电影出品公司共有 843 家，是院线电影出品公司的 2.1 倍。[1] 爱奇艺发布的《2017 年网络大电影行业发展报告》显示，2017 年全网上线网络大电影大约 1 900 部，数量较 2016 年有所下降（2016 年为 2 500 部），但仍远远高于院线电影。[2]

网络大电影的投资较少，尽管近年来发展势头好，但相较于院线电影动辄上亿的投资而言，其更受中小型企业投资商的青睐。2016 年上半年，网络大电影行业中，50 万元以下的投资被淘汰，普遍的投资额为 50 万～150 万元。因此，网络大电影相较传统院线电影在投资方面具有很大的优越性。

四川众多影视公司加入这场竞争激烈的网络大电影洪流，有投资 70 万元

① 艺恩咨询. 2016 中国网络大电影行业研究报告［EB/OL］.［2016-12-08］. http://www.sohu.com/a/120955020_334205.

② 资料来源：《2017 网络大电影行业发展报告》。

的小成本制作，也有投资 2 000 万元的大成本制作，大家在同样的平台上较劲，竞争远超院线电影，目前，网络大电影前景被广泛看好。

四川枫叶红电视文化传播有限公司 2014 年毅然决定转型，于 2015 年起相继出品并摄制了《火玫瑰之丛林有狼》《匪闻》等网络大电影。

四川众多影视公司中较为出名的四川挚友文化传播有限公司于 2016 年开启了网络大电影业务，一连拍摄了《有为青年》《风云九州》两部网络大电影，其中，古装片《风云九州》投资高达 2 000 万元。

2017 年，作为成都本土文化传媒企业，四川雅风传媒抓住时机，立足自身优势，从剧本创作到后期制作，经过一年时间，推出了 93 分钟的网络大电影《坏女人联盟》。该片编剧、主演、导演、摄影、音乐、声音及整个后期团队全部系成都本土影视制作人，拍摄的取景也全部在成都市完成，旨在为成都本土互联网大电影抛砖引玉，推动成都本土影视行业的发展。

2018 年 4 月 5 日，由四川华烨业业有限公司出品的"麻将街娃"系列 IP 网络大电影《麻将街娃洪荒之战》正式登陆爱奇艺。该片通过魔幻的手法，以新颖的手法讲述了主人公郝藤在一系列冒险之后，从一个小人物成长为有担当的男子汉，在面对大局时勇于舍弃小我解救爱人和拯救世界的故事。

（二）发展趋势

从整个影视市场来看，目前院线影视市场已趋于饱和，而互联网影视产业却存在规模不经济现象。根据艺恩影视发布的《中国网络大电影产业报告》，2016 年上半年的院线电影中，动作、动画、喜剧三种类型电影票房的总占比为 75%，其他爱情、剧情、奇幻、恐怖等类型总占比不超过 25%。网络大电影中，喜剧、爱情、剧情、惊悚四种类型影片播放量最高。

四川网络大电影中，喜剧居多，具有地方特色的网络大电影成为主力。喜剧动作网络大电影《江湖风云之麻将街娃》，由四川华烨影视文化传媒有限公司、成都珍益文化传播有限公司、广州盛迪文化传媒有限公司出品，新颖地为大家架构了一个不为人所知、又藏于我们身边的麻将江湖。

新媒体时代的迅速发展，将网络大电影行业带入了新的时代。爱奇艺发布的《2017 年网络大电影行业发展报告》，通过大数据分析全面呈现了最真实的中国网络大电影市场的发展现状，主要表现在以下方面：

1. 内容品质高使得商业变现呈增长趋势

中国网络大电影市场总分账和头部内容分账持续增长，市场上升发展态势依然强势。2017 年，全网上线网络大电影约 1 900 部（2016 年为 2 500 部）。

2017 年，排名前 10 的影片在爱奇艺平台分账全部超 1 000 万元，分账超 100 万元的影片数量同比增长近 24%，2017 年排名前 20 的影片的总分账同比增长 15%。结合内容和数量分账规模来看，中国网络大电影市场正愈发成熟，竞争力量向头部和腰部倾斜，尾部泡沫被快速挤出。[①]

2. 网络大电影成功实现精准营销

数据显示，A 级参与营销单部网络大电影票房的比未参与的高出 119%，B 级参与营销网络大电影票房的比未参与的高出 324%，有效的营销方式对于网络大电影的流量和票房有着至关重要的意义，甚至起到决定性作用。如《陈翔 6 点半之废话少说》，最早被爱奇艺定级为 B 级独播，片方持续有效的营销倒流不断激活影片生命力，最终以 100 多万元成本获得了 1 300 多万元的分账票房。[②]

3. 网络独播成为头部内容主导发行模式

延续 2014—2016 年的独播快速发展的趋势，2017 年，独播成为头部内容的主导发行模式。数据显示，2016—2017 年全网上线的网络大电影中独播数量占比从 27% 骤增到 80%。未来整个行业关于优质纯网电影内容的竞争将更加激烈，精准分发、高效变现和全方位服务的能力成为平台今后布局的重点。[③]

二、网络大电影的产业模式

（一）投资与制作

网络大电影具有"成本小、差异化、周期短、面对中等规模受众"等特点。这几个特点是网络大电影在 2016 年出现井喷式增长的主要原因。从投资商的角度看，成本和收益是他们必须要考虑的因素，对于中小型企业来说，大投资大制作的院线电影在成本上超出其预算范围，且院线电影每年的拍摄数量与上映电影数量差距巨大，每年只有少量的院线电影实现上映，从收益角度来看，中小型企业也不会选择投资院线电影。

挚友文化成都公司拍摄的网络大电影《风云九州》获得了一家白酒企业的赞助，他们认为，"现在企业也认可网络大电影这种形式。有了赞助，制作成本在上映之前就能收回不少，剩下的就需要靠影片质量吸引眼球，通过增加

---

① 资料来源：《2017 年网络大电影行业发展报告》。

② 同上。

③ 同上。

点击率来获得收益了。"

随着影视行业的不断发展，四川的影视制作行业的风向标纷纷向网络大电影偏移，拥有电影制作条件的团队纷纷试水网络大电影。四川华烨影业之前主要是从事广告拍摄，但其看好网络大电影的发展前景，进入网络大电影领域后打造了麻将街娃系列，反响较好。

（二）投放与营销渠道

近年来，视频网站的发展为网络大电影提供了发展条件，视频网站的发展是现阶段网络大电影发展生态链中最重要的一环。目前的视频网站中，爱奇艺、腾讯视频、优酷土豆这三家网站名列前茅。这些视频网站为网络大电影提供的支持主要包括三个方面：播放平台支持、自制网络大电影和流量分成。视频网站发展至今，积累了大量用户和"粉丝"，视频网站为网络大电影制作公司提供播放平台，将网站的推荐窗口、版面等进行出售，将用户的注意力出售给网络大电影制作方。而无论是为网络大电影提供播放端口，还是视频网站自制网络大电影，都为视频网站带来点击率和流量收益，对视频网站自身来说相当有利。视频网站作为播放端口，还为网络大电影提供流量分成，视频网站则依靠点击率来发展。不同视频网站之间也存在着相应的竞争，对于优秀的网络大电影资源，视频网站之间存在争夺，制作方自然会选择给出更优厚条件的一方。

四川网络大电影将多屏幕、多端口、多场景的网络大电影投放渠道结合起来，沿袭了之前微电影发展的方式。与院线电影不同的是，网络大电影的放映渠道摆脱了大屏幕的限制，实现了多屏联动的互联网新格局。网络大电影可与手机、平板、PC端、TV、车载电视等多端口连接，使信息输出最大化。《麻将街娃》在爱奇艺的播放量达 1 418.9 万次。

四川网络大电影宣传模式主要是"传统媒体宣传+新媒体宣传+明星效应+线下活动造势"。《以为是老大》《麻将街娃》《风云九州》等电影开机时，网易新闻、搜狐新闻、四川新闻网等都对其进行了相关报道。《江湖风云之麻将街娃》上线前，华烨影业在蓉城举行了规模上千人的新闻发布会，邀请了影片众主创飞抵成都为影片宣传造势。同时，影片的预热宣传期提前了 20 天进行。发行公司在门户网站投放了 50 余篇新闻稿件，在移动端媒体投放了 100 余篇稿件，增加曝光量，为影片营造了深厚的舆论氛围。而在影片正式上线后，《江湖风云之麻将街娃》主海报迅速占据北京多条地铁广告的黄金位置和北京国贸户外广告的展示位。在影片上线前和上线后，出品公司和宣发公司发布了黄晓明、黄景瑜、王铮亮、江映蓉、伊一等 14 位国内明星为影片宣传造势的视频，将"粉丝"经济效益的理念发挥到了极致。《江湖风云之麻将街娃》在2017年3月4日上线仅仅20小时就成功突破300万次，48小时冲破500万次大关，仅凭三天突破666万次大关。

（三）盈利模式

1. 广告投资

网络大电影的前身是微电影。芭乐传媒出品的青春期系列电影第三部《青春期3》获得北京联通公司广告植入。电影中，对联通186号段持续曝光，北京联通在校园的售卖率上升35%。目前，青春期系列电影在全网的播放量突破25亿次，其中《青春期3》的播放量已突破10亿次。

网络微电影也可以为客户定制，实现广告的精准投放。以金莎巧克力月饼打造的定制微电影《Hi! 巧克力女孩》为例。结合客户诉求，进行影片的策划、制作、发行以及推广。芭乐BAM数据显示，《Hi! 巧克力女孩》上线后短期内播放量突破500万次，上线45天全网播放量突破4 000万次，该部定制微电影使客户获得数千万的潜在用户。企业一般都愿意出30万元以上费用制作这样的微电影。微电影的制作利润率，基本都能保持在30%~50%。

2. 视频网站分成

视频网站的分成模式各不相同，每一家视频网站都有自己独立的合作分成模式。例如爱奇艺的分成模式就有三类：广告分成、内容分成和营销分成。由影片有效付费点播量和内容分成单价决定，内容分成单价是根据内容评估定级为准。① 因此网络大电影前6分钟的剧情一般都非常紧凑。即使在影片从付费转为免费之后，合作方依然可以通过广告分成得到收益。

除了爱奇艺之外，腾讯视频也有自己独创的一套分成模式。2016年，腾讯视频制订了"百部计划"，入选"百部计划"的作品能够进入"企鹅独播影院"获得腾讯视频优质资源的支持，每周二、五各上线一部，2016年计划储备100部，每部影片的上线排播时间由平台来确定。影片制作符合电影制作的基本技术指标、剧情符合互联网用户主流价值观，话题具备传播性，影片营销物料丰富，且合作方针对该影片能配备专门的营销团队以支持营销方案的跟进和对接。②

3. 周边产品

每场电影都是由不同的场景组成，涉及衣食住行。在看视频的时候，你可

---

① 佚名. 网络大电影盈利破局，五大线上发行平台2017最新分账模式! [EB/OL].［2017-05-02］. https://www.sohu.com/a/137814581_693625.

② 同上。

能看上了女主角的衣服，如果你也想买一件，就可以直接点击弹出来的购买链接，跳转到天猫淘宝等电商平台进行购买。微电影则充当导流的角色，与商家分成。

现在以优酷为代表的一些视频网站，正在试行道具打赏赞助创作者的方式，所拍的微电影若能触动观众的心灵，观众是愿意给作品打赏的，可能一个人打赏的不多，10元、30元、50元不等，但是观看数量大，有10万人打赏，就至少有100万元以上的收入。并且还有其他虚拟礼物的运营，增加创作者的收入。

在美国，票房收入与非票房收入两者的比重约为3∶7，其中衍生品收入更占据相当一部分比重。以好莱坞电影《冰雪奇缘》为例，片中爱尔莎公主穿的裙子的销售额一年就高达4.5亿美元，其周边产品的销售额已经远远超过其北美票房的收益。在国内，以《大圣归来》为例，其衍生品运营方娱猫公司与知名电商平台天猫合作，为《大圣归来》"梦工厂"周边衍生品进行了众筹活动，当天，其各类衍生品销售额就超过了1 180万元，创下了中国电影衍生品历史上最高的单日销售纪录。① 娱猫（北京）科技有限公司总裁陶亚东认为，未来中国的电影衍生品市场产值应该在千亿元以上。

三、网络大电影发展的问题与对策

（一）"蹭IP""蹭热点"现象屡见不鲜

为吸引用户注意力，一些网络大电影采用片名相近的方式，企图蹭得热门院线电影或成功的网络大电影的热度。如电影《港囧》热映，网络大电影《韩囧》《澳囧》《沪囧》等粉墨登场。

还有一些网络大电影围绕社会热点事件制作影片，这种做法能发挥出网络大电影运作周期短、时效性强的优势。借助社会热点事件营销电影，原本值得鼓励，但部分片方丧失道德底线，将社会丑闻、明星八卦、隐私等变成影片题材，产生了不良的社会影响。例如2016年8月，王宝强离婚事件引发了网络上的轩然大波，但距离事发不足一个星期，网络上便有名为《宝宝别哭》的网络电影宣布开机。无底线蹭热点的影片引来了众怒，不但被舆论谴责，各大视频网站也拒绝其上线。

这种"蹭IP""蹭热点"的现象明显不利于整个行业的发展，严重影响了网络大电影的声誉和对观众的吸引力。因此需要加大对这种现象的整治力度。

---

① 许亚群. 电影衍生品：被遗忘的"金矿"［N］. 中国文化报，2015-08-26（2）.

（二）内容质量有待提升

一段时间，网络大电影主要由播出的视频网站自审自查，因此审查标准比院线电影的门槛低。这使得部分网络大电影存在内容低俗化的问题。这些现象已引起了有关部门的重视。从 2016 年至今，《超能太监之黄金右手》《大风水师》《消灭大学生》《绝色之战》《夜色惊魂》等超过 100 部网络大电影因不合规而下架。

国家广播电视总局规定从 2016 年 12 月 19 日开始，所有视频网站的网络大电影都需填写重点网络原创节目信息登记表，实行备案登记制度。要填写不少于 1 500 字的内容简介，还需要撰写不少于 300 字的思想内涵，而且备案名称必须与上线播出名称保持一致，不得擅自拍摄特殊和重大题材。① 政府主管部门对于网络大电影的监管正在逐步规范化，这有助于网络大电影的长远发展。

2018 年 3 月 16 日，国家新闻出版广播电视总局紧急下发《关于进一步规范网络视听节目传播秩序的通知》。一场关于规范网络视听节目的传播秩序和维护健康网络空间的自上而下的行业整改行动正式展开。

2018 年 4 月 20 日，爱奇艺发布的《爱奇艺联合合作方进行网络大电影内容自查结果公告》表示，近期集中从严、从重清理了一批不符合主流价值观的网络大电影内容，并对有明显博人眼球意图的海报、片名和严重偏离内容核心的宣传内容进行了全面整改。

（三）数据透明度不足

在数据公开及真实度方面，网络大电影存在较大问题。一方面，对于数据的公开，并没建立统一的行业标准。例如目前各个平台统计网络大电影的播放量标准并不一致。爱奇艺、优酷显示的播放量为正片播放量。而腾讯视频、乐视、搜狐视频的播放量则为正片加所有周边视频（预告片、片花、见面会、发布会视频等）的播放量，因此在进行行业比较时会存在一定的偏差。另一方面，网络大电影的点击量存在较严重的造假现象，一些片方为了营销目的而进行"刷量"，夸大自己的影片取得的成绩，对市场造成错误的引导。更有甚者，联合网络营销公司，利用技术手段获取有效点击，以从播出平台骗取更多的收入。

针对数据造假和数据不公开、数据统计标准不一等问题，需要行业携手建

---

① 佚名. 严管时代来临：网剧、网大实行备案登记，与电影电视一杆秤 [EB/OL]. [2016-12-20]. http://www.sohu.com/a/122025339_570245.

立起统一的规范，并严格执行。在这方面，爱奇艺已经率先做出了示范，2016年爱奇艺推出了流量防刷系统，将反刷策略和风险控制系统实时结合，对刷量行为进行有效拦截处理。2016年11月，爱奇艺开始公布网络大电影的真实票房分账数据，值得其他视频网站效仿。数据公开、透明也是进一步提高网络大电影质量和影响力的重要基础。

四、四川网络大电影的发展建议

（一）立足本土文化，打造产业名片

当前，网络大电影的市场规模增长迅速，成都作为具有两千多年历史文化积淀、迈入国际大都会的历史名城，拥有悠久的历史文化，其中，古蜀文化、三国文化、金沙文化、熊猫文化、水利文化、道文化、太极文化、养生文化、丝路文化等是电影创作的超级 IP。成都应借助网络电影的"风口"，以网络电影节为抓手，建设中国西部网络电影创新创业基地，将网络电影产业打造成成都市继"音乐之都"之后又一张文创产业的响亮名片，这对于演绎成都文化、传播成都精彩、提升成都形象、助力成都建设国家中心城市具有重要意义。

（二）以内容为核心，打造全产业链

四川应把握当前趋势，以天府文化为核心内容，以矩阵式推广打造网络电影全产业链，建设网络电影三创基地。尤其应该在激励政策、投资性基金、高层次人才、创业企业等各方面，加快网络电影产业技术、项目、人才和服务资源的集聚，打造四川网络电影产业集群。

（三）共同发力，营造发展环境

网络电影结合了"互联网+"和"文化+"两个特点，涉及面广、产业链长，政府应抓紧时间制定相关政策以促进产业发展，通过资金鼓励等方式强化作品价值导向，通过精品战略引导网络电影走向繁荣。院校、产业界和投资界应共同发力，加强软硬要素供给，营造四川发展网络电影产业的优良政策、人文和投资环境。

四川作为文化大省，拥有以成都为首的众多文化城市，坐拥国内较大的创作人社区，有庞大的人才库。四川网络大电影市场未来的前景一片光明，在市场的推动下，四川网络大电影行业也将更加欣欣向荣。

第十二章　新媒体广告

广告的目的是达到广告主特定的需要，通过一定的媒介，公开而广泛地宣传商品信息。新媒体的产生，使广告改变了传播媒体甚至是传播创意。广告也由此进入新媒体时代。

广告业是文化产业、现代服务业和创意经济的重要组成部分，广告的性质决定了广告业在经济发展中的推动作用，尤其是在扩大内需和拉动出口方面。[①] 广告业的发展水平可以反映一个国家或地区的经济发展水平、科学技术水平、社会文化水平、综合实力和自主创新能力。四川作为西南文化产业发展的大省，历来重视文化创意产业的发展，出台了多项扶持四川省文化创意产业发展的政策措施，促进广告产业和其他行业融合发展，共同进步。

新媒体广告主要有移动媒体广告、数字电视广告、互联网广告等，目前互联网广告发展得最快、最好。本章主要讨论互联网广告和移动广告，包括在互联网以及移动端投放的广告和新媒体企业投放的广告，研究地区以成都为主。

一、广告产业

（一）我国广告市场情况

CTR（媒介智讯）发布的《2017 年中国广告市场回顾》显示，近年来中国广告市场降幅收窄，走势趋于平稳。2014 年为 2.2%，2015 年为 -2.9%，2016 年为 -0.6%。2017 年，在两年连降之后增长 4.3%。电视、广播等传统媒体广告在 2014—2016 年连续下跌之后止跌回升，2017 年传统广告上升 0.2%。与此同时，互联网广告则由 2016 年 18.5% 的增幅降为 12.4% 的增幅。

---

① 中华人民共和国国家发展和改革委员会. 广告产业发展"十三五"规划 [EB/OL]. [2017-08-09]. http://www.ndrc.gov.cn/fzgggz/fzgh/ghwb/gjjgh/201708/t20170809_857233.html.

（二）互联网广告市场

数字营销在中国的发展在 2016 年得到了高度认可。广告主的营销预算进一步转向以互联网媒体为代表的新媒体。互联网广告整体市场处于成熟阶段，并保持稳定增长。根据易观国际发布的《2017—2019 年中国互联网广告市场趋势预测》，2017—2019 年，中国网络广告市场规模将保持持续稳定上升的状态（见图 12-1），预测 2019 年网络广告市场的规模将达到 3 900 亿元。中国移动营销市场规模预计 2019 年将达到 3 550 亿元。从 2016 年的互联网广告市场来看，移动互联网已成为推动互联网广告市场增长的绝对主力。

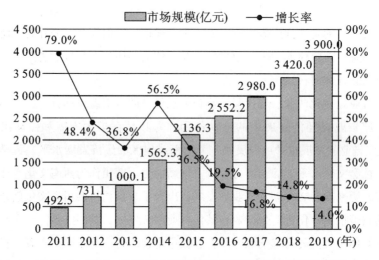

图 12-1　2017—2019 年中国互联网广告运营商市场规模预测

近年来，随着移动互联网的普及，移动广告市场规模呈现高速增长的态势。数字营销传播在未来将变得越来越重要。从目前数字营销传播市场的竞争格局来看，社交媒体的广告已成为广告客户倾向的媒体类型。媒体的用户数量和社会传播的价值已经成为广告主选择媒体的关键因素。总的来说，移动、社交和大数据是中国数字营销的三大核心趋势。

（三）移动广告市场

移动广告包括图像广告、视频音像广告、搜索类广告、电子邮件广告、信息流广告、插片广告、积分墙广告、LBS 广告等。具有精准性、及时性、互动性等特点。

艾媒咨询认为，2016 年是中国乃至全球移动广告市场真正开启的元年，移动广告迎来发展的最佳时机，但竞争也将会愈加激烈，移动广告市场群雄逐鹿的状态将长期持续。[①]

数字广告是目前最受欢迎的广告投放方式，相比之下，传统媒体广告投放渠道份额占比日渐下滑。2016 年是中国移动广告市场开启的元年，市场规模突破千亿元，增速达新高。移动广告平台市场整体规模达 117.4 亿元，较 2015 年增长 56.7%。2016 年，中国移动 DSP（需求方平台）市场规模达 130 亿元，接近 DSP 市场半数，增速仍维持在 100% 以上。[②]

同时，用户需求开始呈现碎片化趋势，导致移动广告市场逐渐细分化。BAT（百度、阿里、腾讯）借助流量和品牌优势，在行业中大力发展壮大；畅思广告、力美科技等移动广告服务商侧重于搭建广告服务平台，为广告主提供高效的精准营销和品牌推广服务，其技术和流量具备明显的优势。

二、四川广告产业的发展历程

（一）发展历程

从 20 年发展的角度来看，四川广告业与中国广告业发展保持同步，具体分为三个时期：一是广告业的复苏和初步发展时期。这主要指 1992 年以前，广告收入较低，管理处于摸索阶段。广告创意很简单，可以从广告中看到"省优，部优，国优"等各种广告。二是快速发展期。这段时期，四川广告业发展迅速，广告收入持续增长，广告媒体开始市场化。随着国家对住房、医疗等领域的改革，以及经济的快速发展，房地产、汽车、医疗服务等领域的广告投放量增多。三是稳步发展期。2000 年以来，广告业的发展不断深化。尤其是中国加入 WTO 以后的种种变化，昭示着四川广告业处在一个深入发展的新时期。[③]

（二）产业扶持政策

1. 加大对广告产业的扶持和支持力度

四川作为文化大省，省委省政府历来重视文化创意产业的发展，支持四川省创意产业的发展和文化创意对相关产业的促进与融合发展。2013 年 10 月，国家工商总局与四川省人民政府签订了《关于推进四川省广告业发展的战略合作协议》；2014 年 8 月，出台了《四川省人民政府办公厅印发推进文化创意

<hr>

① 佚名. 艾媒报告. 2016—2017 年中国移动广告行业研究报告 [EB/OL]. [2017-01-20]. http://www.iimedia.cn/47938.html.

② 佚名. 移动广告高速增长博睿赛思发力打造媒体资源矩阵 [EB/OL]. [2017-02-14]. http://www.sohu.com/a/125454214_114577.

③ 杨晓明. 四川广告业发展趋势研究 [J]. 新闻界，2008.

和设计服务与相关产业融合发展专项行动计划（2014—2020 年）的通知》（川办发〔2014〕82 号）。

2016 年，四川省进一步加大对广告业的支持力度，出台了《四川省广告产业"十三五"发展规划》。规划中明确指出，以创新推动为导向，全面推进创新和创意在产业发展中的关键性作用；以"互联网+"为路径，加大广告业的市场融合开放力度，优化产业结构，提高产业质量，扩大产业规模；以协同发展为目标，提高产业附加值，积极推进广告产业与科技、金融、贸易、新一代信息技术、智能产业等领域的融合发展。[①]

2. 推动"互联网+广告"媒体整合和商业模式创新

（1）推进电视、广播、电影、期刊、网络等新兴媒体的整合与发展。同时，加快数字媒体的融合，打造复合型广告媒体。

（2）鼓励媒体创新商业模式，在广告代理制的基础上创新与传播生态变化相适应的广告服务模式与经营方式。

（3）鼓励企业加强广告科技研发，加速成果转化，提升新设备、新技术、新材料的运用水平。

（4）丰富广告创意的表达形式。利用新兴媒体技术，充分发挥广告创意在影视、音乐、动漫等领域的作用。利用多种表达形式，如 AR、VR、H5、短视频等，增加传播量。

（5）打造"一级两环"的广告产业链，向高端价值链转移。通过互联网级、物联网级将广告主、广告经营者、广告代言人和广告发布者实现线上、线下的交互性延伸和扩展。

三、四川广告产业发展现状

（一）成都户外广告

1. 互联网投放占比位居前列

成都市工商行政管理局研究显示，2017 年上半年成都户外广告投放金额达 37 亿元，同比增幅达 16%，其中楼宇广告投放额达 12 亿元，占总投放金额近三成，地铁广告投放同比增幅最高，达 68.8%。在商业中心及火车站投放的广告数量也有不同程度的增加，同比增幅分别为 9.4%、10.1%，而在公交车、机场中投放的广告数量则有不同程度的下降。从各行业投放占比来看，互联网应用程序、酒水饮料、医疗保健三大行业投放占比均超过 10%，互联网以

---

① 资料来源：《四川省广告产业十三五发展规划》。

11.6%的占比高居各行业榜首。房地产、娱乐休闲、交通等行业紧随随后。成都户外广告投放榜单中，2017年上半年京东集团投放金额居榜首，投放媒体类型包括公交站台、地铁灯箱、楼宇框架等。从投放增幅来看，阿迪达斯增幅最大，增幅同比达到658%，百胜餐饮降低投放花费，降幅达到73.2%。从行业来看，互联网行业的广告主较多，酒水饮料行业次之，苏宁云商、阿里巴巴等的广告主涉足多个行业。①

2. 成都广告投放行业类型增多

eboR媒介监测中心数据显示："2015年各主流媒体投放总金额达18.88亿，共1 890位客户选择商业中心LED、地铁和纸媒投放广告。2016年各主流媒体投放总金额达44.58亿，共1 909位客户选择地铁、商业中心LED和交通枢纽广告投放。传统酒水行业和房地产持续发力，加上受互联网行业高速发展的影响，投放总金额同比增长136%。"②

（1）楼宇广告

在2016年楼宇广告的投放中，互联网以较大优势排名行业第一，占比为19%。互联网及互联网衍生产品、服务业、旅游、软件等促使了户外媒体广告投放持续升温。

（2）商业中心广告

商业中心的户外广告以LED广告为主。2017年第一季度，金牛万达广场LED共有51个客户投放广告，客户数位列本季度LED屏第一。共监测到11个行业在该屏投放广告，其中酒水饮料和食品行业最多，两个行业共25个客户，占比为47%；其次是互联网和服务业两个行业，分别有6个和5个客户，分别占比11%、9%；以上前四个行业的客户在航天科技大厦LED的客户中占比为67%。

2017年第一季度成都LED广告的投放中，数码广场LED屏共有34个客户投放广告，客户数位列本季度LED屏第二。该屏本季度客户主要来自建筑建材、酒水饮料、互联网和交通四个行业，占比达70%。

2017年1季度共监测到19个行业投放的广告，排名前三的行业分别为酒水饮料行业、建筑建材行业和互联网行业。监测到的19个行业中，有9个行业投放金额上涨，10个行业的投放金额下滑，其中服务业和商超百货行业出

---

① 佚名. 2017上半年成都户外广告投放金额同比增幅16%［EB/OL］.［2017-08-14］. http://www.cicn.com.cn/zggsb/2017-08/14/cms99746article.shtml.

② 蜀都广告. 2017. Q1成都户外媒体广告投放报告［EB/OL］.［2017-04-05］. http://www.shuduad.cn/news/ShowArticle.asp? ArticleID=488.

现较大下跌，涨幅较大的是互联网行业。其中，互联网行业本季度迎来果范创想和好租科技的大额资金投放，提升了整个行业的投放金额。互联网行业本季度共有 24 个广告主投放 19 个 LED 屏，投放金额在行业中排名第三，环比涨幅排名第一，投放金额环比上涨 146.7%，共 15 位新客户投放广告占 56%，9 个客户持续投放占 33%，另有 11% 的客户流失；大增幅主要源于好租科技和果范创想的大额投放，同时，新客户的参与抢占了市场份额，提升了整个互联网行业的投放金额。[①]

（3）成都地铁广告

eboR 媒介监测中心的数据显示，2017 年第一季度，随着春节后市场升温，成都地铁广告投放有小幅提升。相较于 2016 年第四季度，广告投放金额环比上升 13.84%，广告投放客户数持平。地铁 1 号线环比涨幅为 7%，地铁 2 号线略低，微降 4% 的水平，地铁 3 号线投放环比增长了 27%。另外，从各线路投放金额的份额对比来看，地铁 1 号线份额上涨 2%，地铁 2 号线份额下降 6%，地铁 3 号线份额微跌 3%。

在广告主方面，以互联网和医疗行业居多。2 号线路投放广告金额最高，1 号线紧随其后。其中，医疗保健行业在 1 号线、3 号线、4 号线均排列第一位。互联网、医疗保健总额各占比 14.3%。

2017 年第一季度互联网行业占比 14.3%，环比上涨 61%，投放金额在行业中排名第一，持续投放客户占比为 32%。本季度投放客户中，京东集团金额排名第一，占互联网行业投放金额的 47%。京东投放的京东家电、京东超市等广告覆盖了地铁 1、2、3、4 号线的十二封灯箱。

（4）成都公交广告

2017 年第一季度公交广告投放金额及客户数都有大量下降，相较于 2016 年第四季度，广告投放金额环比下降 18.15%，广告投放客户数环比下降 12.12%。2017 年第一季度，成都市二环内公交广告投放金额整体下滑，总体下滑 18.16%。成都市一环内公交车共有 91 个客户投放广告，相较 2016 年第四季度有较大降幅。在该区域公交站共监测到 14 个行业投放广告，其中房地产和娱乐休闲行业最多，共有 36 个客户，占比 39%；其次是医疗保健和互联网两个行业，各占 14% 和 10%；以上前四个行业的客户在一环内公交客户中占比为 63%。

---

① 蜀都广告. 2017. Q1 成都户外媒体广告投放报告 [EB/OL]. [2017-04-05]. http://www.shuduad.cn/news/ShowArticle.asp? ArticleID=488.

2017 年第一季度公交候车亭共有 14 个行业进行投放广告，相较于 2016 年第一季度，有 3 个行业退出（家居用品、教育培训和家电行业），其余均为持续投放行业。在持续投放行业中有 6 个行业投放金额上涨，8 个行业投放金额下滑。投放上涨排行前三的行业分别为互联网、医疗保健和房地产。

3. 成都户外广告区域分布

成都主城区户外媒体投放金额占比数据中，锦江、青羊、武侯三大区投放广告金额共计 32.4 亿元，占主城区的 60%，撑起了成都户外广告投放金额的大半"江山"。金牛区广告投放数量紧追其后，四大区域平均投放数量在 3 万次左右，占六大城区的 84%。高新区户外广告投放量占比低于其投放金额占比，主要原因在于其区域供应量占比较低，但经济水平较高。

（二）四川纸媒广告市场

在新媒体浪潮的冲击下，纸媒的衰败愈演愈烈。从四川报业的构成来看，房地产、商业零售业、汽车行业等传统的主力广告商大幅度减少，使得报纸广告行业的组成发生了翻天覆地的变化。eboR 媒介监测中心数据显示，2016 年 5 月，纸媒共有 236 个广告投放，投放金额达 1 238 万元。本月广告的投放个数及金额均有不同程度的减少：纸媒投放金额环比下跌 20.3%，投放个数环比下跌 13.6%。这些行业的集中下降反映出广告主对传统广告投放形式的顾虑，而精准、互动并利用大数据投放的新媒体广告越来越受重视，这也是以报纸广告为代表的传统纸媒的短板。

报纸媒体在新媒体转型中形成了一种新的广告形式，信息流广告是近两年新媒体广告的精准投放类型。信息流广告以一种隐蔽的广告形态镶嵌进用户的浏览界面，进入深度阅读的使用者会忽略或减少对广告与新闻的界限认知，信息流广告以一种私人化的自然缝合的沟通方式，催发了广告主与用户、用户与用户之间的营销互动。[①] 目前，国内信息流广告的主要投放媒介是移动客户端。

《华西都市报》和《成都商报》一直是成都主流的纸媒。2016 年 5 月，《华西都市报》投放 48 个品牌，《成都商报》投放 52 个品牌。两份纸媒广告品牌投放前五名榜单中，并无明显集中的行业，十个品牌相对均匀地分布在装饰装修、服饰、互联网、商超百货、房地产及金融投资六大行业中。与《成都商报》相比，《华西都市报》投放金额前三的品牌占所有投放金额的比例较高，达到 26.25%，而商报投放金额前三的品牌仅占 20.83%。

---

① 钟雯霏. 众媒时代的信息流广告 [J]. 新闻研究导刊，2017，8（1）：267-268.

四、四川广告产业发展的问题与对策

在社交媒体、电商等异军突起的移动媒体时代，传统广告行业迎来了新考验。主要的挑战表现为三个方面：传统广告行业如何转型创新，如何适应时代变化进行变革，如何更快寻找到发展的新路径。

（一）问题与挑战

1. 传统产业的转型困境

新媒体时代广告主越来越青睐新媒体的广告价值。广告主有意识地把原本投入传统媒体的广告预算投放到新媒体广告上。近年来，国内大型广告集团通过并购和联合等资本运作方式成功实现数字化转型，但是对于大多数中小型广告公司而言，大多选择在公司内部增设数字广告部门，由于缺乏专业的数字广告人才团队和数字广告运作的经验，以及大数据资源、数据挖掘技术和分析能力，其专业代理能力很难得到广告主的认可。同时，由于广告程序化购买可以实现可视化，广告主和 DSP 公司可以实时评估广告效果，调整广告投放策略。[①] 可见，传统产业实现转型升级已迫在眉睫。

2. 广告公司竞争力有待提升

四川本土广告公司规模较小，知名度低，呈现高度分散和相对弱小的特征，无法与国际广告公司相抗衡。随着新媒体技术和大数据的出现，这些小型传统广告公司的数字化转型步履维艰，数字广告市场上的品牌广告数量还很少。

3. 广告产业外资并购的风险

新媒体广告、数字广告已经成为广告市场的新宠儿。随着市场的开放，国际广告集团加大了对数字营销传播公司的并购力度，增强了数字营销传播代理的实力。同时，中国的数字广告业面临着外资的威胁，影响了国内广告业、传媒业和民族企业的发展。对于四川的广告公司来说，外资的收购更是意味着"大鱼吃小鱼"的结局。

（二）对策建议

面对新媒体广告的冲击，四川广告业的发展可以从以下方面入手：

1. 稳步实现广告产业的规模化发展

规模化发展趋势的形成面临两个方面的危机。一方面，尽管四川广告经营

---

① 佚名. 大数据时代，广告产业该如何变革与创新？[EB/OL]. [2016-04-21]. http://www.yingmoo.com/news_76828.html.

单位的平均人数高于全国平均水准，但其平均年营业额和人均年营业额均远远低于全国平均水准。这说明四川广告经营单位的实力普遍较弱，竞争力不强。不改变这种状况，四川广告业要健康发展是不可能的。另一方面，广告产业面临外来广告公司的挑战。就目前的情况而言，四川的纯外资广告公司还非常少，但北京、上海、广东等地有实力的广告公司已相继入驻成都。因此，四川本地广告公司还与外地广告公司有着激烈的竞争。

基于以上两方面的危机，四川本土广告公司想要生存并且健康发展，必须采取一个较大规模的发展方式，以增强实力，提升竞争力。我们相信在规模发展的道路上，四川的广告业将会发展得越来越好。

2. 不断拓展广告新业务

一是拓展服务内容。广告公司不再局限于传统的广告代理，而是全面拓展服务内容。二是专注深层次广告业务。除基本的广告创意制作外，媒体咨询、媒体收购等也是广告公司深耕的内容。三是拓展媒介资源。广告与媒介渠道息息相关，除了传统媒体渠道以外，新媒体特别是社交媒体平台，也是广告的重要传播渠道。

3. 行业自律规范化

广告行业自律主要表现为国家通过行业组织形成的为行业内部普遍认可的制度、准则等规范要求，对自身的职业行为进行约束和管理，在许多广告业发达的国家和地区，广告行业组织自律是规范广告发展的"主角"。[①] 中国广告业和四川广告业的发展也需要这种有效的广告管理模式。

---

① 张金花，王虹. 国外广告规范管理及对我国广告规范机制建设的启示［J］. 河北大学学报（哲学社会科学版），2009，34（6）：39-43.

第十三章 "网红"产业

在新媒体和大数据的影响下，中国互联网已经进入全媒体时代。互联网从2000年起开始在国内普及，论坛成为民众的交流平台，最早的网络领袖人物是在论坛中出现的。如今，在移动互联网时代，"网红"已正式成为一个职业。在各行各业都有"网红"的身影。"网红"甚至直接改变了中国娱乐和其他商业的发展模式，成为仅次于明星、偶像的大众话题中讨论得最多的"陌生人"。

一、"网红"概述

"网红"，即网络红人，原指因某一个或一系列事件及行为在互联网上迅速受到关注而走红的人，目前泛指通过社交平台走红并聚集大量"粉丝"的红人。① 比如第一批"网红""芙蓉姐姐"，通过拍照做出一些浮夸的造型走红网络；"沉珂"作为网络歌手，因为一首歌红遍网络，她背后的故事也引发人们热议，2015年，她在微博上公布自己还活着，再次引发讨论。如今"网红"当道，尤其是2016年新浪微博将用户加"V"标志分级得更加清楚，为"超级网红"提供保障。随着技术与市场的升级，"网红"已经从一种现象转型成为一种产业经济。特别是以短视频、直播及电商为主要趋势的"网红"经济产业，正受到投资者前所未有的关注。

二、"网红"的发展历程

中国社交平台流行初期，"网红"大多出现在论坛、BBS社区等匿名社区，他们的走红多是以文取胜。安妮宝贝，原名励婕，1998年开始在网络上发表《告别薇安》《七年》《七月与安生》等作品而成名。南派三叔，原名徐磊，走红于一部网络小说《盗墓笔记》。《盗墓笔记》在百度贴吧起步，之后

---

① 添清. 网红经济：泡不泡沫"实力"说话 [N]. 中国文化报，2016-07-30（2）.

步步成长，关注度也随之增加，《盗墓笔记》由贴吧转到文学网站，首发于起点中文网。这类"网红"又称"才华"派，他们起步时间早，往往因为某些独特的见解或者某些丰富的知识在论坛广泛传播而逐渐成为意见领袖，受到众人的推崇和追捧。

2007年，网易博客上线成为自媒体标志性事件，一些喜欢写文的人有了新的传播渠道。而依靠私服搭配、买家秀等方式走红的具有代表性的社交系"网红"正式出现。

2008年，与论坛极为相似的社区强势地出现，由于有众多用户的参与，其不仅具备交流的功能，也成为一种营销场所。一些善于自我营销的人成为新兴"网红"。同年，淘宝出现许多网店，这些店主因为外貌出众而成为网友们关注的焦点，如"大儿童组合""水煮鱼皇后"等。

2009年，新浪微博上线，其具备发图片、评论、点赞等功能，满足了用户的各种需求，新浪微博因此成为在此后几年"网红"接连诞生的社交平台。

2012年被看作"网红"发展的分水岭，这一年也是"网红"发展的"2.0"时代。相比之前，无论是运作专业度、影响度，还是产生速度都得到很大提升，"网红"从现象化开始向产业化升级，"网红"的出现和运营更多是以公司而不是以个人为单位的。这一年，团队化和专业化的操作让"网红"开始成为类似流水线的产物。

2013年，微信公众号上线，使自媒体进一步发展，催生出一批新"网红"，他们主要利用公众号定期推送文章。

2013—2014年，微博运营开始推行"粉丝"营销，各种美妆博主一时成为仅次于明星的热门人物；淘宝人气店铺横空出世，店主逐渐被卖家群体关注，成为新"网红"。

2015—2016年，"网红"孵化器在全国各地普遍落地生根，"网红"发展开始走专业化运营之路。经过专业包装后，"网红"展现出顽强的生命力，开始渗透到了越来越多的行业，特别是娱乐行业。

三、"网红"发展总体态势

（一）"网红"人数及"粉丝"规模大幅增长

由艾瑞与微博联合发布的《2017年中国"网红"经济发展洞察报告》指出，2017年，"粉丝"规模在10万人以上的"网红"人数较2016年增长57.3%。与此同时，2017年，中国"网红""粉丝"总人数在原有的庞大基础上继续增加，达到4.7亿人，环比增长20.6%。"网红"人数与"粉丝"规模双双增长，使"网红"经济变现空间进一步扩大，为产业链各方发展壮大提供了有力保障，也为国内"网红"经济的进一步发展奠定了更坚实的基础。①

（二）男性占比增多

在"网红""粉丝"群体方面，《2017年中国"网红"经济发展洞察报告》显示，2017年，"网红""粉丝"男性占比为61.4%，较2016年增加近4个百分点。"网红""粉丝"男女比例目标群体指数（TGI）为1.17，明显高于男性用户在总体网民人数中的占比。分地域来看，三、四线城市及以下区域的"网红""粉丝"占比较大，达54.1%，"粉丝"用户下沉明显。"粉丝"兴趣娱乐化倾向较为明显，多个垂直领域如时尚、情感两性、美食与美妆等潜力较大。

（三）直播观看的人数全面增长

在"网红"的内容输出形式上，直播观看人数全面增长。《2017年中国"网红"经济发展洞察报告》显示，自2016年10月到2017年5月，微博直播观看人数迎来新一轮增长，除了秀场直播发展迅猛以外，多个垂直领域日均观看人数也成倍增加。其中，美食和游戏领域的增长率最大，分别为341.8%和342.6%，时尚、搞笑、母婴、美妆等领域增长率接近或已超过100%；日均观看人数增长较多的领域多为美食、母婴等垂直领域。②

四、四川"网红"发展现状

（一）微博"网红"

微博作为一种更具公开传播属性的平台，有利于更好地提升品牌和影响力价值。因此，很多用户将新浪微博作为平台来进行"网红"事业的发展。根据《2016年"网红"生态白皮书》，在微博"网红"用户画像中可以看出，四川省的"网红"人群单省份占比在全国省份中占据中上水平。

"网红"经济可以说是"粉丝"经济，对"粉丝"的争夺，一直是"网红"的一场持久的战斗。根据《2016年"网红"生态白皮书》，在"粉丝"地域分布上，四川省的"网红""粉丝"单省份占比仅次于北京、广东和江苏。这体现出"网红"在经济发达地区拥有更大的影响力。一个省份"网红""粉丝"的数量是支撑这个省份"网红"经济发展的中坚力量，四川省微博"网红"在很大程度上依靠四川省的经济发展和"粉丝"数量的增长，因此在

---

① 资料来源：《2017中国"网红"经济发展洞察报告》。
② 同上。

"网红"发展过程中,四川省应当使经济发展与"粉丝"数量更好地与"网红"发展相连接。

（二）直播"网红"

2016 年,"网红"成为整个资本市场的热门话题,而直播平台更是呈现爆发式增长,出现了各式各样的网络直播平台,他们常常以具有争议的话题内容吸引受众,以此进行病毒式传播,从而赢得资本。

2016 年 8 月,国内第三大移动社交平台陌陌通过统计近一个月陌陌主播们的相关数据,发布了中国主播地图,从主播数量、人均收入、人均直播时长等维度盘点了各省份主播的综合实力。数据显示,在综合实力的评估中,北京、辽宁、上海主播的综合实力最强,而四川省的综合实力排名第 16 位,在我国省份中处于中等水平。在人均收入和人均播出时长方面,四川省均未入榜前十名。

（三）四川高校网络发展联盟成立

"网红"在年龄上呈现年轻化的趋势,"主播职业"成为很多大学生兼职的首选。2016 年 5 月 26 日下午,四川高校网络发展联盟成立仪式暨青年网络文明传播使者培育计划启动仪式在电子科技大学举行。由共青团四川省委宣传部指导,电子科技大学、微博校园共同发起的"四川省高校网络发展联盟",正是四川省高校贯彻和落实党中央有关会议精神和要求,积极开展网络文化建设,大力培育和践行社会主义核心价值观,构建和谐校园和清朗网络空间的有益尝试。

四川高校网络发展联盟是专门为高校网络文化建设搭建的一个交流、共享、提高、互助的合作平台。该联盟实施的"青年网络文明传播使者培育计划",意在真正培养出一批立场坚定、在学生中有影响力的高校青年意见领袖,打造出一支可以理性发声、健康文明上网的青年网络文明传播队伍,从而催生一批特色产品。

这样的措施有利于青年人做网络文明的传播使者,做有梦想、有担当的"网红",弘扬主旋律,传播正能量,为推进我国网络强国建设凝聚青春正能量。

五、四川籍"网红"案例分析——以"办公室小野"为例

（一）"办公室小野"走红过程

2017 年初,四川籍"网红""办公室小野"制作的短视频"饮水机煮火锅"从今日头条发端,很快形成了全网病毒式传播。此后,"办公室小野"又录制了"针织方便面""电熨斗烫肥牛""瓷砖烤牛排""电钻棉花糖"等创意视频，赚足了眼球。在 YouTube 上，集均播放量为 30 万～40 万次，此后更是获得了互联网领域的相关奖项。

（二）幕后推手——洋葱视频

"办公室小野"的走红，来自于幕后推手洋葱视频。如今，洋葱视频已经孵化了十几个账号。"办公室小野"只是洋葱 MCN 的第一个成熟作品。"办公室小野"出现时，短视频战场已经开战有一段时间了，当时在美食领域出现了一批头部账号，如"日食记""日日煮""好好吃""李子柒"等，都在网络上收获了不少关注，竞争相当激烈。但洋葱视频的联合创始人兼 CEO 聂阳德仍然选择从美食领域切入。在他看来，身处有"美食之都"之称的四川，做美食十分有氛围。洋葱视频的联合创始人兼 CEO 聂阳德曾经作为一名 IT 撰稿人，也有电商从业经历，"办公室小野"走红的背后离不开他的跨界经验。对于他来说，每一个数据都有它的意义，经过分析都能用来指导内容生产。

六、"网红"产业的升级

在国内外，"网红"经济多是由"网红"经纪公司承担，形成内容的持续产出。"网红"自主创建或者依附于经纪公司是未来"网红"发展的趋势，在目前的国内市场中，"网红"签约经纪公司占比近 23.8%。

"网红"们对电商投资和周边产品的开发，通过微博等社交媒体商品的链接，能够直接促进营销转化；通过社交媒体服务的链接，直接与"网红"留言互动，从而建立与用户间良好的互动，提升用户服务体验；通过社交媒体与"人"链接，优化与用户间的沟通渠道，以人性化的高质量服务，进一步完善营销矩阵。

当"网红"从现象级向产业化升级以后，产业化协作是提升"网红"品牌价值的关键。"网红"从现象成长为满足大量需求的经济产业链条，要求产业内部的社会分工不断细化。如今，"网红"产业已实现内容制作专业化，成立了"网红"孵化器、"网红"经纪公司、IP 制作方等。"网红"变现模式呈现多元化，通过广告代言、电商导流、打赏获赠、经纪培训以及其他一些渠道变现。广告是内容的生产者，植入或代言广告的效果很好。以视频、文章等为内容的"网红"，可以通过打赏或获得赠送礼物来获得收益。

当然，"网红"向产业化发展并不是顷刻间就能完成的，也需要培育"粉丝"的环节，时间和人气两个关键因素必不可少。"网红"的产生，目前大多是依靠专业生产内容为主导的内容生产模式，不过专业生产内容的素材依旧以大众用户的素材为主。目前，"网红"已从用户生产内容（UGC）向专业生产内容（PGC）转变。在以往的粗放型"网红"生态中，组织化、专业化和商业化的团队脱颖而出。这是由于市场需求促使"网红"生态进行更为细化的社会分工，以孵化、运营为主的"网红"孵化器、"网红"经纪、以从事内容制作为主的 IP 制作方应运而生。"网红"经纪机构强势崛起，并在整个"网红"生产中扮演着重要的角色。通过聚集大量 PGC 机构，在资本有力的支持下，形成内容的持续产出，从而完成"网红"经济中的最后一环——商业变现。

七、"网红"平台高速发展

媒介传播是"网红"经济产业中的重要环节，精良的内容制作以及专业的运营模式是"网红"生产过程中的重要环节，寻求好的平台进行合作，是"网红"内容成为"真网红"的重中之重，通过以微博、微信为主的社交传播平台接触更大规模的用户成为核心。

"网红"平台组成了"网红"经济产业的主干，在"网红"发展中起着重要的作用。

"网红"经济的发展促进了社交媒体规模的扩大。微博作为典型的社交平台，更能为"网红"升级 IP 提供全方位支撑。从整体看来，微博在"网红"发展中主要是作为传播平台，"网红"在微博上拥有上千万的"粉丝"，进而实现品牌与 IP 增值。

艾瑞数据中心联合新浪微博数据中心，抽样出 36 000 余个具备"网红"特征的账号，对其进行人群属性的数据分析。抽样结果表明：在微博平台，"网红"能够产生较多的数据。微博"网红"用户中，女性占 74%，男性占 26%；学历水平上，高等教育占 89%，中等教育占 8%，初等教育占 3%；年龄阶段为 17～33 岁的占比为 87.8%；在地域上，北京和上海"网红"人群各占 10%以上，四川"网红"人群占 3%以上。

"短视频+社交"成为链接"网红"与"粉丝"的重要媒介。短视频已经成为微博用户重要的内容消费形式，短视频的可视性能充分满足大众用户碎片化的消费习惯。《2017 微博用户发展报告》显示，短视频全面普及。微博于2017 年 4 月上线"微博故事"，鼓励普通用户创作、分享更多短视频内容。2015 年以来，Papi 酱相关视频的平台的播放量中，微博用户数量占 45.6%，截至 2016 年 3 月底，Papi 酱发布微博视频 69 条，总计播放量达到 2.46 亿次，全网播放量为 5.4 亿次，微博几乎是微信及全部视频网站的总和。

微博"网红"直播市场前景被看好。"网红"直播目前主要集中在秀场、游戏以及社交类直播三个领域。直播红人大多为专业主播，签约主播机构或家族。"网红"礼物分成的收入模式比较成熟。直播"网红"主要分布于直播平台，但"粉丝"积淀与影响力相对有限；微博、微信等平台或是直播类"网红"实现品牌增值、影响力升级的重要平台。

八、四川"网红"发展存在的问题及策略

（一）四川"网红"发展存在的问题

目前，四川"网红"产业商业模式尚不够成熟，"网红"生态在发展的同时也暴露出一些问题。具体如下：

1. "网红"的走红时间短，且对单一平台依赖程度大

"网红"的走红的时间短暂主要有三个因素：第一，互联网各平台的内容更新迭代速度加快，今天的热点转眼就将变为过去，而"网红"的影响力很难实现跨时代存续；第二，大多数"网红"都依靠博眼球而迅速走红，缺乏保持稳定热度的特色；第三，缺乏创新性使得大多"网红"没有固定"粉丝"。在平台上，很多"网红"都依赖于单一的平台，很难实现跨平台的发展，这就使得"网红"的发展过度受制于平台。

2. "网红"内容参差不齐，难以保证流量转化

在新媒体环境下，内容过剩，应抓住受众的注意力，把恰当的内容提供给尽可能多的需要这种内容的受众，才能做到"内容为王"。目前，大多数"网红"内容缺乏创新性，有的甚至存在低俗化倾向。并且，"网红"更新的内容过于单一，没有创新，其"粉丝"增长就会放缓，流量转化难以保证。

3. "网红"流量变现困难，"网红"电商供应链脆弱

目前，"网红"的流量变现还缺乏稳定的商业化模式支撑。应根据"网红"特点和"粉丝"特征选择合适的商业化模式，进行专业的商业化运作。

（二）四川"网红"经济发展策略

针对四川"网红"经济发展的现状和问题，四川应采取相应的措施来发展"网红"经济，具体如下：

1. "网红"发展应多平台化

曾经扎根于单一平台的走红方式无法跟上市场的节奏。互联网的不断发展，使不同的内容领域衍生出了众多的平台。"网红"应根据自身优势、特点在多个平台积累人气，提升其知名度。

2. 坚持"内容为王"

四川"网红"需凭借优质的内容提升自身的竞争力，可以充分利用四川

的本土文化优势，如美食、旅游、熊猫等。办公室小野的成功打造正是利用了四川"美食之都"的天然氛围。还可以结合成都创意文化的优势，利用熊猫的品牌，打造虚拟"网红"卡通人物。

3. 规范化发展"网红"经济

配合国家对自媒体的整顿，四川网络社交平台以及"网红"孵化企业应该严格把控"网红"的素质。政府应加强对网络生态环境的监管，规范"网红"的行为，推动"网红"经济的规范化发展。

第十四章　共享单车

在倡导低碳出行、加快经济发展以及传统行业与互联网产业相互结合的时候，一种新的共享经济模式诞生。共享单车的出现对交通和生活的便利产生了积极的影响。2016年，共享单车热浪席卷全国，被私家轿车行业冲击的自行车行业，在经历了"冷冻"期之后，又迎来了新的春天。

一、共享单车的发展

共享单车是指企业在校园、地铁站点、公交站点、居民区、商业区、公共服务区等地提供自行车共享服务，是一种分时租赁模式。共享单车是一种新型环保共享经济。①

实际上，共享单车的概念并不新颖，押金付费的模式在很多租赁行业都很常见。早在几年前就有了共享单车的概念。例如，2007年我国就从外国引进公共单车模式，只不过这段时期以政府主导为主，多为有桩单车，经过几年的发展，2010年开始出现企业承包的模式，但是这时的公共单车依旧是有桩单车，虽然已有市场的渗透，但当时的公共单车主要集中在北京、杭州等几个大城市，其发展规模非常有限。

虽说共享单车并非是新的概念，但是其真正呈快速发展的态势是近两年，尤其是互联网的快速发展，为之提供了发展的技术基础。多家品牌的共享单车纷纷创立，2015年1月，"摩拜"单车创立，2016年3月，哈罗单车创立，2016年6月，"优拜"单车创立，据不完全统计，目前市场至少已有25个相关品牌。随着共享单车的兴起，共享经济成崛起之势，更多的资本融入共享单车中来，OFO的D轮融资就高达4.5亿美元。随着共享单车市场的不断壮大，各行业纷纷入局，例如早在20世纪便家喻户晓的永久、飞鸽牌自行车生产商，

---

① 侯海晶，磨少清，杜海兴，等. 基于波动出行需求的共享单车调度方案研究 [J]. 智库时代，2018 (52)：119-120.

借此东山再起；永安行、金通科技等公共自行车运营商再次发力；当下互联网巨头腾讯、阿里纷纷加盟；还有其他行业也不甘落后，滴滴出行、小米等先后与共享单车牵手合作。

如今，共享单车已经融入我们的生活当中，成功解决我们的"最后一公里"难题，同时，伴随着"低碳经济"的发展，单车正在成为我们的首选代步工具。中国互联网络信息中心（CNNIC）发布的第42次《中国互联网络发展状况统计报告》显示，2018年上半年，有30.6%的网民使用过共享单车①。可见，共享单车正悄无声息融入我们生活的"脚步"之中。

二、共享单车在川发展情况

（一）发展现状

共享单车在成都取得了快速发展。根据腾讯研究院发布的《中国互联网+数字经济指数（2017）》报告，成都数字经济指数首次进入全国前五位，紧随四大一线城市之后。其中，"互联网+交通出行"指数增加最多，越来越多的成都市民选择骑共享单车出行，骑车人数甚至超过乘坐地铁的人数，骑共享单车成为成都人的第二大出行方式②。

据了解，自2016年11月共享单车进入成都市场以来，6家共享单车企业已在成都市投放共享单车超过30万辆。目前，地铁1、2、3、4号线有84个出入口的253个停放点位已经施划到位。由2017年4月北京清华同衡设计研究院联合摩拜单车发布的全国首部《共享单车与城市发展白皮书》（以下简称《白皮书》）可知，成都人每天骑行摩拜单车的次数高达190万次，仅次于北京、上海，居于全国第三；每辆车每天平均被骑行9到10次，运行效率高居全国第一。可见，共享单车成为成都市民日常生活的绿色出行方式。

（二）四川共享单车的特征

1. 骑行目的以休闲游乐为主

素有"天府之国"之称的四川，无论是生活方式，还是经济发展速度，都契合了共享单车的发展模式，为共享单车在四川的快速发展提供了许多良好的机会。

成都是一个独具特点的城市。与北京、上海等特大城市相比，成都的经济发展速度还相差一段距离，但是成都与其他城市相比较，有其自身的发展特

---

① 资料来源：第42次《中国互联网络发展状况统计报告》。
② 资料来源：《中国互联网+数字经济指数（2017）》。

点，成都人的生活节奏相对比较慢，人们时常于街市处闲逛，在公园中"遛鸟"、下棋，在茶楼中饮茗听琴。此外，成都又是一个集美食、旅游于一身的城市，可以说是人们游玩的好去处，正是这样的生活方式，为人们在公交、轿车、地铁全覆盖的时代，再次骑自行车提供了绝好的条件。

《白皮书》显示，从骑行目的来看，约 1/3 的用户骑行是为了游玩锻炼，约 1/5 的用户是为了进行地铁公交的接驳换乘，尤其对于城市中的学生而言，大部分是为了上学和出外游乐，对于一些老年人而言，大部分骑车出行是为了吃饭就餐。由此我们可以看出，共享单车在川的发展有明显的休闲娱乐的特点。

2. 用户分布不同

共享单车在四川发展迅猛，已经拥有了广大的用户群。据成都市城管委通报，截至 2018 年 8 月底，成都互联网租赁自行车企业累计投放单车超过 180 万辆，其中，中心城区集中投放区的投放总量达到 100 万辆左右。① 用户的涉及面比较广，除去共享单车限制的年龄段以外，各个年龄段的用户都有。《白皮书》展示了谁最爱骑共享单车、谁骑得最快等数据。据统计，70 后、80 后、90 后用户占比超过 70%，其中 85 后小伙骑行用户量最多，且男性用户的总骑行次数多于女性。但是数据显示，骑得最快的并不是小伙子，通过比较发现，退休大爷们不仅骑得最快，而且骑得最远②，对于这一点，实际上与成都的本土特色分不开，成都生活节奏慢，虽然老年人口比青年人口少，但是他们空闲时间较多，此外，老年人更加注重养生锻炼，采用单车骑行，对他们来说健康又环保。最终数据还显示，家庭妇女骑行用户量最少，职场女性骑行距离最短，女大学生骑行速度最慢。

3. 共享单车种类繁多

如今，随着共享单车井喷式的发展，四川市场前景良好，入驻成都的共享单车品牌越来越多，据不完全统计，成都的共享单车主要有 6 家，包括摩拜、OFO、永安行、小蓝单车、1 步单车、熊猫单车。就目前的竞争局势来看，在成都单车竞争战中占据优势的是 OFO 小黄车、摩拜单车、青桔单车、哈罗单车。成都市城管委公布的数据显示，四家主要运营企业的单车数量占全市单车总量的 97.7%。

---

① 佚名. 成都共享单车已超 180 万辆 将对重点区域顽疾点位动刀 [EB/OL]. [2018-09-26]. http://sc.sina.com.cn/news/b/2018-09-28/detail-ifxeuwwr8846427.shtml.

② 资料来源：《2017 共享单车与城市发展白皮书》。

4. 共享单车发展遍地开花

众所周知，四川是个旅游胜地，来往人员客流量很大，其旅游景点并不限于成都，还有都江堰、乐山等地。此外，四川的二、三线城市的发展速度很快，经济条件基础好，受四川整体氛围环境的影响，人们整体的生活节奏并不快，基本上处于一种休闲的生活当中，比之成都人的生活节拍，四川二、三线城市的人们的生活更加闲适，这就为共享单车在四川二、三线城市的投放提供了广阔的空间和良好的条件，这一点通过共享单车的投放得到了证实。

2017 年 3 月 9 日，摩拜单车正式在德阳投放 3 000 辆摩拜单车，后期将根据市场运营情况逐步增加投放量，至此，德阳成了四川省内继成都之后第二个投放共享单车的城市，也是全省首个进驻共享单车的地级市。同年 3 月 16 日，"永安行"在南充市顺庆区人民中路、涪江路、万泰等处投放了 500 多辆共享单车，"永安行"相关负责人透露，后期将会进一步增加"永安行"在南充市的投放量。同年 4 月 20 日，巴中市首批投放的 1 000 辆共享单车正式运行，空间范围遍布巴城的 9 个地方，其投放量和空间扩展会根据后期数据进行增加和优化。同年 4 月 4 日，拜客共享单车登陆眉山，正式改写眉山人的出行方式。此外，摩拜、小强单车、OFO 等共享单车开始在雅安展开激烈的角逐，宜宾、彭州也迎来了共享单车时代。

以上数据显示，四川共享单车的发展态势呈现遍地开花的特点，在一线城市发展的同时，各个品牌的单车展开了在二、三线城市的比拼竞赛，为了抢夺市场先机和受众用户，四川共享单车可谓是在全省掀起了一场"共享"热。

（三）共享单车在川发展优势和机会

1. 文化及人口分布契合共享单车发展

素有"天府之国"美誉的四川，环境优美，物产饶富，生活休闲，其省会成都市被人们评为全球最适宜居住的城市之一。谈起四川，人们便会想起春光明媚的"锦官城"，会想起创立蜀汉的刘备，会想起神机妙算的诸葛亮，也会想起忧国忧民的"诗圣"杜甫，可以说四川是一个历史文化悠久的地区。同时，四川有人们喜爱的国宝大熊猫，备受世人称赞的水利工程都江堰，风景秀丽的九寨沟，还有山脉俊秀的峨眉山以及其他令人向往的旅游胜地，每年吸引众多外来游玩的人员，人口流动性大，这就为共享单车在川的发展提供了便利。

从《白皮书》发布的数据来看，人们骑行单车的目的大多是为了游玩。四川是一个慢节奏的地区，成都最为典型，大街小巷到处都有棋室茶楼，公园弄巷处处可见"人们遛鸟"闲聊，即便是喧嚣的闹市之中，依旧可以觅得一处喝茶听乐的宝地。老年人本就有闲适的生活习惯，退休之后有更多的闲余时间外出游乐，锻炼身体，且相对于年青一代，他们更加追求朴实的生活，共享单车便成为老年人的首选代步工具。《白皮书》显示，相比当下青年人，退休大爷们不仅骑得最快，而且骑得最远。另外，成都也是一个年青一代的城市，四川高校众多，就成都而言，四川大学、电子科技大学、西南交通大学、四川农业大学等名校云集，大学生追求新事物，由 OFO 在成都各大高校布局的情况便知。由《2017 年四川省国民经济和社会发展统计公报》可知，普通本（专）科在校生 150 万人，研究生在校生 10.2 万人[①]，年轻的学生占很大的比例，这为共享单车的快速发展提供了广大的年轻受众，此外，还有城市青年也是推动共享单车快速普及的助力。

2. 自然地理条件得天独厚

四川的地理条件为共享单车发展提供了条件。四川省面积为 48.6 万平方千米，居全国第五位。[②] 相对全国其他地方而言，四川省面积较大，共享单车有非常大的发展空间。

四川地貌东西差异大，地形复杂多样，西高东低特点特别明显。虽说四川省地理差异大，山地丘陵较多，未必一定适合单车的进一步扩展；但也正是由于这一点，相比对地势要求较高的轿车、公交等而言，单车的发展空间和机会更大，尤其是近期出现的共享电动车，其发展的可能性会更大。四川盆地中的成都平原面积达 6 200 平方千米，是四川省最大的平原[③]。四川盆地地形突出，成都平原等平原面积广阔，这一点无论是对于轿车、公交，还是单车而言，都非常适合行驶。

正是由于四川盆地的地形条件，其先天的气象条件不利于污染物扩散，更需要低碳发展。如今，四川空气质量低下，雾霾状况不断涌现，为了城市的良好发展和人们的身体健康，作为低碳出行的"标配"之一，共享单车就更加符合当地人们的需要。

3. 政策保驾护航

共享单车自亮相四川以来，取得了快速的发展，也随之出现一系列问题，例如单车占道、单车到处停放、损毁共享单车、公车私占等问题层出不穷，其实这样的问题并不局限于四川本地，这是全国各地共享单车发展存在的普遍性问题。

---

① 来源：《2017 年四川省国民经济和社会发展统计公报》。
② 同上。
③ 来源：百度百科四川地形。

自共享单车发展以来，在探索其治理模式的过程中，四川走在全国的前列。2017年3月3日，成都市交委、公安局、城管委联合正式发布《成都市关于鼓励共享单车发展的试行意见》（以下简称《试行意见》），引导共享单车规范有序发展。成都由此成为全国首个正式出台共享单车鼓励发展政策的城市①。实际上，早在2017年1月，四川相关政府部门便发布了鼓励共享单车发展的《征求意见稿》，同年3月发布的《试行意见》更加正式、具体。《试行意见》的出台，为共享单车发展中存在的问题提供了政策性的解决办法，使发展共享单车的商家树立了发展愿景，对共享单车在川发展提供了有效助力，也为全国各地共享单车的发展提供了政策性的借鉴样式。

2016年1月6日，成都市第十六届人民代表大会第五次会议开幕式上的《政府工作报告》提出，要建立行人、非机动车和公交车优先的路权体系，完善城市慢行系统，试点建设自行车高速公路，鼓励支持共享单车、共享新能源汽车等共享交通健康发展②。从这一点我们可以看出，对于共享单车在川的发展，成都市政府有明确的相关规划，且提倡低碳环保的生活方式，尤其是相关交通的疏通，这些都为共享单车在川的发展奠定了基础。

2017年3月17日，成都举办了绿色出行文明倡议书签署仪式暨首届绿色骑行活动，呼吁人们爱护共享单车。为了推动"绿色"先行，四川省机关事务管理局决定将共享单车引入省直各部门（单位）及所属单位，并划定停放区域，这既推动了机关干部带头低碳出行，也最大限度方便了社会公众使用。③

从以上举措来看，四川省为共享单车在川的快速发展提供了政策性的鼓励，也为共享单车在川的进一步发展提供了相应的具体措施。

4. 技术基础条件

共享单车之所以能取得井喷式的发展，与新时代的网络发展有着密不可分的关系，尤其是移动网络的快速发展，为共享单车提供了技术条件。当下，智能手机普及，消除了共享单车的空间使用限制，使有桩单车时代发展为无桩单车时代，从以往人工办卡变成了如今的直接通过网络办理，在全国范围内联网

---

① 成都创业最"宽容"城市如何炼成 [N]. 21世纪经济报道，2017-03-09（1）.

② 佚名. 成都市十六届人大五次会议开幕 罗强作政府工作报告 [EB/OL].［2017-01-07］. http://www.chengdu.gov.cn/chengdu/zfxx/2017-01/07/content_439327b024d743d59cd474bcb91e6f8a.shtml.

③ 佚名. 四川：共享单车引入省直各部门（单位）及所属单位 [EB/OL].［2017-06-12］. http://news.sina.com.cn/c/2017-06-12/doc-ifyfzhpq6639763.shtml.

使用。

在为共享单车发展提供网络基础条件这一点上，四川省走在全国的前列。2018年6月29日，《2017年四川省互联网行业发展报告》（以下简称《报告》）发布的数据显示，2013—2017年，四川省网民总体规模保持增长，从2013年的2 835万人增长到了2017年的3 815万人。由艾瑞咨询监测数据可知，2017年1至12月，全省网民在移动端使用的月度独立设备数量保持增长，由1月初的6 520.5万台增加至12月的7 371.0万台。这也就意味着，四川的网民中，平均每人拥有2部手机。① 《2016年四川省互联网发展状况报告》显示，2016年，四川省网民在手机端最经常使用的应用类型是即时通信。微信是77.9%网民的常用手机端应用，其次为QQ，占比为66.3%。② 由于微信小程序的出现，很多商家都与微信进行合作，摩拜、OFO都利用了微信小程序平台为自身发展助力。Quest Mobile的监测数据显示，社交、娱乐、购物三类需求是推动四川省网民持续使用手机上网的主要因素，人们运用手机进行购物支付的习惯逐渐养成。支付宝2016年发布的全民账单数据显示，四川2016年支付宝用户人均支付金额达到6.57万元，总金额居全国第十位，其中，成都用户人均支付达到9.54万元，居全省之首。从全年支付总金额来看，四川排名第十位。移动支付成为四川人重要的支付方式，其中，四川人均通过支付宝购物支付的金额达到8 046元③。可见，移动支付正在成为四川人民的主要购物支付方式，这也为共享单车的快速发展提供了必要的条件。

三、共享单车在川发展存在的问题与对策

（一）共享单车运营和管理中存在的问题

2016年的共享单车热潮席卷全国，经过发展，共享单车在川初具规模，但是出现了各式各样的问题，例如共享单车被私自占有、恶意破坏、到处乱停，单车车锁问题频发，用户体验不佳等。

1. 用车不文明

2016年12月11日，成都市龙泉驿区居民吕某，将一辆摩拜共享单车刷漆改色占为己有，后被警方处罚。2017年2月26日，锦江区三圣乡幸福梅林自

---

① 佚名. 四川网民《四川省互联网行业发展报告》新鲜出炉！与你息息相关 [EB/OL].[2018-06-30]. http://sc.sina.com.cn/news/c/2018-06-30/detail-ihespqrx6960781.shtml.

② 数据来源：《2016年四川省互联网发展状况报告》。

③ 佚名. 支付宝2016全民账单：四川用户人均"剁手"超6万 [EB/OL]. [2017-01-05].http://scnews.newssc.org/system/20170105/000738711.htm.

行车租赁经营者钟某看到共享单车停放在自己的经营区域内，用枯树枝将12辆单车烧毁，影响恶劣。很多成都市民反映，打开应用程序，虽然手机上显示单车就在附近，但是始终找不到车，发现单车时，单车已被损坏。各品牌共享单车相关负责人反映，共享单车损毁现象严重，四川本地品牌"1步单车"负责人林袁在新闻采访中介绍，该公司刚刚运营不到一个月就发生各种离奇损毁事件，单车甚至被"拆分"。不文明用车的问题不仅在成都存在，在全国也普遍存在。不过，四川的文明骑行指数在全国较落后，摩拜单车2017年4月发布的《2017年共享单车与城市发展白皮书》显示，在全国文明骑行指数排行榜中，成都落后于上海、北京、深圳、广州。

2. 单车乱停占道

单车快速发展，数量不断增加，截至2018年8月底，成都互联网租赁自行车企业累计投放单车超过180万辆，如此庞大数量的单车，一方面为成都市民的出行带来了方便，另一方面也产生了停放的问题。大城市人口众多，且相对密集，来往人员流量大，公共空间资源稀缺，稍有不慎便会带来很多的社会治理难题。四川网民曾在网上给省委书记留言，反映成都共享单车乱停乱放的问题。成都二环高架周边乱停乱放的共享单车众多，虽有很多非机动车停车位，但很多公共自行车没有停到指示区域内，影响人们日常的行动。成都市天府新区华阳街道办事处城管办曾收缴204辆共享单车，原因是在人行道上乱停放，挤占盲道。四川其他地方，例如眉山、资阳等地，也普遍出现这样的问题。共享单车乱停乱放已成为社会公共难题，它反映的不仅仅是市民文明素质，也是一个社会治理问题。之前的公共单车是有桩单车，有明确的停放位置，这些位置是根据实际情况设计好的。无桩单车的出现给人们出行带来很多便利，但随之带来的乱停乱放成了一个大问题，急需相关部门解决。

3. 单车自身存在缺陷

共享单车的出现，赢得了人们的喜爱，但在使用的过程中，也出现了一些问题，影响着市民对共享单车的使用体验。共享单车市场竞争激烈，在设计过程中涉及时间和成本问题，不同商家为抢夺用户，在设计时存在很多缺陷，如OFO刚刚开始时，其车锁多采用机械密码锁，存在很多的技术漏洞，很容易被破解。大部分车子多采用输入车子代码或用二维码扫描的方式解锁，代码和二维码容易遭到人为破坏。1步单车在前期投入的1万辆单车全部使用机械锁，后因机械锁存在安全问题而将其召回。还有很多车子车身的高低不合理，车辆容易出毛病，车轮也存有隐患。这些问题严重影响用户体验，进而引起人们对共享单车的质疑。此外，共享单车的使用，多采用手机移动支付，还要上传相关的详细资料，人们在使用过程中需要交纳一定押金，这些因素都引发人们的担心，如害怕资料泄露，押金不退，电子支付存有隐患等，这些问题能否得到有效解决，会影响人们对共享单车的进一步使用和共享单车市场的进一步开拓。

4. 共享单车倒闭及引发的问题

2017 年，连续 6 家共享单车倒闭，有的存活期没有超过 5 个月。2017 年 11 月 1 日，共享单车小蓝单车被曝出押金难退的问题，位于成都的公司也已人去楼空。小蓝单车在押金问题上也引起了轩然大波，但是小蓝单车并不是第一个破产倒闭的品牌。早在 2017 年 6 月，创建仅仅 5 个多月的悟空单车宣布退出共享单车市场，这是共享单车市场上第一个宣布破产倒闭的品牌。市场繁荣随之而来的是一家又一家共享单车的倒闭，包括町町单车、酷奇单车等。

共享单车的倒闭引发了一系列的问题，最为严重的是押金问题，以酷奇单车为例，在公司倒闭之后，用户的押金无法退还。因无法退还用户押金，上门要债的用户堵在办公室楼下要求还钱。公司倒闭之后，街上的单车没有专人维护，产生了不利影响。

（二）解决措施

1. 提高市民的文化素质

对于公车私占、恶意损坏共享单车等不文明用车行为，最重要的是提升人们自觉、文明用车的意识。虽然并非每位单车用户都存在素质、文明等问题，但是就目前的单车使用情况来看，人们的素质的确还有待进一步提高。曾有一篇名为"共享单车，一面国民素质的照妖镜"的文章引起人们的热议，但经议论反思后，不文明用车行为依然存在，提升人们文明素质是一个长久性的问题。

2. 政府部门加强监督管理

共享单车问题的解决，需要有关部门介入。例如，单车乱停乱放，不只是用户用车存在问题，也反映出相关部门在停车规划、处罚奖惩等方面存在问题。共享单车是一个新生事物，它借助移动互联网、手机支付，涉及网络管理、经济金融等问题，需要政府相关部门出面解决。此外，还有共享单车无序竞争的问题，各大商家为了抢夺市场，有时会无视用户利益以及社会效益等。智能共享单车的发展时间较短，还有很长的路要走，会出现各式各样的问题，需要政府部门的有效监督和管理。

3. 解决共享单车自身的问题

共享单车之所以非常容易被解锁，与各个品牌单车自身的设计也有密切的关系。有些单车刚刚起步，其车身设计存有很多不足。各家共享单车在竞争中都想要占得优势，扩大市场份额，但若只是一味地盲目开拓市场而忽略改善和提升自身品质的话，其发展之路会受到制约。车身存在的问题，不仅使共享单车面临被破坏风险的增加和维修、处理成本的攀升，也会给用户带来较差的体验而导致自身被淘汰。因此，单车商家与其一味扩张，不如做好自身，站稳脚跟，赢取受众，进而提高市场份额和竞争优势。

四、启示和思考

共享单车的发展，是近些年来"互联网+"衍生出来的一个新产品，是运用移动互联网催生的"共享经济"，在此之前，有我们所熟知的滴滴、优步等打车软件。共享单车的发展，创新性地借助新媒体发展，在移动互联网技术成熟、手机支付成为生活习惯的条件下顺势而生，可以说是一个新兴的新媒体产业。我们可以预见，随着新媒体的运用以及移动网络终端、智能手机的不断普及，尤其是在"互联网+"和媒介融合等大环境的刺激下，日后的媒介发展过程中将有更多新的共享产品出现。就共享单车而言，除突破技术条件等限制性因素外，新的创新性想法和思路对其发展也非常重要。

"共享"成为当下流行的词语，"共享"不断衍生出新的产品，例如，2017年3月出现在四川成都街头的共享电动车、共享汽车等引来人们新的关注。共享体现的是对资源的共同享有，体现了环保、绿色的理念，在当下环境状况每况愈下和新的生活理念下，"共享"开创了一条新的经济发展方向。

互联网、新媒体、"共享"三者的共同发力，产生了一种新的工具资源，即大数据。在共享单车方便人们出行的同时，互联网、新媒体等信息平台也在不断收集人们的相关数据，例如人们的消费、生活习惯等。这些数据一方面会进入后台成为商家进行商品决策的依据，另一方面也为公共决策提供有效帮助。例如，成都交警与摩拜单车等品牌单车合作，利用品牌单车收集相关用户数据，有效地解决了城市交通拥堵问题、单车乱停乱放问题等。通过对这些数据的收集和分析，并加以巧妙地运用，会带来经济和社会效益，但同时，我们也应该注意，大数据的运用刚刚起步，很多配套的设施还不完善，稍有不慎便会带来灾难性的后果。

由此可见，共享单车并不仅仅是一个新事物那么简单，其背后反映的是新媒体、移动互联网、共享经济、大数据等多方面的问题。共享单车会发展到什么样的程度以及如何发展，或许会充满很多变数和未知因素，但是其发展方式和规律对我们日后生产其他共享经济产品有着学习和借鉴的意义。

第十五章　电商产业

随着互联网科技的发展，全球经济走向一体化。20 世纪初，面对互联网科技，中国还像一个站在大海面前的孩子，充满着向往和好奇。谁能想到，17年后，这个"初出茅庐的孩子"已拥有了全球最繁荣的网络零售市场。更让人感慨的是，四川作为中西部经济大省，在延迟起步的基础上，仅用了 5 年，便成为全国一流的电商大省。本章将尝试展现四川电商历年来的发展状况，分析其快速成长的原因以及前景，以期对其未来的发展提供正确的思考方向。

一、电商产业发展历程

（一）萌芽期

1990—1997 年，中国电子商务起步于电子数据交换（EDI）时代。1990年，相关部门联合成立研究小组，专门研究国际电子数据交换标准在我国的应用，并首先在外贸企业中进行了实践。1993 年，国务院依次领导组织实施了"三金"工程——"金关""金卡""金桥"。其中，以"金关"工程为代表，以对外经济贸易管理服务为主要内容，开辟了我国电子商务的早期发展道路。

1995 年年底，互联网"新浪潮"向全国涌来，一批先进企业开始开辟网络业务，同时最早一批的网络公司成立。1996 年 1 月，国务院国家信息化工作领导小组成立，同年成立了中国国际电子商务中心。1997 年，信息办组织有关部门起草编制我国信息化规划，同年 4 月，在深圳召开了全国信息化工作会议，各省市地区相继成立信息化领导小组及其办公室，并且开始制订本省包含电子商务在内的信息化建设规划，同年，中国商品订货系统（CGOS）开始运行[1]。伴随着网络交易的出现，"电子商务"一词在中国市场广泛传播开来。

---

[1]　徐静. 浦发银行开展电子商务金融服务的模式研究 [D]. 成都：电子科技大学，2014.

（二）发展期

1998—2000 年，中国的电子商务产业进入发展期。这时的商业主体主要是一些 IT 公司和媒体公司。1998 年 10 月，由国家经贸委与信息产业部联合宣布启动以电子贸易为主要内容的"金贸工程"①。1999 年，中国的网民开始对电子商务有了普遍的认识和接纳，同时，大量的国外风险投资引入中国，使得其发展由北、上、广等地区向全国普及开来。1999 年，大量电子商务网站出现，企业对客户业务（B2C）网站正式开通，网络购物进入了实际应用阶段。但这一迅速发展时期也存在着一定弊病，例如，创新程度低，大多数企业的经营模式是对国外经验的照搬照抄，经济效益低等。

（三）稳定期

2000—2009 年是中国电子商务发展的稳定时期，B2B 电子商务模式为代表。2000 年，无论在数量还是在规模上，中国电子商务网站都急剧膨胀，据统计，数量超过 2 500 家，仅消费类网站，北、上、广三城的全年消费总额超过 3 亿元。2001 年，我国网民数量达 3 000 万，B2C 电子商务获得了广泛并且稳定增长的客户群，呈现出巨大的发展潜力。2002 年，交易总额持续增长，在"以信息化带动工业化"的国家政策引领下，企业进入信息化进程的新阶段，相当于为中国电子商务的发展铺垫了一层厚厚的肥料。2003 年，作为"非典"重灾区的中国，病情的肆虐仿佛让整个国家染上阴霾，但电子商务却在这期间显示出蓬勃生机，例如，淘宝网的创立和慧聪网的上市。2004 年，中国电子商务产业再添一员大将——京东。2007 年，阿里巴巴在香港上市。同年，我国首次提出电子商务发展规划——《电子商务发展"十一五"规划》。2008 年，中国成为全世界互联网网民数量最多的国家，达 2.53 亿。

（四）成熟期

3G 的蓬勃发展促使全网电子商务"V5"时代成型。

四川电商产业经历了短暂而快速的发展。2008 年 8 月，四川省电子商务协会（Sichuan Electronic Commerce Association）经四川省商务厅同意、四川省民政厅批准成立。四川省电子商务协会成为四川电子商务产业的核心组织，自此，有了"主心骨"和"领导力"的四川电商们开始了新征程。2011 年，四川省电子商务交易总额为 3 200 亿元，同比增长 10%。2013 年，电子商务交易总额达 8 800 亿元，同比增长 66.17%。2015 年，电商交易总额突破 1.7 万亿元，同比增长 42.1%。

---

① 徐静. 浦发银行开展电子商务金融服务的模式研究 [D]. 成都：电子科技大学，2014.

2015年，在广州、沈阳之后，全国第三家大数据管理局在成都建立。郫都区大数据产业园随即成立。2016年2月，成都市映潮科技股份有限公司在"新三板"正式上市，成为全国第一家挂牌"新三板"的电子商务大数据企业，也是中西部首家挂牌上市的大数据企业。作为"四川省电子商务大数据中心"和成都市重点培育的大数据企业之一，映潮科技通过技术与产品不断创新，已成为电子商务大数据服务领域的翘楚。2016年，中国（四川）电子商务发展峰会在四川绵阳科技城会展中心举办，此次峰会以"创新、融合、共赢"为主题，国内外电子商务领军企业、领军人物积极参与会议，共商电子商务的发展。此次峰会让世界了解四川的电商产业，促进合作，互惠双赢。

二、四川电商产业

（一）发展概况

最近几年，国家对于促进发展"互联网+"、电子商务开展了一系列重大部署措施，出台多项相关政策，鼓励电子商务创新及其创业，电子商务已成为我国"互联网+"战略的先导领域。值得四川人骄傲的是，四川省作为西部经济发展中心，其经济总量连续多年位居首位。相关数据显示，2012年，成都电子商务交易额超过3 500亿元，约占全国总交易额的5%。

2015年上半年，四川省电子商务交易额为7 686.2亿元，同比增长31.8%，稳居全国"第一方阵"，持续位列全国第六、中西部第一。其中，网络零售额为845.6亿元，同比增长39.3%，占全省社会消费品零售总额的比重达12.9%。同期，四川省电子商务交易额占全国总量的8.1%，网络零售额占全国总量的5%。[①] 2013—2016年，电商交易额年均增长50%以上。2015年，电商交易规模达1.7万亿元，近4年增长超过4倍。2016年1—8月，电商交易额达13 069.54亿元，同比增长26.39%。其中，网络零售额为1 464.94亿元，同比增长28.60%，占社会消费品零售总额的15%，提高1.1个百分点。电商交易额、网络零售额增速分别高于全国4.24个百分点和2.81个百分点。[②] 2017年，全省电商交易额为2.76万亿元，增长30%，规模稳居全国第6位、中西部首位。农村网络零售额为710亿元，增长52.5%，有效带动了农村经济

---

① 佚名. 上半年四川电商交易额7 686亿元 位列全国"第一方阵"［EB/OL］.［2015-08-05］. http://www.cinic.org.cn/xy/sc/379650.html.

② 佚名. 2016中国（四川）电子商务发展峰会在绵阳召开［EB/OL］.［2016-10-14］. http://cnews.chinadaily.com.cn/2016-10/14/content_27059142.htm.

发展和社会进步。①

目前，四川省总体进入由要素驱动为主导方向转为创新驱动为主导方向的关键时期。四川作为一个有市场、有创新、有发展潜力的经济大省，将充分利用创新要素富集、创业环境优越、产业基础良好等优势，着力加强信息基础设施建设，争取建成全国首个"全光网省"，构建下一代互联网基础架构，推进电商大数据、物流快递、支付结算等体系与电子商务协同快速发展，建成西部信息中心、大型互联网数据中心，把电子商务产业打造成为四川省创新最活跃、带动力最强、渗透性最广的战略性新兴产业。

近年来，成都市规划建设了一批电子商务产业园区和专业楼宇，产业发展载体体量颇大，如电子科技大学服务外包和电子商务产业园区、锦江区电子商务产业园、成都海峡两岸科技园、高新区淘宝创业园、武侯西部鞋都等6个省级电子商务产业园区，以及财富又一城、天府软件园、青羊总部基地、青羊优品天地等一批楼宇。与此同时，深化改革像春雨一样浇灌着四川省电子商务。例如，优化办证流程，推动大众创业，使原先复杂的创业审核程序简单化，现如今，企业核名、审核、制证等6个程序仅需一个小时便能完成，这还仅仅是综合改革的其中一个步骤。2015年，在四川省电子商务发展峰会期间，创立了四川省全面创新改革（电子商务）试验区。四川省商务厅表示，下一步是把四川省的成功经验推广向全国各地。

（二）各类电商发展现状

1. 农村电商

农村电商即农村电子商务，是指通过网络平台嫁接各种服务于农村的资源，拓展农村信息服务业务、服务领域，使之成为遍布乡、镇、村的三农信息服务站②。

电商扶贫，被国务院扶贫办列为精准扶贫十大工程之一。2016年，四川省启动实施省级电商精准扶贫试点，四川由此迈入了电商扶贫元年。四川省政府印发了《四川省促进农村电子商务发展的实施意见》，鼓励农村"全企入网""全民触电"。随着电商进农村政策的实施，截至2017年6月，四川省累计建成县级电商综合服务中心159个，镇（乡）电商综合服务站2 417个，村

① 佚名. 四川去年电商交易额2.76万亿元 规模稳居全国第6位 [EB/OL]. [2018-01-19]. http://news.ifeng.com/a/20180119/55275372_0.shtml.

② 踪锋，程林，王海船. 基于多Agent的农村电子商务双向物流配送优化研究 [J]. 中国食品，2019（1）.

级电商服务站点 8 871 个,① 逐步建成了一个覆盖全省的农村电商综合服务体系。

（1）凉山州

近年来，在经济转型升级的大背景下，凉山州大胆决策，果断先行，成就了电子商务"风口"的第一批农村电商人。当地政府将"抓电子商务促脱贫致富"作为发展目标，以电子商务和传统产业结合为手段，创新探索，大胆迈出第一步，创造了凉山州电商从无到有的商业奇迹。这期间，取得了如下成就：

第一，人才储备。"十二五"期间，凉山州先后在西昌、冕宁、会理、德昌、雷波五个县市开展电子商务进农村的应用培训课，多家企业和个人参加培训，并取得了良好的授课成果，为凉山州日后的电商发展储备了大量可用人才。

第二，产业规模。政府筹集到 1 000 余万元完成了大凉山电子商务产业园区的开发和建立，引进京东集团、北京国联、四川易欧蓉等 53 家州内、外企业入驻园区，入驻率高达 97%。园区可为创业者提供一站式综合电商办事链条。同时，凉山州电子商务协会还搭建网络平台，建设农产品售卖渠道及信息通道。并且，先后开发建成凉山州乡村电商综合服务平台（集贸网）、凉山州创业孵化平台（创客凉山）、凉山州电子商务信息统计平台（电商统计）、凉山州电商垂直平台（爱凉山）等，为企业和个体创业者搭建网络销售及创业创新平台。凉山州踊跃响应加入电商精准扶贫，推进贫困人口致富工作。如与布拖县、西昌、德昌、会理、会东、冕宁、木里、昭觉等县市局部分贫困村和贫困户签署农产品销售协定，并与成都、西昌等地的电商企业构成产业联盟，联合宣传推行贫困户生产的特色农产品。为进一步提升特色农产品的网络知名度、影响力和销售量，凉山州电子商务协会还组织州内、外近 20 家电子商务企业深入西昌、会东两地展开电子商务精准扶贫·凉山行活动。《2017 年凉山彝族自治州人民政府工作报告》显示，过去五年，凉山州电商交易额、社会物流总额累计分别达 114.7 亿元、1.2 万亿元。

（2）仁寿县

仁寿县是中国首批电子商务进农村综合示范县，有着"县域电商，一枝独秀"的美誉。在"政府引导、市场驱动、企业主体、应用主导"的政策引

---

① 佚名. 破题"最先一公里"四川打造农村电商市场体系［EB/OL］.［2017 - 08 - 01］. http://www.sc.gov.cn/10462/10464/10797/2017/8/1/10429371.shtml.

导下，仁寿县突出本地优势，加强产业融合，打造了一批例如"赶场小站""仁寿枇杷""农二哥"等自主农业电商品牌。其发展模式被称为"仁寿"模式，中央电视台、新华社等一百多家媒体对其进行报道，将仁寿的成功经验推向全国。2018年1—6月，仁寿县实现电子商务交易额5.98亿元，其中农产品上行交易额共计达到2.56亿元，同比增长13.2%。① 如今，仁寿电商基本形成县政府牵头，京东大力支持，地方企业福仁缘、赶场小站全力配合，以电商为主线，"政府+平台+企业+种植园+农民"的县域电商"仁寿模式"，有力促进了当地一、二、三产业的融合，提升了农民收入，促进了当地农业及整个县域经济的发展。

（3）仪陇县

仪陇县是国家级贫困县，近年来，随着互联网的普及，仪陇县大力建设电子商务平台，鼓励本土企业创业，将农村电商与扶贫开发有机结合，让偏远山区的农民足不出户就能进行交易、获得收益、脱贫致富，由此成为国家级电商进村示范县，其实践经验可向全国推广，为农村电商的发展方向提供有益借鉴。

自2016年被国家商务部确定为国家级电子商务进农村示范县以来，仪陇县紧紧围绕生态经济强县发展战略，把电商扶贫作为精准脱贫的有力举措，携手中国邮政，发挥国企优势，整合社会资源，加强农村电商载体建设，持续规划建设了集创业孵化、农特产品展示、人才培训、公共服务等功能于一体的电商运营中心。建成乡镇电商物流服务站46个、村级电商服务站167个，建成一个县级电商物流仓配中心，开通邮政、京东等物流配送专线15条，日运营里程达2 172千米，基本实现县城到行政村物流配送当日到达。初步构建了农村电子商务有力、有效、有序发展的工作格局，为实现"农品好卖、农资好买、农民好富"奠定了坚实基础。②

2. 跨境电商及电商物流

根据世界形势变化，在自身经济转型过程中，中国提出了"一带一路"的倡议。这对于中国跨境电商产业而言起到了政策扶持的作用，跨境电商发展进入了一个黄金时期。

我国中小外贸企业跨境电子商务在国际经济形势持续不振的环境下逆势而

---

① 蒋旭东，陈禄. 仁寿电商，让农产品走出国门 [N]. 四川农村日报，2018-08-09 (4).

② 尹小丽. 国家商务部对仪陇县电子商务进农村综合示范县项目开展绩效评价工作 [EB/OL]. [2018-03-20]. http://www.yilong.gov.cn/govopen/open-info.jspx? id = 20180320123238-050524-00-000.

为，近年来保持了30%的年均增速。相关部门正加大力度促进跨境网上交易在平台、物流、支付结算等方面的配套政策措施的完善，推进跨境电子商务模式不断创新，创造了平台化经营、一站式推广、网络购物业务与会展相结合等模式，使更多中国制造产品得以通过在线外贸平台走向国外市场，有力推动了跨境电子商务纵深开展。

在政策支持下，四川跨境电商产业增长明显。双流国际机场、宜宾港、青白江铁路口岸、泸州港等出口口岸、综合保税区等的逐步建设与完善，大大缩小了四川与东部的差距和其与世界的间隔。成都借助其自身的航空物流优势为跨境电商的发展提供了跨境物流服务支持。成都双流自贸试验区包括保税物流中心、综合保税区、国际快件中心、国际邮件互换局等海关特殊监管区域（场所），目前正积极打造成都跨境电商人才孵化基地、成都跨境电商成果展示中心、成都跨境物流中心，构建成都跨境电子商务产业生态圈，打通"中国—波兰双边网上丝绸之路"贸易通道，推进成都跨境电商快速发展。

四川省跨境电子商务协会（Sichuan Cross-Border E-Commerce Industry Association）是四川省第一家省级跨境电子商务协会。2017年6月30日，四川省跨境电子商务协会揭牌仪式、绵阳跨境电商通关平台暨全球精品生态馆启动仪式在绵阳高新区成功举行，四川跨境电商出口通关业务正式在绵阳开展。

2015年8月13日，四川地区首个跨境电子商务产业园在成都市青白江区现代物流大厦正式开园。产业园位于四川的物流和商贸中心——成都国际铁路港。园区内海关、商检、公安、政务、物流、货代、报关及生活设施服务配套齐全，设有成都铁路保税物流中心（B型），是成都开展跨境电子商务的两个口岸之一。中欧班列从产业园出发，每周往返4次。班列连接国内上海、宁波、深圳、厦门等主要港口，除欧洲货物可通过铁路直达成都外，全球货物通过海铁联运也能直达成都。

四川卖家加入跨境电商的时间比较晚，早期的卖家基本上来自制造业最发达的沿海地区。而近几年四川卖家发展迅速，易趣（eBay）在四川和西南地区投入了大量人力、物力，帮助四川卖家走向全世界。2015年5月21日，全球商务领军者eBay在蓉举行"2015年度卖家峰会"，会上，eBay发布了四川省卖家跨境零售出口的相关数据。eBay内部数据显示，2014年，四川卖家通过eBay平台实现的跨境零售出口总交易额比2009年增长了275%，而成都地区的交易额占到四川总交易额的一半以上。eBay四川卖家最畅销的四大品类分别是电子、汽配、时尚和家居园艺类产品，各大品类都分别实现了快速增长，而成都则是数据攀升最快的区域。[1]

3. O2O 电商

O2O 电子商务突破了传统的商业模式，实现线上线下的跨界融合，是当下及未来传统零售实体升级的主流方向。近些年，四川省深入落实"全企入网、全民触网、电商示范"三大工程，使得电商与各行各业紧密相连，成为产业升级的新动力。

1919 酒类直供是线上线下一体化的酒类 O2O 平台服务商。成都兴裕商贸有限公司创建于 1998 年，最初涉足酒水行业，于 2006 年创立 1919 酒类连锁品牌（后改名为 1919 酒类直供），创办第一家酒类直供门店。目前，1919 酒类直供已在全国全部省级行政区、500 多个城市拥有 1 000 多家直营管理的线下体验店。2015 年 11 月，1919 宣布与购酒网战略合并，成为国内酒类流通行业首家公众公司，仅次于天猫、京东，1919 酒类直供成为全国第三大酒类开放平台。目前，1919 酒类直供已吸引众多国内外知名品牌，如五粮液、茅台、泸州老窖等 700 多个品牌强势入驻。在 2015 年天猫"双 11"酒类销售中，1919 酒类直供和购酒网销售额分别为 1.57 亿元和 0.55 亿元，分别排名第一与第三，整体排名第一。1919 酒类直供的 O2O 平台线上线下一体开放，线上订单全部分配给门店，收益由门店独享。线上提供"快喝"平台，可以用应用程序和电话下单订酒，最快 19 分钟送达。通过缩短产品流通运输环节，在不影响收益的情况下，其商品价格比传统零售实体低大约 30%，为公司带来巨大收益的同时，也收获了大批慕名而来的消费者。

4. 品牌电商

京东商城西部运营中心、阿里巴巴西部基地等一批国内外大型龙头企业和重大产业化项目已落户成都。

（1）阿里巴巴、天猫、淘宝

2014 年 12 月底，阿里巴巴集团发布的《2014 淘宝村研究报告》显示全国已发现的淘宝村数量增至 211 个，成都郫都区的安靖镇土地村和林湾村位列其中。[2] 淘宝村认定的标准有三点，一是经营场所在农村，二是该村电商的年销售额要达到 1 000 万元以上，三是本村活跃网店数量达到 100 家以上，或活跃网店数量达当地家庭户数的 10% 以上。[3] 2015 年，安靖镇电子商务孵化基地项

---

[1] 佚名. eBay 四川卖家 5 年总交易额增长 275% [N]. 2015-05-22.

[2] 佚名. 西部两个"淘宝村"都在郫县 [EB/OL]. [2015-01-06]. http://sh.people.com.cn/n/2015/0106/c217384-23451008.html.

[3] 同上。

目正式启动，团队集结了专业科技运营商、名牌战略孵化企业、基金风投资源平台，立志把安靖镇的现有资源做有效整合，帮助当地作坊从批发生产的利益最低环节转型为品牌制作、独立营销的新产业模式。帮助当地网商匹配生产链、上下游资源，挖掘潜在销售渠道。以"互联网+"的新型商业模式节约成本，提高效率，实现共赢。

天猫于 2009 年 11 月 11 日开始举办"双十一购物狂欢节"。四川作为人口大省，网络销售额每年都创新高。据省商务厅消息，2018 年"双十一"，四川实现网络零售额 184.79 亿元、同比增长 25.3%，高于全国 3.3 个百分点，居中西部地区首位、全国第 6 位。成都、绵阳、内江体量排名前 3，分别实现网络零售额 130.73 亿元、8.5 亿元、4.47 亿元。① 四川省的电商消费能力在全国领先，得益于其优势产业和本土平台、品牌电商的支撑。

（2）京东

2015 年 3 月，京东分别在四川大学、四川传媒学院、电子科技大学、成都信息工程学院、西华大学、四川师范大学、四川城市职业学校同步启动"京东派"校园店。截至 2014 年年底，京东校园自提点已经覆盖了北京、上海等地，共计 66 家校园营业厅直接服务于超过 70 万人的校园群体。在西南地区已经覆盖 35 所院校，四川为 23 所。这为京东在西南地区的电商发展搭建了平台。

（3）苏宁

苏宁在全国已开设易购直营店 1 800 多家，其中在国家级贫困县开设苏宁线下扶贫特色馆 248 家。近年来，苏宁充分发挥 O2O 扶贫模式的优势，通过在各地开设贫困县的中华特色馆，深度整合扶贫县的资源。目前，苏宁线上已经有销售安岳柠檬芒果等农副产品的安岳馆、以泸州老窖为首的泸州馆，以及以银耳茶叶为主的巴中馆。根据四川农产品信息的相关情况，开设上线"四川地方特色馆"，拓宽了四川特色农产品销售渠道，提升了四川农产品的知名度和竞争力，推动了四川特色农业（旅游）产业的发展。②

（4）唯品会

2014 年，唯品会在四川省、成都的收入占比在全国省、市排名中都高居第二，仅次于北京与广东省，超过上海、深圳、广州以及浙江、江苏等公认的

---

① 佚名. "双十一"四川网络零售额超 180 亿元 全国第 6 [EB/OL]. [2018-11-15]. http://wemedia.ifeng.com/88056341/wemedia.shtml.

② 佚名. 京东苏宁打响四川农村电商争夺战 [EB/OL]. [2015-10-19]. http://www.sohu.com/a/36339368_120168.

电商发达省市。2014 年年底，总投资高达 15 亿元的唯品会（中国）西部总部基地在四川简阳开工建设。截至 2016 年，唯品会（中国）西部总部基地已连续五年成为唯品会业务量排名第一的基地。其中，2016 年占全国业务量的比重为 24%。①

（三）四川电商产业发展目标

四川省商务厅、中共四川省委网络安全和信息化领导小组办公室、四川省发展和改革委员会印发的《四川省"十三五"电子商务发展规划》明确指出，到 2020 年，我省电子商务产业发展总体目标如下：

1. 电子商务发展水平全国领先

到 2020 年，全省电子商务网络交易额达到 3.5 万亿元，跨境电子商务交易在西部领先。② 入选国家级电子商务示范基地，示范企业的数量居于中西部前列，入选"中国电子商务百强县""中国电子商务百强企业"的数量保持中西部领先。

2. 电子商务应用渗透全面深入

到 2020 年，全省开展电子商务应用的企业超过 80%，规模以上企业电子商务应用普及率超过 95%，中小企业电子商务应用率超过 80%，商贸流通企业电子商务应用率超过 95%；③ 文化传媒、新闻出版、金融、旅游、教育、卫生等服务业领域电子商务应用普及率大幅提升。农村电子商务发展加速，全省电子商务进农村覆盖率超过 80%，农产品专业市场电子商务应用率超过 90%④。实现电子商务深度融合实体经济，达到"全范围、全行业、全领域"应用电子商务。

3. 电子商务平台建设集聚发展

培育提升一批具有西部特色、产业带动及支撑效应的本土电子商务平台、跨境电子商务平台、行业电子商务平台和大宗商品电子商务平台，提升四川电子商务品牌的知名度。到 2020 年，培育年交易额超 1 000 亿元的企业 6 家、超 100 亿元的企业 20 家、超 10 亿元的企业 50 家。涌现一批具有区域影响力的电子商务知名平台，建成 4 个大型跨境电子商务平台⑤。

---

① 佚名. 唯品会西部总部基地项目 二期下月投用 [EB/OL]. [2017-2-10]. http://news.chengdu.cn/2017/0210/1851638.shtml.

② 佚名. 四川省"十三五"电子商务发展规划印发 [EB/OL]. [2017-07-06]. http://scnews.newssc.org/system/20170706/000795884.html.

③ 同上.

④ 同上.

⑤ 同上.

4. 电子商务进农村示范全国领先

积极培育电子商务进农村示范企业 30~40 家，实现村村户户普及电子商务知识，成立"县—镇（乡）—村"多级村民电子商务协会，电子商务进农村购销额大幅提升，"工业品下乡，农产品进城"的电子商务物流多级通道体系基本形成，"电商村"数量成倍增加，实现县域电子商务精准扶贫全覆盖。

5. 夯实电子商务产业基础建设

在四川五大经济区新建云平台、大数据中心、移动应用研发中心 4~6 个，新建大型电子商务物流分拨中心 8~12 个，大力建设县域电子商务物流基地、孵化园区和人才培训基地，全面推进乡村电子商务服务站点建设，智慧旅游服务体系覆盖 80% 的景区、景点，跨境电子商务服务对接全省重要经济发展区，建立互联网金融服务中心 3~5 个，建立区域性电子商务公共服务平台 4~6 个，建立区域性农产品质量网上认证服务机构 8~12 个，建立四川省电子商务统计监测平台 1 个。

6. 电子商务创新创业成效凸显

把天府四川打造成为电子商务创新创业的沃土，电子商务的直接从业人数达到 50 万人以上，电子商务的间接从业人数达 200 万人以上。[①] 建立电子商务众创空间 100 个，孵化创新型电子商务企业 1 000 家以上。开展国际、全国、省级、市级、行业类电子商务创新创业大赛，青年大学生电子商务创新创业项目数量达到 500 项/年以上，打造创业导师团队 80 个，创业导师队伍超过 1 000 人。

---

① 来源：《四川省"十三五"电子商务发展规划》。

第十六章　互联网餐饮

2015 年 3 月 5 日，第十二届全国人民代表大会第三次会议上，李克强总理在政府工作报告中首次将"互联网+"行动计划作为国家战略提出。简言之，"互联网+"就是指互联网技术与各个传统产业相结合，但这种结合不是简单地相加，而是依托互联网信息技术实现互联网与传统产业的联合。通过优化生产要素、更新业务体系、重构商业模式等途径来完成经济的转型和升级，其目的在于充分发挥互联网的优势，将互联网与传统产业深度融合，以产业升级提升经济效益，最后实现社会财富的增加。①

对于餐饮行业来说，从最初单一的门店形式演变为 O2O 再到今日的"互联网+餐饮"（互联网餐饮和餐饮互联网），它是受互联网渗透较深的行业。2010 年，餐饮业开始以"团购"的新面目示人，并迅速发展，后来，餐饮 O2O 逐渐崛起，发展到菜单 O2O、线上线下营销、餐饮业线上排号和点菜等，"互联网+"正使传统餐饮业转变为现代服务业。此外，互联网餐饮还引来 BAT 等巨头和资本的关注和深入布局，逐渐从信息化发展为交易化，再向产业化渗透，"互联网+餐饮"方兴未艾。

一、吃在四川，味在成都

中国疆域辽阔，我国的饮食文化形成了不同的菜系和流派，最终演变为中国"八大菜系"：鲁菜、川菜、粤菜、苏菜、闽菜、浙菜、湘菜、徽菜。其中，最具代表的就是川菜、粤菜、鲁菜等，其中，川菜以成都、重庆两地的菜肴为代表。

成都餐饮业的营销经历了一个几乎全国餐饮业都经历过的过程，简单来说可以分为四个阶段："吆喝"时期、传媒时期、O2O 时期、"互联网+"时期。

---

① 黄楚新，王丹."互联网+"意味着什么——对"互联网+"的深层认识［J］.新闻与写作，2015（5）：5-9.

（1）"吆喝"时期，也就是餐饮业最原始的营销模式。这一时期的商家大多通过街边吆喝或者走街串巷吆喝来吸引顾客，很多小吃也因此被冠以响亮的名字，如勾魂面、龙抄手等。还有通过具有观赏性的制作过程吸引眼球的售卖方式，如三大炮。如果一个食店环境不错，菜品卖相和味道都颇有特色，价格又比较亲民，到店内消费过的食客们就会口口相传，慢慢地就有更多的人去消费，再后来就变成了百姓口中的"百年老店""当地特色"等，这就是老话所说的"酒香不怕巷子深"。

（2）传媒时期，这一时期的成都餐饮业营销摆脱了原始的口口相传，开始步入广而告之的时代。成都很多本地门户网站以及出名的报纸都设置了专门的美食版，除此之外，成都很多电视台也有诸如"好吃嘴""吃八方""天府食舫""食不可挡"之类的美食节目，每天播出时间都在半小时以上，节目主持人可以每天跟随摄像机，记者也可以走访美食店介绍美食。这些方式可谓是全方位传播了成都以及四川的饮食文化。

（3）O2O时期，这一时期的餐饮交易与服务同时涉及线上交易的流程（包括但不限于支付、下单等）和线下实体服务或体验。线上流程包括就餐选择、下单、外卖配送、就餐、支付以及分享等，线下包括消费者就餐和服务。餐饮O2O是传统餐饮的互联网化和互联网餐饮的实体化。O2O时期餐饮业的营销主要依托"两微一端"，即微博、微信、移动客户端的运营来进行，比如通过在这些新媒体平台上发布推广性文章，发放优惠券等方式来推动餐饮业转型发展。

（4）"互联网+"时期，在"互联网+餐饮"的影响下，餐饮业的营销已经全面迭代升级。餐饮业与互联网出现了前所未有的深度融合，新媒体、直播、视频纷纷加入餐饮营销战队，还有大数据带来的精准营销等，都使餐饮业的新媒体营销迈上了一个新的台阶。

二、成都餐饮业的发展现状

根据四川省统计局、中商产业研究院整理发布的数据可知，2017年四川实现餐饮收入2 487.8亿元，增长12.4%，继续保持2015年以来领先商品零售的发展态势。[①] 根据国家统计局公布的数据，2017年全年，餐饮收入为39 644亿元，比上年增长10.7%。从增长速度来看，四川省高于全国平均水平。根据餐饮同业会统计的数据，以及成都市第三次全国经济普查的主要数据可知，成

---

① 四川省统计局. 消费：新兴消费增长迅速 ［J］. 四川省情，2018（1）：22-23.

都市餐饮服务单位共有 4.1 万家，从业人员达 6.05 万人，资产总计 115.17 亿元。

四川省是餐饮大省。从百度指数看成都餐饮特征，以 PC 端搜索数据来分析：从年龄段来说，77% 的美食用户年龄集中在 20~30 岁；从性别来说，男士比女士更关注餐饮。火锅，是成都的一张名片。分析百度指数中的火锅词条搜索热度，四川居于全国第二，而根据成都餐饮同业会掌握的数据，截至 2015 年第四季度，成都较有规模的餐饮品牌超过 300 个，中心区域门店有 7 000 多家，成都火锅年销售额超过 120 亿元，人均消费 3 500 多元。①

2016 年，四川互联网+餐饮大数据峰会上公布的数据显示，由数万网友票选出的 2016 成都人气餐饮品牌有：小红袍龙虾馆、小馋院、大龙燚火锅、老码头火锅、唐宫、味蜀吾老火锅、听香·花醉、醉西昌、蜀大侠火锅。② 从餐饮商家人气来看，排名前十的餐饮商圈依次为：太古里、IFS、凯德广场·金牛、SM 广场、环球中心、奥特莱斯、凯丹广场、伊势丹、来福士广场、龙湖时代天街。太古里、IFS、凯德金牛的餐饮人气远高于平均水平。在各种餐饮类别中，火锅自助类餐饮人气最高，即单店人气最高；正餐类的人气紧随其后；小吃和休闲餐饮虽然品牌覆盖率最高，但人气却不如其他两类。

峰会还公布了成都餐饮品牌的营销现状。在 1 426 个样本商家中，有接近一半的商家有明显的促销动作（促销手段包括商家折扣、团购、地面推广等），其中有 1/3 的商家提供线上优惠（团购）。其中，火锅自助类的团购覆盖率最高，其次为正餐类，而 54% 的商家只有会员折扣或无优惠，在这部分商家中，快餐小吃和休闲类餐饮占比较高。

成都作为美食之都，受欢迎的店铺门前随时排满长队，食客络绎不绝。互联网的出现实现了用户通过网上预订、微信排队等方式优化就餐流程，减少等待，升级就餐体验。互联网+餐饮不仅仅是餐饮业的互联网化，更是互联网思维在餐饮业各个环节的深入渗透，餐饮实体和消费体验无疑是重中之重。

三、成都餐饮业新媒体营销特点

（一）新媒体运营拓宽渠道营销

"互联网+"时代，在海量信息的冲击下，由于餐饮业产品和服务的重要性下降、固有消费群体流失、行业竞争加剧等原因，不适应餐饮"新常态"

---

① 佚名. 2016 四川互联网+餐饮大数据发布 [EB/OL]. [2016-04-28]. http://news.163.com/16/0428/05/BLNG4ISR00014AED.html.

② 同上。

的餐饮企业必将被淘汰,"酒香不怕巷子深"的时代一去不复返。餐饮企业纷纷通过构建渠道进行营销,树立品牌形象。目前,成都餐饮业的主要营销渠道包括三类:自营媒体(微博、微信)、外卖团购类应用程序、自媒体联盟。

第一,自营媒体(微博、微信)。它是商家自营的信息发布渠道,包括微博和微信公众号等,这类渠道最主要的功能和优点是维护客户群,关注人群主要是老顾客。这类渠道不仅可以推送店铺信息、营销宣传、及时发布优质信息,并且维护成本低。在微博、微信这样的社交平台上,极易形成顾客自发传播的"原生广告"。而在一些品牌餐饮企业的公众号上,最吸引人的还是标题,如出现"免费、优惠"等字样,其点击率和阅读率就会很高。这类消息通知,其实就是使餐饮业线上化。

第二,外卖团购类应用程序。随着一、二线城市的发展,移动互联网的介入,外卖逐渐改变了人们的用餐习惯。大量的外卖团购类应用程序存在着异常激烈的竞争。目前,由外卖平台的大致情况可以看出平台上的用户已经养成了消费习惯,尤其是外卖类应用程序的出现,满足了当下快节奏生活状态下消费者的需求,如在日常工作中,以点外卖取代线下就餐已然成为白领的就餐趋势。外卖平台也在不断提升自身品质,越来越趋向于快餐生产标准化、配送专业化、服务人性化、品牌高端化。Analysys易观监测数据显示,2018年第三季度,中国互联网餐饮外卖市场整体交易规模达1 275.4亿元,环比上涨24%。与去年同期相比,增幅高达119%,①市场整体交易规模实现翻倍增长。在生活节奏加快以及政府提出扩大内需的前提下,外出就餐和外卖送餐将逐渐成为越来越多用户的餐饮消费习惯。以"百度糯米APP"为例,成都市仅在百度糯米上注册的商家就有35 218家;同时,百度糯米与2017四川"互联网+餐饮"进化力峰会同步启动《食色成都》直播栏目,开启内容赋能餐饮商户的实战过程。

第三,自媒体联盟。成都范儿是关于成都市吃喝玩乐购全方位的深度交流测评与攻略分享平台,包括了移动客户端、微信公众号、微博账号等。成都范儿是华西都市报和华西都市网旗下的新媒体品牌产品,在成都市具有一定的影响力和传播力,能够为成都本地人以及外来游客的吃喝玩乐提供一站式服务。作为全新的本地化美食平台,它集成都范儿微信公众号超高活跃度的美食爱好者资源、精品餐厅深度评测的内容沉淀平台、精选美食购买的新电商平台于一

---

① 易观. 互联网餐饮外卖行业数字化进程分析 [EB/OL]. [2018-10-31]. https://www.analysys.cn/article/analysis/detail/20018988.

身，并且具有以下优势：一是深度测评。由吃货编辑和美食家们实地亲测、良心推荐，力求真实、客观。二是场景推荐。"范儿姐"为各类美食精心挑选匹配标签。包括一人食、情侣约会、商务用餐、闺蜜最爱等不同类别的用餐场景体验，帮你快速找到想要的美食。三是全网比价。"范儿姐"不但告诉你吃什么，还告诉你怎么吃便宜，实现各大团购平台该商家套餐的比价购买。

（二）互联网思维向用户导向转变

餐馆是世界上最初的用户生产内容的平台。由张涛创办的大众点评是中国点评类平台的鼻祖，而大众点评的鼻祖则是 Zagat。大众点评的诞生源于张涛在美国 10 年的生活经历，他在美国生活时，有一本专门负责饭馆搜索的索引指南，它就是餐馆评鉴杂志《Zagat Survey》，该杂志收集消费者对全球酒店、餐厅、购物和其他场所的策划评级和评价。评级指以评论家给每家商户及服务的数字分数、简短的描述段落、典型价格和其他信息来定义级别。这促使张涛回国后想建立一个类似 Zagat 的平台，也为后来出现的大众点评提供了契机。Zagat 的用户生产内容模式颠覆了以往的业余评论模式，渐渐地，用户生产内容的餐饮平台走入大众的生活。

互联网技术的出现，让传统餐馆的线性服务变为了以用户为中心的同心圆服务，让厨师和顾客真正地对接、互动起来。这种转变从餐饮业的场景革命开始，餐饮业场景革命从厨师、厨房模型发展为用户体验模型。[①] 小龙坎老火锅微博关注人数有 20 000 多人，对于"粉丝"的评论几乎每条都耐心回复，真正做到了以用户为核心。而美团、饿了么这类应用程序平台下开放的评论功能，让顾客可以对点餐以及用餐情况进行打分、评价，不仅连接了卖家和消费者，让消费者可以向卖家及时反馈意见，也让消费者之间有了联系，可以通过这个平台互相推荐满意的餐饮店铺。

（三）大数据带来精准营销

大数据时代，平台会根据每个用户的条件和行为习惯，分析餐厅与用户的匹配度，以实现精准投放。如"饿了么 APP"，在选择点餐的默认页面，排在前面的都是该消费者最常点的外卖商铺。通过数据分析提供智能定制个性化服务。大数据分析可以提升效率，降低成本，方便服务。效率提升体现在三个方面：第一，目标推送，兼顾客户需求和周边餐户情况精准匹配推送；第二，响应用户需求，通过数据分析，缩短用户等待时间；第三，优化物流配送，将时间成本降至最低。结合互联网聚合优势，吸引更多客户。服务便捷体现在三个

---

① 唐彬. 突破互联网深水区 ［J］. 清华管理评论, 2015.

方面：一是用户消费习惯的养成，生活方式的改变，外卖消费频次增长，需求增大。二是移动营销实体体验，供需精确匹配，顾客体验提升，有更多机会接触客户，满足其需求。三是扩大覆盖范围，使用移动设备即可实现随时随地订餐，更加简单便捷，订餐范围迅速扩大。成都的品牌火锅"大龙燚"是成功利用大数据的典型案例。大龙燚借助大数据来进行精准营销，通过对大众点评等软件数据进行分析发现，两人位的需求最多，四人位的其次，据此数据大龙燚调整了整个餐厅的布局。①

（四）移动端带来场景营销

随着 4G 网络、无线网络的普及，移动端营销诞生了新的场景体验，扩大了精准营销目标人群的覆盖面。场景营销模式既满足了用户的特定需求，又满足了推广企业"海量+精准"的需求。网民的行为路径是根据用户数据的分析得出的，在互联网特定的场景下，基于用户上网的时间、地点等条件，连接用户的线上、线下行为，分析用户的行为习惯，实现精准推送服务。正是由于互联网的快速发展、移动设备的广泛普及，场景营销才能如此快速地发展。场景营销主要依靠算法技术实现，主要有分类算法、推荐算法等。餐饮业的场景营销是怎样的呢？随着消费者对用餐环境、食物品质的要求不断提高，消费者们用餐不再是单纯为了"吃饱喝足"，而在用餐过程中追求一种融合了社交、消遣、娱乐、自在的综合体验。"互联网+餐饮"时代下的餐饮场景又是什么样的呢？就是根据大数据，针对某类特定的用户进行人群定位，并且给他们提供能满足他们用餐环境需求的商铺，这样，消费者在对餐饮产生特定需要时，商铺就能够满足其对餐饮场景的需求。

（五）特色餐饮与内容营销

特色的餐饮企业的名称和特色的餐饮卖点是最多的。成都被称为美食之都，也是三国之一的蜀汉故都，留下了丰富的三国遗迹，因此三国文化自然成为成都的一张名片。在此基础上，将三国文化和餐饮文化相结合创造出的特色餐饮必然有其市场，如张飞牛肉、青梅酒、三顾冒菜、三国烤肉等。基于成都特有的饮食文化底蕴，打造特有的三国饮食文化。社交媒体平台的短视频和直播成为吸引流量的重要手段。餐饮的内容营销包括"直播厨房""网红代言"等方式，通过吸引流量实现餐饮产业的价值变现，成为内容营销的新手段。

---

① 佚名. 2016 四川互联网+餐饮大数据发布 [EB/OL]. [2016-04-28]. http://news.163. com/16/0428/05/BLNG4ISR00014AED.html.

参考文献

［1］马歇尔·麦克卢汉. 理解媒介——论人的延伸［M］. 何道宽, 译. 南京: 译林出版社, 2011.

［2］罗伯特·斯考伯, 谢尔·伊斯雷尔. 即将到来的场景时代［M］. 北京: 北京联合出版公司, 2014.

［3］彭兰. 新媒体导论［M］. 北京: 高等教育出版社, 2016.

［4］石磊. 新媒体概论［M］. 北京: 中国传媒大学出版社, 2009.

［5］唐绪军. 中国新媒体发展报告No.9（2018）［M］. 北京: 社科文献出版社, 2018.

［6］唐绪军. 中国新媒体发展报告No.8（2017）［M］. 北京: 社科文献出版社, 2017.

［7］向宝云, 张立伟. 四川文化产业发展报告（2018）［M］. 北京: 社科文献出版社, 2018.

［8］向宝云, 张立伟. 四川文化产业发展报告（2017）［M］. 北京: 社科文献出版社, 2017.

［9］向宝云, 张立伟. 四川文化产业发展报告（2016）［M］. 北京: 社科文献出版社, 2016.

［10］林晓华. 迈进新型主流媒体第一阵营——陈海泉访谈录［J］. 新闻战线, 2015（13）: 55-57.

［11］黄楚新, 王丹. "互联网+" 意味着什么——对 "互联网+" 的深层认识［J］. 新闻与写作, 2015（5）: 5-9.

［12］彭兰. 智媒化: 未来媒体浪潮——新媒体发展趋势报告（2016）［J］. 国际新闻界, 2016, 38（11）: 6-24.

［13］何志红. 第五媒体下隐性舆论引导的理论探索［J］. 中国报业, 2017（20）: 14-16.

［14］彭兰. 新媒体传播：新图景与新机理［J］. 新闻与写作，2018（7）：5-11.

［15］唐绪军，黄楚新，王丹. 智能互联与数字中国：中国新媒体发展现状、展望［J］. 新闻与写作，2018（8）.

［16］张辉锋，孙晔. 博弈视角下中国电影保底发行的性质及策略选择［J］. 国际新闻界，2018，40（11）：135-146.

［17］邓敏. 中国数字广告产业二十年：基于"组织—技术"逻辑的制度化进程［J］. 国际新闻界，2018，40（11）：147-165.

［18］苏涛，彭兰. 反思与展望：赛博格时代的传播图景——2018年新媒体研究综述［J］. 国际新闻界，2019，41（1）：41-57.

［19］束开荣，刘海龙. 2018年中国的新闻学研究［J］. 国际新闻界，2019，41（1）：6-22.

［20］方惠，刘海龙. 2018年中国的传播学研究［J］. 国际新闻界，2019，41（1）：23-40.

［21］柳斌杰，郑雷. 新媒体环境下中国新闻管理与舆论引导问题、趋势分析［J］. 国际新闻界，2019（2）：6-19.

［22］彭兰. 连接与反连接：互联网法则的摇摆［J］. 国际新闻界，2019，41（2）：20-37.

［23］周睿鸣. "转型"：观念的形成、元话语重构与新闻业变迁——对"澎湃新闻"的案例研究［J］. 国际新闻界，2019，41（3）：55-72.

［24］上海市委宣传部. 深度融合 整体转型 着力构建媒体融合发展新格局［J］. 新闻记者，2018（10）：4-6.

［25］范以锦，刘芳儒. 传媒生态、媒体业态、媒介形态：中国传媒业改革四十年［J］. 新闻记者，2018（10）：13-18.

［26］尹良富. 产业收缩性结构下的增长模式——朝日新闻集团业绩分析与数字化转型特征［J］. 新闻记者，2018（12）：88-96.

［27］史安斌，王沛楠. 2019全球新闻传播新趋势——基于五大热点话题的全球访谈［J］. 新闻记者，2019（2）：37-45.

［28］谭小荷. 从Platisher到"平台型媒体"——一个概念的溯源与省思［J］. 新闻记者，2019（4）：28-37.

［29］中国信息通信研究院. 中国数字经济发展与就业白皮书（2018）［R］. 北京：2019中国数字经济发展论坛，2019.

［30］文宣. 四川：文化助力精准扶贫［N］. 中国文化报，2016-05-27（1）.

［31］周贺. 文轩旗下四川数字出版传媒公司：一家电子音像社的转型之路［N］. 出版商务周报，2017-03-12（2）.

［32］张雪娇. 数字出版人才培养亟待升级 专家：高校教育跟得上［N］. 中国新闻出版广电报，2017-03-20（1）.

［33］CNNIC. 第 39 次《中国互联网络发展状况统计报告》［EB/OL］.［2017-01-22］. http：//www.cac.gov.cn/2017-01/22/c_1120362500.htm.

［34］CNNIC. 第 42 次《中国互联网络发展状况统计报告》［EB/OL］.［2018-08-20］. http：//www.cac.gov.cn/2018-08/20/c_1123296882.htm.

［35］CNNIC. 第 43 次《中国互联网络发展状况统计报告》［EB/OL］.［2019-03-01］. http：//www. 12377.cn/txt/2019-03/01/content_40675738.htm.

［36］佚名. 2018 年互联网发展报告在乌镇发布 四川互联网发展位列全国前十［EB/OL］.［2018-11-08］. http：//scnews. newssc. org/system/20181108/000921022.html.

［37］李秀江. 四川互联网发展报告：四川网民人均 2 台手机［EB/OL］.［2018-06-30］. http：//sc.people.com.cn/n2/2018/0630/c345167-31761229.html.

［38］王军. 网民规模达 1 081.0 万人 2017 年成都市互联网络发展状况报告发布［EB/OL］.［2018-12-17］. http：//sc. people. com. cn/n2/2018/1217/c379469-32420522.html.

［39］中国信息通信研究院. 解读《中国数字经济发展与就业白皮书（2018）》［EB/OL］.［2018-04-25］. http：//www. clii. com. cn/lhrh/hyxx/201804/t20180423_3921060.html.

［40］马兰，邓思璐. 全川每天人均使用微信 63.7 分钟［EB/OL］.［2018-09-20］. http：//news.chengdu.cn/2018/0920/2002660.shtml.

［41］国家互联网信息办公室. 国家网信办公布《互联网新闻信息服务管理规定》［EB/OL］.［2017-05-03］. http：//www.xinhuanet.com//politics/2017-05/03/c_1120907239.htm.

［42］四川省人民政府. 四川省人民政府关于印发四川省新一代人工智能发展实施方案的通知（川府函〔2018〕151 号）［EB/OL］.［2018-09-30］. ht-tp：//www.sc.gov.cn/zcwj/xxgk/NewT.aspx？i=20180930195143-117378-00-000.

［43］四川省通信管理局. 关于印发"四川省互联网行业'十三五'规

划"的通知［EB/OL］．［2017－12－27］．http：//www.scca.gov.cn/3/3/1/2017－12－27/2988.html.

［44］四川省人民政府．四川省人民政府关于印发四川省"十三五"信息化规划的通知（川府发〔2017〕62号）［EB/OL］．［2017－12－26］．http：//www.sc.gov.cn/zcwj/xxgk/NewT.aspx？i＝2017122620 3239－694621－00－000.

［45］四川省人民政府．四川省人民政府办公厅关于印发四川省"十三五"文化发展规划的通知［EB/OL］．［2017－01－23］．http：//www.sc.gov.cn/10462/10464/13298/13300/2017/1/23/10412321.shtml.

［46］四川省人民政府．四川省出台深化文化体制改革实施方案［EB/OL］．［2014－10－18］．http：//www.sc.gov.cn/10462/10464/10797/2014/10/18/10315904.shtml.

［47］四川省政府办公厅．四川省人民政府办公厅印发推进文化创意和设计服务与相关产业融合发展专项行动计划（2014-2020年）的通知［EB/OL］．［2018－04－10］．http：//www.sc.gov.cn/10462/10883/11066/2014/9/25/10314190.shtml.

［48］四川互联网协会．《2017年四川省互联网行业发展报告》发布［EB/OL］．［2018－07－02］．http：//scnews.newssc.org/system/20180702/000887761.html.

［49］佚名．2018年互联网发展报告在乌镇发布 四川互联网发展位列全国前十［EB/OL］．［2018－11－08］．http：//scnews.newssc.org/system/20181108/000921022.html.

［50］CTR洞察．2016年传统媒体趋势盘点［EB/OL］．［2017－04－19］．https：//chuansongme.com/n/1778627551718.

［51］佚名．2014中国媒体移动传播指数报告——推出报纸、杂志、广播、电视移动传播排行榜［EB/OL］．［2015－02－09］．http：//media.people.com.cn/n/2015/0209/c120837-26532163.html.

［52］佚名．中国互联网络发展状况统计报告出炉：我国网民规模达8.29亿［EB/OL］．［2019－02－28］．http：//sh.qihoo.com/pc/9e9255e71a5fadf0c？cota＝4&refer_scene＝so_1&sign＝360_e39369d1.

［53］伍炽丰．2017年第一季度全国广播收听市场竞争格局［EB/OL］．［2017－05－08］．http：//www.sohu.com/a/139164727_281328.

［54］佚名．电信继续领跑四川通信行业，宽带、IPTV用户均超过1500万！［EB/OL］．［2018－11－15］．https：//www.toutiao.com/i6624024991807586830/.

［55］杜一娜. 县级融媒体中心建设 打通媒体融合"最后一公里"［EB/OL］. ［2018 - 08 - 28］. http://media. people. com. cn/n1/2018/0828/c40606 - 30256090.html.

［56］黄勇. 2017 年度四川省优秀网络小说 30 部，看看都有哪些？［EB/OL］. ［2018-03-22］. http://news.huaxi100.com/show-135-983757-1.html.

［57］艾瑞咨询. 2016 年网文江湖群英谱——中国网络文学作者洞察报告［EB/OL］. ［2016-12-27］. http://report.iresearch.cn/report/201612/2696.shtml.

后记

　　本书是四川省社会科学研究"十三五"规划 2017 年度后期课题"四川新媒体发展研究"（SC17H013）、中央高校基本科研业务费专项资金资助项目"新媒体与传媒文化研究"的成果，历经两年多的研究与写作终于完稿付梓。

　　近年来，四川新媒体快速发展。2016 年 5 月，四川发布"网络强省"行动计划。2017 年，四川省数字经济突破万亿大关，达 10 872 亿元，在西部地区领先。2018 年 11 月发布的《中国互联网发展报告 2018》显示，四川省在全国各省（自治区、直辖市）互联网发展指数中排名第八。对四川新媒体发展的总体情况、发展历程、特征、存在问题、发展对策等，都需要进行深入研究。

　　为此，我们组织开展了四川新媒体发展研究，并写成此书。本书对四川新媒体的发展进行了较为系统的研究，分为总论、上篇、中篇和下篇。总论阐述四川新媒体发展的总体情况。上篇研究四川传统媒体的数字化平台，主要阐述报业、广播、电视、出版业等传统媒体如何与新兴媒体进行融合发展，创办数字化平台。中篇研究四川网络媒体，包括新闻类网站、政务微博、高校新媒体、车载移动电视、旅游新媒体等。下篇研究四川新媒体经济，包括网络文学、网络大电影、新媒体广告、"网红"产业、共享单车、电商产业、互联网餐饮等。

　　本研究项目成书经过大体如下：先由田大菊（四川师范大学影视与传媒学院副教授）提出基本思路并拟定写作提纲，然后由石磊（西南交通大学教授、新媒体与文化研究中心主任、西南交通大学人文学院院长）组织西南交大硕士、博士研究生进行研究写作。由石磊、陈实（西南交通大学 2019 级博士研究生）、王飞（西南交通大学 2017 级博士研究生）对全书进行多次修改，最后由田大菊定稿。

撰写者具体分工如下：总论——陈实；第一章李来、陈怡蕊、鞠靓、魏江楠；第二章——李秀婷、王艺程；第三章——田丹丹、张涵；第四章——臧亚萍、牟欣园、张霞；第五章——詹琼、冀敏璇；第六章——刘姝岩、肖娴、阿怡娜；第七章——李孟熹、康萌、李晓丽、郭凯琦；第八章——秦守玉、徐玥楚；第九章——段俊杰、戴唯；第十章——张霄、唐韵芝；第十一章——张思敏、彭思豪；第十二章——王婧、张帆、王心妍；第十三章——杨壹景、苗粟；第十四章——丰世隆、潘春艳；第十五章——马阿榕、王明珠；第十六章——胡媛垚、吴旭晖。除陈实、王飞为博士研究生外，其他撰写者均为西南交大 2016 级和 2017 级硕士研究生。

本书的研究写作参考和借鉴了大量的学术著作、学术论文、研究报告、新闻报道、期刊、报纸等资料，在此，我们向被引用资料的原作者表示衷心的感谢。由于参与人员较多，引文出处不胜枚举，难免挂一漏万，不尽如人意。敬请各位读者对粗疏之处提出宝贵意见，以便我们在今后修订时逐一引证。同时，新媒体发展迅猛，由于写作的时间差，一些最新的材料还需在修订时更新。

借此，对给予此研究支持的各位专家同行，对书中涉及媒体的相关负责人，对出版社为此付出辛勤劳动的领导及编辑们表示衷心的感谢！对四川省社会科学界联合会、西南交通大学文科处等给予此次研究资助的机构表示衷心的感谢！

田大菊　石磊

2019 年 4 月